중소기업 대표가
알아두면 쓸모있는 법률상식

중소기업 대표가
**알아두면 쓸모있는 법률상식**

2018년 8월 15일 초판 1쇄 인쇄
2018년 8월 20일 초판 1쇄 발행

**지은이** 윤용근, 하병현, 정상경, 이선행
**발행인** 손건
**편집기획** 김상배, 홍미경
**마케팅** 이언영
**디자인** 이성세
**제작** 최승용
**인쇄** 선경프린테크

**발행처** LanCom 랜컴
**주소** 서울시 영등포구 영신로 38길 17
**등록번호** 제 312-2006-00060호
**전화** 02) 2634-0178 02) 2636-0895
**팩스** 02) 2636-0896
**홈페이지** www.lancom.co.kr

**ISBN** 979-11-89204-10-5   03300

윤용근
하병현
정상경
이선행

지음

중소기업대표가

알 아두면 쓸 법 률상식

모있는

북스데이
BOOK'S DAY

## PART 04
## 회사의 지식재산, 이렇게 지켜나가자

# PART 05
# 직원관리가 그만큼 중요하다

## 머리말

필자들은 오랫동안 회사 관련 자문을 해오고 있다. 자문을 의뢰하는 회사들은 대부분 중소기업들이다. 중소기업에는 크고 작은 법률문제들이 늘 있기 마련이라 필요성에 있어서 법률 자문은 세무사 등이 처리하는 세무·회계업무와 크게 다르지 않다. 그런데도 예전에는 '세무·회계업무는 필수, 법률 자문은 선택'이라는 생각들이 주를 이루었다. 다행히 요즘은 좀 달라졌다. 법률 자문의 필요성에 대한 인식이 상당히 높아져서 법률 자문을 받으려는 회사들이 점점 늘어나고 있다. 중소기업들이 법률 자문을 받게 되는 계기는 대개 법률문제로 우연히 변호사와 상담을 하게 되면서부터다. 그때 법률 자문의 중요성과 세무·회계업무와 마찬가지로 계약을 통해 상시적으로 법률 자문을 받을 수 있다는 것을 알게 된다.

법률 자문을 받아본 경험이 없는 회사들은 대개 법률 자문이라는 말 자체에 부담감을 느낀다. 대기업에서나 필요한 거창한 일이라는 선입관 때문이다. 그래서 "조그만 회사에서 변호사 자문을 받을 게 뭐 있나?"라고 흔히들 생각한다. 하지만 사실 그런 회사들도 내부 사정을 보면 이미 여러 법률문제들을 안고 있다. 단지 모르고 지냈을 뿐이고, 그동안 별 문제없이 지내온 것이 어쩌면 천만다행스런 일일 수도 있다. 작은 실수 하나로도 회사 운영에 제동이 걸릴 수 있을만큼 법률문제는 중대한 이슈가 될 수 있다.

흔히 법률 자문을 보험에 비유하기도 한다. 보통은 사건이 터진 후에야 변호사를 찾는다. 하지만 그때는 수습하기도 쉽지 않고 비용도 많이 든다. 그렇기 때문에 법률 자문은 평상시에 받는 것이 중요하다. 장래에 닥칠지 모르는 법률문제를 미연에 방지하거나 최소화하는 것이 바로 법률 자문의 본래 역할이다. 그런데 가끔은 법률 자문을 잘 받아 오던 회사가 "그동안 별다른 법률문제가 일어나지 않았으니 더 이상 법률 자문을 받을 필요가 없을 것 같다"고 하는 경우가 있다. 이 얼마나 아이러니한가? 법률 자문은 법률문제가 발생하지 않도록 하기 위한 것이니 이 경우는 오히려 그동안 제대로 된 법률 자문을 받은 결과라고 봐야 하지 않을까? 이런 이유로 법률 자문은 평소에는 잘 인지하지 못하지만 언젠가는 그 진가가 드러난다는 점에서 '보험'과 많이 닮아 있다.

법률 자문이라고 해서 늘 법률적인 문제만을 다루는 것은 아니다. 법률 자문을 하다보면 자연스럽게 회사와 변호사 간에 끈끈한 유대관계가 형성된다. 그러다보면 회사는 아주 사소한 일이라도 변호사와 상담을 하게 되고, 그런 과정에서 변호사는 그 회사와 관련된 일을 대략적으로 알게 된다. 이러한 것들이 쌓이면서 변호사는 법률적인 문제뿐만 아니라 회사 운영과 관련된 여타의 많은 문제들까지 자문하게 된다. 물론 그런 자문은 단시일 내에 되는 것은 아니고, 많은 경험과 경륜을 필요로 한다. 특히 중소기업들이 처해 있는 현실과 여러 어려움들을 이해하고 그 시간들을 함께 했을 때에야 비로소 제대로 된 자문을 할 수 있다.

하지만 대부분의 중소기업들은 형편이 그리 넉넉지 않아서 또는 그 필요성을 알지 못해서 법률 자문을 받지 않고 있다. 그래서 필자들은 그동안 중소기업들을 자문하면서 쌓아온 다년간의 경험과 노하우를 바탕으로, 중소기업들에게 필요한 법률 이슈들을 선정해서 이를 책으로 엮었다.

물론 중소기업들이 안고 있는 법률문제들이 이 책 한권으로 모두 해결될 수는 없다. 회사 관련 법률문제들은 너무도 다양하고, 저마다의 사정으로 복잡하게 얽혀 있기 때문이다. 그렇더라도 부디 이 책이 오늘도 꿋꿋하게 살아가는 우리 중소기업인들에게 조금이나마 도움이 되었으면 하는 바람이다.

끝으로 이 책이 나오기까지 도움을 주신 모든 분들께 깊은 감사의 마음을 전한다.

2018. 6.

PART

01

·
·
·
·
·

# 아는 만큼

# 보인다

## 다양한 회사 관련 법률문제

회사와 관련된 법률문제는 무척 다양하다. 게다가 조금만 생각해 보면 어느 하나 가볍게 넘길 수 없다는 것을 알게 된다. 하지만 법률문제라고 해서 거창하게 생각할 필요는 없다. 보통 법률문제는 법률행위와 관련되어 있고, 우리는 일상 속에서도 수많은 법률행위들을 하면서 살아가고 있기 때문이다. 식당에서 밥을 먹을 때도, 카페에서 커피를 마실 때도 우리는 '계약'이라는 법률행위를 한다. 이처럼 아주 사소한 일상에서조차 무의식적으로 이루어지는 법률행위 속에 법률문제는 늘 보이지 않는 그림자처럼 딱 달라붙어 있다. 단지 우리가 그런 법률문제를 그냥 지나치고 있을 뿐이다.

일상생활에서도 그토록 흔하게 법률행위가 이루어지고 있다면, 회사를 운영할 때는 오죽할까? 회사 업무와 관련된 거의 모든 일은 법률문제를 갖고 있다고 해도 과언이 아니다. 회사 설립을 준비하는 순간부터 법률행위가 시작되고 그에 따른 법률문제에 둘러싸이게 된다. 임대차 계약을 할 때, 회사를 설립할 때, 거래처와 계약하고 그 계약을 이행할 때, 회사 업무와 관련된 법률을 준수할 때, 회사의 권리를 침해당했을 때, 반대로 회사가 누군가의 권리를 침해할 때, 그리고 직원을 관리할 때 등 회사와 관련된 거의 모든 일은 그것만의 고유한 법적 이슈가 있다. 그렇기 때문에 회사를 운영하다보면 전혀 생각지도 못한, 크고 작은 다양한 법률문제들과 맞닥뜨리게 된다.

책을 준비하면서 필자들이 그동안 진행했던 법률 자문들을 검토해 보니 자문 내용들이 신기할 정도로 제각각이었다. 꽤 오랜 세월 동안 쌓인 무수한 사례들 가운데 같은 내용이 거의 없다니 새삼 놀라웠다. 그만큼 회사 관련 법률문제는 다양하고 다이내믹하다. 그러면서도 어느 하나 가볍게 넘길만한 것이 없다. 늘 있는 일이라 대수롭지 않게 생각하는 것도 자세히 들여다보면 나중에 문제될 소지가 있는 것들이 적지 않다. 심지어 계약서 문구 하나 때문에 다투는 경우도 자주 생긴다. 그런 의미에서 회사 대표들은 아무리 사소한 것이라도 꼬치꼬치 따져보면서, 그것이 나중에 회사에 어떤 영향을 미칠 수 있는지 생각해 보는 습관을 들이는 것이 좋다.

## 계약 관련 법률문제

회사 관련 법률문제는 다양한 영역에서 발생하는데 특히 계약과 관련된 문제가 가장 많다. 회사는 원래 영리 추구가 목적이고, 그 과정에서 끊임없이 계약을 체결하게 된다. 투자를 하거나 비용을 지출할 때도 마찬가지로 계약을 체결한다. 이처럼 회사의 영리 활동과 직·간접적으로 관련된 행위들은 대부분 계약을 통해 이루어지기 때문에 회사 관련 법률문제 중 상당 부분은 계약과 관련될 수밖에 없다. 그러다보니 회사에서 가장 많이 의뢰하는 것도 계약서 검토와 관련된 자문이다. 새로운 유형의 계약을 체결하거나 대기업 등 소위 '갑'의 지위에 있는 회사들과 계약을 체결할 때는 계약서 검토가 필수적이기 때문이다.

사실 회사에서 일상적으로 체결하는 계약도 계약 당사자나 조건에 따라 그 내용을 달리하는 경우도 있기 때문에 계약서 검토를 받아보는 것이 안전하지만 중소기업들이 보통 형편이 그리 넉넉지 않다는 게 문제다. 만약 '계약서 검토를 위한 가이드라인'이 있다면 얼마나 좋을까! 중소기업들에게 큰 도움이 될 것이다. 하지만 계약의 유형은 너무도 다양하고 고려해야 할 것들도 너무 많기 때문에 계약서 검토 사항들을 일반화시킨다는 것은 생각만큼 쉬운 일이 아니다. 계약 당사자가 어떤 지위에 있느냐에 따라 계약 내용을 바꿔야 하는 경우도 있고, 회사 사정에 따라, 그때그때의 입장과 조건을 매번 달리해야 하는 경우도 있기 때문이다.

게다가 회사 사정이 제대로 반영된 계약서 검토가 이루어지려면 계약에 관한 기본적인 법률 지식이 어느 정도 뒷받침돼야 하는 것은 물론이고, 일반적인 법률 지식을 개별적인 회사의 상황에 적용할 수 있는 판단 능력과 향후 예측력 그리고 문구 하나하나를 치밀하게 따져보는 섬세함과 융통성 등도 갖추고 있어야 한다.

그에 비해 회사를 운영할 때 필요한 특정 분야 내지 특정 상황에 대한 지식들은 그 범위가 제한적이라는 한계는 있지만, 오히려 그렇기 때문에 이해하기 쉽고, 또 이해한 만큼 그대로 실무에 적용할 수 있다. 그래서 계약서 검토와 관련된 문제는 일단 뒤로 미루고, 회사 운영과 관련된 많은 법률문제들 가운데 회사 대표들에게 도움이 될 만한 중요한 이슈들을 먼저 뽑아보기로 하자.

## 회사 대표가 꼭 알아야 할 법률 이슈

필자들이 이 책을 쓰면서 가장 많이 고민한 부분은 토픽 선정에 관한 것이었다. 전문서적은 대개 집필 범위가 어느 정도는 정해져 있기 때문에 토픽을 선정하는데 큰 어려움이 없지만, 이 책처럼 회사와 관련된 폭넓은 법률문제를 다루는 경우에는 그 집필 방향과 범위를 정하는 것이 여간 까다로운 것이 아니다. 그래서 많은 고민 끝에 부족한 부분은 후속편에 싣는 한이 있더라도 이 책에서는 회사 대표가 꼭 알아야 할, 기본적이고 필수적인 내용만 담기로 했다. 책 분량이 너무 많으면 읽기도 전에 질려 버릴 수 있기 때문이다. 그래서 이 책에서는 회사 관련 여러 법률 이슈들 중에서 회사 대표들이 한번쯤은 궁금해할만한 것들과 필수적으로 알아야 할 내용들만 다루기로 한다.

### (1) 재무 상태와 세금

누가 뭐래도 회사에서 가장 중요한 것은 돈 버는 일이다. 물론 돈을 어떻게 벌 것인가는 회사 경영과 관련된 문제이지 법률과 직접적으로 관련된 문제는 아니다. 하지만 회사 재무 상태와 세금은 전혀 다른 문제다. 이것들은 회사 운영을 위한 재원 관리와 관련된 것이기 때문에 회사 대표가 꼭 알아야 하는 분야다. Part 2에서는 동업을 할 때 주의해야 할 점 등 사업을 시작할 때 회사 대표들이 미리 알아두면 유익한 것들과 재무 상태 이해를 돕기 위한 내용 및 세금 등에 대해 설명한다.

## (2) 내용증명과 개인정보 등

회사를 운영하다보면 가끔 내용증명을 주고받는 경우가 생긴다. 그런데 내용증명을 받았을 때 어떻게 대처해야 하는지, 내용증명을 보낼 때 어떻게 작성해야 하는지 등에 대해서 정확히 알고 있는 사람은 드물다. 그리고 소규모 주식회사들은 보통 주주가 1인 또는 가족들로 구성되어 있다보니 회삿돈을 자기 돈처럼 쓰는 경우가 있는데, 이럴 경우 업무상 횡령이나 배임이 문제될 수 있다. Part 3 에서는 이러한 내용들과 함께 개인정보를 어떻게 관리해야 하는지 등 회사 대표들이 한번쯤은 궁금해할만한 내용들을 다룬다.

## (3) 지식재산

회사들은 대개 나름의 노하우와 비장의 카드 하나쯤은 가지고 있다. 그렇지 않으면 요즘 세상에서는 살아남기 쉽지 않다. 그리고 그런 것들은 회사 입장에서는 매우 중요한 영업자산이 된다. 영업자산에는 저작권, 특허권, 상표권처럼 구체적인 권리도 있지만, 영업비밀처럼 그때마다 법률 해석을 통해 보호받는 것들도 있다. 물론 이런 지식재산들은 저절로 주어지는 것이 아니라 많은 노력과 비용을 들여야만 얻을 수 있다. 그래서 회사로서는 회사 존립과 관련된 이러한 지식재산들을 반드시 지켜나가야 한다.

제3자가 회사를 상대로 권리 침해를 주장하는 경우가 있다. 가끔은 권리 침해가 아닌데도 침해 주장자가 잘 몰라서 또는 알면서도 넌지시 던져보는 경우도 있다. 이럴 땐 어떻게 대처해야 할까?

먼저 권리 침해가 정말로 맞는지부터 하나하나 따져보는 것이 당연한 순서인데도, 법률 지식이 부족한 회사 대표들은 일이 커지기 전에 얼른 무마하려고 침해 주장자가 요구한 대로 합의를 해버리는 경우가 꽤 많다. Part 4에서는 회사의 지식재산의 종류와 이들을 지켜나가는 방법, 특히 최근 문제가 되고 있는 폰트와 관련해서 권리자가 회사를 상대로 저작권 침해를 주장했을 때 어떻게 대처해야 하는지 등에 대해 설명한다. 한편, 회사의 중요자산에 해당하는 영업비밀 등에 대해서는 Part 5에서도 일부 다룬다.

## (4) 직원관리

직원들 없이는 회사를 운영해 나갈 수 없다. 그만큼 직원들의 역할은 크고 중요하다. 그리고 아무리 가족 같은 분위기의 회사라고 해도 회사 측과 직원들의 입장은 엄연히 다르다. 그러므로 회사를 운영하는 대표의 입장에서는 우선 이러한 것에 대한 이해가 뒷받침돼야 제대로 된 직원관리가 가능해진다. 물론 아무리 철저하게 관리해도 직원들이 문제를 일으키는 경우가 있다.

대부분은 실수로 인한 것이지만 가끔은 나쁜 의도를 갖고 고의로 문제를 일으키기도 한다. 어쨌든 직원 잘못이니까 회사와 무관하다고? 천만에! 그렇게 생각하면 정말 큰 오산이다. 직원들이 회사 업무를 하다가 잘못을 저지르면 특별한 사정이 없는 한 회사도 같이 책임을 져야 한다. 그 책임에는 민사적인 책임뿐만 아니라 형사적인 책임도 포함된다.

따라서 평소에 수시로 직원 교육을 하는 것이 아주 중요하다. 그래야만 문제가 생겼을 때 회사가 책임에서 벗어날 수 있는 여지를 만들 수 있다.

직원들이 퇴사를 하면서 또는 퇴사 후에 사고를 치는 경우도 종종 있다. 퇴사한 직원이 회사의 영업비밀 등을 몰래 가지고 나가서 경쟁 회사로 가거나 자기 회사를 차리는 경우가 대표적이다. 사실 이럴 땐 마땅히 대처할 방법이 없기 때문에 결국 법적 다툼으로 번지는 경우가 많다. 심할 땐 이로 인해 회사 존립 자체가 위태로워질 수도 있기 때문에 이런 경우에는 신속하고 확실한 법적 조치를 취할 필요가 있다.

Part 5에서는 재직 중에 있는 직원들과 퇴사한 직원들이 일으킬 수 있는 문제들에는 어떤 것들이 있고, 이때 회사는 어떤 조치를 취해야 하는지 등 직원 관련 이슈들에 대해 다룬다.

## 아는 만큼 보인다

상담을 하다보면 자연스럽게 회사 대표나 실무진들과 대면할 기회가 많이 생긴다. 어떤 회사 대표들은 회사 관련 법률문제에 대해 전혀 관심이 없는가 하면, 어떤 회사 대표들은 상황 판단 능력과 그 대처 능력이 웬만한 변호사 못지않은 경우도 있다. 이런 차이는 왜 생길까?

타고난 법률 감각 때문일 수도 있지만 그보다는 아마 관심의 차이일 것이다. 후자와 같은 유형의 회사 대표들의 면면을 자세히 들여다보면, 하나같이 회사 관련 법률문제에 대해 적극적으로 관심을 갖고 그 해답을 찾으려고 노력한다. 그러다보니 상황을 바라보는 새로운 시각이 생겨나게 되고 때론 그것이 상황을 반전시키는 결정적인 역할을 하게 되는 경우도 있다.

따라서 회사 대표들은 지금보다는 좀 더 부지런해질 필요가 있다. 회사를 운영하면서 이제껏 쉽게 쓱 지나쳤던 소소한 것부터 관심을 가져 보자. 그 자체만으로도 의미가 있지만 그러한 것들이 꼬리에 꼬리를 물고 쌓이다 보면 나중에 또 다른 모습으로 나타날 수도 있기 때문에 결국 이러한 관심들은 다른 문제들을 해결하는데도 큰 도움이 된다.

머리말에서도 언급했듯이 이 책 한권만으로는 복잡다기한 회사문제를 다 해결할 수 없다. 하지만 회사 대표들이 회사를 운영하면서 꼭 알아야 할 기초적인 핵심 내용과 법률 감각을 익히는 데는 충분할 것이라 믿는다. 회사 대표들이 이 책을 계기로 회사 관련 법률문제에 대해 좀 더 많은 관심을 가졌으면 하는 바람이다. 그럼 이제부터 중소기업 대표들이 알아두면 쓸모 있는 법률상식에 대해 본격적으로 살펴보도록 하겠다.

# 사업을 시작할 때
# 미리 알아두면
# 유익한 것들

# 01

## 동업,
## 시작이 좋아야 끝도 좋다

### 동업을 하는 이유

사람들은 각자 나름의 이유로 동업을 한다. 왠지 혼자 사업을 시작하는 것이 자신 없거나 막막해서, 또는 돈이든 재능이든 자신에게 부족한 부분을 채워줄 누군가가 필요해서 동업을 선택하는 경우도 많다. 이유야 어떻든 서로가 서로에게 든든한 버팀목이 되어 줄 사람들과 동업을 한다는 점에서는 다 똑같다.

### 동업을 시작할 때는 좋은 게 좋다는 식으로 흘러가기 쉽다

사업을 시작할 때는 누구나 잘 될 거라고 믿는다. 여럿이 함께 하는 동업의 경우에는 더욱 그렇다. 그래서 동업을 시작할 때는 서로 간의 신뢰가 절대적이다. 속된 말로 같이 돈 좀 벌어 보자고 동업을 하는 건데 처음부터 계속 태클을 걸거나 까칠하게 굴면 누가 그 사람과 동업을 하고 싶을까! 그래서 동업을 결심하는 단계에서는 보통 '좋은 게 좋은 거다!'라는 식으로 흘러갈 가능성이 높다.

## 무조건적인 신뢰는 오히려 독이 될 수 있다

동업을 하려는 사람들끼리 서로 믿고 의지하는 것까지는 좋은데, 그것도 지나치면 오히려 룰을 정하는데 방해가 될 수 있다. 그리고 이러한 방해 요소는 동업 계약서에 고스란히 담기게 된다. 사업 전반에 관한 명확한 룰을 정하는 것은 동업을 결심하는 단계에서 가장 중요한 핵심 중의 핵심이다.

그런데도 서로에 대한 신뢰가 지나쳐서 '우리는 눈빛만 봐도 서로 무슨 생각을 하는지 다 아는데 룰은 무슨 룰이야? 룰은 대충 정하고 사업이나 제대로 하자!'라는 식으로 룰의 중요성을 폄하하는 경우가 많다. 그래도 누군가 명확한 룰을 정해야 한다고 주장하면 '사업을 시작하기도 전에 계산만 한다!'고 하면서 도리어 면박을 주는 경우도 적지 않다.

동업은 동우회 같은 사교 모임이 아니다. 동업을 할 때 서로에 대한 절대적인 신뢰가 필요한 건 사실이지만, 인간적인 정(情)이 자칫 영리를 목적으로 하는 동업의 본질을 가릴 수도 있다. 사람들은 본능적으로 자신의 이익을 좇아 행동하는 경향이 강하기 때문에, 처음에 '좋은 게 좋다'는 식의 비이성적인 생각으로 제대로 된 룰 없이 동업을 시작했다가는 나중에 큰 불화가 생길 가능성이 높다.

## 동업자들끼리 서로 솔직해질 필요가 있다

동업을 시작할 때는 인간적인 유대관계는 잠시 접어두고, 동업을 통해 자신이 얻고자 하는 것이 무엇인지, 어떤 방식의 사업을 구상하고 있는지 등을 서로 납득할 수 있을 때까지 충분히 이야기를 나누는 것이 중요하다. 그렇게 본성을 솔직히 드러내고 그 속에서 서로 간의 접점을 찾아야 한다. 우리 정서에서는 그렇게 공과 사를 분명히 하는 것이 냉정하고 비인간적이라고 생각될 수도 있지만, 그렇게 해야 오히려 동업 관계가 오래 지속된다. 동업 계약을 제대로 체결했어야 했다고 뒤늦게 후회하지 않으려면 미리 충분한 대화를 통해서 동업자들 모두의 의사가 최대한 반영된 동업 계약을 체결하는 것이 중요하다.

## 동업 계약을 확정하기 전에 법률 전문가의 검토를 받자

동업을 처음 시작하는 사람들은 물론이고 동업을 해 본 경험이 있는 사람들도 법에 대해서는 잘 모르는 경우가 많아서 동업 계약서에 각종 상황에 대한 대처 방안을 제대로 담지 못하는 경우도 있고, 불분명한 계약 내용을 넣음으로써 분쟁의 씨앗을 키우는 경우도 있다.

그래서 동업에 참여하는 사람들의 의사가 최대한 반영된 동업 계약서를 작성한 다음에는, 법적으로 문제될 것이 없는지, 불명확한 부분은 없는지 또는 동업 과정에서 중요하게 다뤄야 할 부분을 빠뜨리지 않았는지 등을 법률 전문가에게 검토 받는 것이 필요하다.

필자들이 동업 계약서를 검토하다보면 계약 내용이 동업 계약과는 도무지 어울리지 않는 내용들로 채워져 있는 경우도 꽤 있다. 이런 경우에는 아예 처음부터 계약서를 다시 작성해야 한다.

동업에서 가장 많이 발생하는 법률문제, 횡령 또는 배임

동업 계약이 체결되면 본격적인 동업이 시작된다. 가장 중요한 일은 힘을 합쳐 사업을 잘 해나가는 것이겠지만, 그런 것은 회사 운영에 관한 문제지 법적인 문제는 아니기 때문에 여기서는 동업 과정에서 발생할 수 있는 법률문제에 대해서만 살펴보겠다.

동업 관계에서 가장 많이 발생하는 법률문제는 횡령 또는 배임이다. 보통 동업을 할 때는 각자 역할을 나누기 때문에 상시적으로 소통을 하지 않거나 서로의 업무를 제대로 확인하지 않으면, 다른 사람의 업무에 대해서는 세세하게 알기 어렵다. 그러다보면 서로의 신뢰를 깨는 일이 종종 발생한다. 이익을 속여서 분배하거나 동업 재산을 동업자 몰래 임의로 처분하기도 하고, 동업 재산을 처분하고 받은 매각 대금을 몰래 가져가 버리거나 동업 재산을 몰래 개인적인 담보를 위해 제공하기도 한다. 때로는 동업 재산에 대해 자신이 가지고 있는 지분을 다른 동업자의 동의 없이 임의로 처분하는 경우도 있는데 이 또한 횡령에 해당한다.[1]

---

1) 대법원 2011. 6. 10. 선고 2010도17684 판결

## 잔여재산분배를 둘러싸고 발생하는 분쟁

배신 행위가 일어난 뒤에는 동업 관계를 더 이상 유지할 수 없다. 또 합의나 원래 목적했던 일이 완성된 경우에도 동업 관계는 종료될 수 있다. 이렇게 동업 관계가 끝나면 잔여재산을 나누는 일만 남게 되는데 이 과정에서 또 다시 분란이 생길 수 있다.

서로의 신뢰를 중시한 탓에 자신의 이익을 적극적으로 표현할 수 없었던 동업 초기와 달리, 동업 관계를 종료할 때는 거리낌 없이 솔직하게 자신의 생각을 말한다. 그러다보면 잔여재산을 분배할 때는 서로 한 치의 양보도 없다. 그런 과정에서 동업 중에 있었던 여러 가지 섭섭한 일들이나 손해를 봤던 일들을 서로 거침없이 쏟아내면서 자신이 좀 더 많은 재산을 분배받아야 한다고 주장한다. 이런 이유로 동업 중에는 크게 다툼이 없다가 동업을 종료할 때 서로 말다툼을 하기도 하고, 심지어는 법정까지 가기도 한다.

이제부터는 동업을 통해 개인회사를 운영하는 것을 전제로[2], 동업의 출발점인 동업 계약에서부터 동업 관계 중에 일어날 수 있는 여러 법률문제들 그리고 동업 관계를 끝마칠 때 발생하는 잔여재산 분배 문제 등에 대해 살펴보겠다.

---

[2] 물론 동업을 통해 주식회사와 같은 법인을 경영할 수도 있는데, 이 경우 동업자들 간에 체결하는 동업 계약을 소위 '주주간 계약'이라고 한다.

## ◼1 동업 계약서의 전 과정을 머릿속에 그려보자

계약은 말로 하지 말고 서면으로 하자

계약 체결은 서면으로 해도 되고, 말(구두)로 해도 된다. 그런데 말로 계약을 체결하면 녹취 등을 해 두지 않는 한 증거가 남지 않기 때문에 나중에 다툼이 생길 가능성이 높다. 그래서 계약을 할 때는 확실하게 계약서를 작성하는 것이 바람직하다.

계약서는 관계가 안 좋을 때를 대비해서 만들어 놓는 것이다

그런데 사람들은 계약을 할 때 으레 계약서를 쓰는 것으로만 알지, 계약서를 왜 쓰는지는 잘 모르는 것 같다. 서로 믿을 수 있고 지금의 좋은 관계가 절대로 변하지 않을 수만 있다면 사실 계약서가 왜 필요하겠는가? 이런 경우라면 그냥 말로 해도 문제될 게 없다. 하지만 알 수 없는 게 사람 일이라고, 좋을 때는 모든 걸 다 해 줄 것처럼 굴다가도 어느 날 갑자기 변심해 버리는 경우가 비일비재하다. 그렇게 분쟁이 시작되는 것이다.

분쟁이 시작되면 계약서를 다시 들여다봐야 한다. 본래 계약서는 당사자 간에 사이가 나빠졌을 때를 대비해서 써두는 것이다. 그러므로 다툼이 발생할 여지가 있는 상황을 예측해서 이럴 땐 이렇게 하고, 저럴 땐 저렇게 한다는 식으로 구체적이고 명확하게 작성하는 것이 중요하다. 다툼이 생겼을 때 믿고 의지할 수 있는 건 결국 계약서뿐이기 때문이다. 동업 계약도 마찬가지다.

## 비슷한 유형의 동업 계약서에 내용을 가감하면 쉽다

법률 전문가도 아니고 계약서를 자주 써보지도 않았다면 동업 계약서를 도대체 어떻게 써야할지 막막할 수밖에 없다. 가장 수월하고 일반적인 방법은 비슷한 유형의 동업 계약서 중에서 일반적으로 통용되는 것을 구해, 거기에 필요한 내용을 덧붙이고 불필요한 것은 빼나가는 식으로 동업 계약서를 작성하면 된다.

## 만남이 있으면 헤어짐이 있는 법

세상의 모든 것이 그러하듯 만남이 있으면 헤어짐이 있다. 만나기는 쉬워도 헤어질 땐 늘 아쉬움이 남는 법이라 누구에게나 잘 헤어지는 방법이 중요하다. 사람 관계도 마찬가지다. 사람들은 누군가를 만나고, 그 속에서 그들 나름의 룰을 정한다. 표면적으로 드러나지 않더라도 룰은 언제 어디서나 존재하기 마련이다. 그리고 사람들은 그런 룰을 지키면서 관계를 유지해 나간다.

하지만 룰이 깨지는 건 정말 순간이다. '룰은 깨라고 있는 거야'라는 자조적인 농담이 있을 정도로 룰은 쉽게 그리고 흔하게 깨진다. 그럴 때마다 상대방은 배신감을 느낀다. 모르는 척 그냥 넘기는 사람도 있고 룰을 깬 사람에게 경고를 하는 사람도 있다. 물론 그 룰이 관계를 더 이상 유지할 수 없을 정도로 중대한 것이라면 그것만으로도 파국을 맞을 수 있다. 하지만 그런 경우라도 보통은 바로 헤어지기보다는 한 번쯤 잘못을 돌이킬 수 있는 기회를 준다.

인간관계 중 이런 과정을 거치는 가장 대표적인 경우가 바로 부부다. 아무리 오래 만난 사이라도 헤어지면 그만인 연인들과는 달리, 부부는 헤어질 때 특이한 무언가를 한다. 바로 '재산분할'이다. 그래서 일반적인 이혼소송에서는 이혼 자체보다 재산분할이 더 큰 이슈가 된다. 그리고 보통은 감정이 좋지 않은 상태에서 이혼을 하다 보니 이혼 후에도 미련을 버리지 못하고 상대방을 계속 괴롭히는 경우도 있고, 면접 교섭 등의 문제로 계속 다투는 경우도 있다.

동업은 이런 부부 관계와 많이 닮았다. 하지만 평생을 함께하기로 한 부부와는 달리 동업은 처음부터 헤어짐과 그 이후까지도 생각해 둬야 한다. 왜냐하면 동업은 단순히 인간관계를 맺기 위해서가 아니라 애초부터 특정한 목적을 가지고 시작하기 때문이다. 세상에서 가장 굳건한 사랑으로 맺어진 부부 사이도 신뢰가 깨지고 헤어지는 마당에 동업 관계는 오죽할까! 부부 관계는 서로의 사랑과 신뢰로 만들어진 신분관계여서 계약이라는 것이 어울리지 않지만 동업 관계는 다르다. 동업 관계는 엄연한 계약 관계이기 때문에 반드시 서로를 규율할 수 있는 계약서를 써둬야만 한다.

## 계약서 초안을 잡을 때 고려해야 할 것들

동업 계약서의 구체적인 문구를 만들기에 앞서, 동업의 시작, 과정, 끝 그리고 그 이후의 일들을 한 번 머릿속에 그려볼 필요가 있다. 맨 먼저 생각할 것은 투자 방식이다. 동업을 시작할 때 각자 얼마의 돈을 낼 것인지, 또는 돈 대신 어떤 재능을 내 놓을 것인지 등에 관한 것을 구체적으로 결정해야 한다. 그 다음에는 각자 어떤 역할을 할 것인지, 수익배분과 손실부담은 어떻게 할 것인지, 회사와 관련된 정보를 어떻게 공유할 것인지 등 동업 과정 중에 일어날 수 있는 일들에 대해 서로 충분히 의견을 교환하고 모두가 납득하는 접점을 찾아야 한다. 그리고 동업을 언제·어떤 경우에 끝낼 것인지, 남아 있는 잔여재산은 어떻게 분배할 것인지 등 동업을 끝낼 때 어떻게 마무리를 할 것인지 정해야 한다. 더 나아가 동업을 끝낸 뒤에 각자 기존 동업과 관련된 일을 하려고 할 때는 어떻게 할 것인지 등 동업 종료 후 발생할 수 있는 일들에 대해서도 미리 생각해 둘 필요가 있다.

이러한 생각들이 어느 정도 정리되면 계약서 초안을 작성한다. 처음부터 완전무결한 계약서 문구를 써야 한다는 부담감은 갖지 말고 그저 평소에 쓰는 말로 계약서를 만들어 본다는 생각으로 초안을 작성하는 것이 좋다. 동업 계약서를 작성하는 이유는 다른 사람들에게 보여주려는 것이 아니라 동업자들 사이의 약속을 문서로 남겨 두기 위한 것이기 때문에 계약 내용을 정하는 단계에서는 문구 하나하나에 얽매이지 말고, 편안하게 모두의 생각을 포함해서 정리하는 것이 중요하다.

## ② 동업 계약서에 기본적으로 들어가야 할 내용

동업 계약서에 담을 내용이 대략적으로 정리되면 그 내용들을 일반적으로 통용되는 동업 계약서와 비교해 가면서 구체적으로 문구를 수정해 나가면 된다. 그렇다면 일반적인 동업 계약서에는 과연 어떤 내용들이 들어갈까? 기본적인 내용은 앞서 동업자들이 머릿속으로 그려 본 내용들과 크게 다르지 않다. 항목별로 살펴보면서 정리된 내용을 구체적으로 수정해보자.

### 계약의 목적 정하기

어떤 사업을 할 것인지, 그 사업을 위해 어떤 회사를 설립할 것인지 정한 다음, 그 사업에서 창출된 이익을 배분하기 위한 목적으로 동업 계약을 체결한다는 뜻을 적는다. 계약의 목적은 특별히 문제될 만한 것이 없기 때문에 자유롭게 쓰면 된다.

### 출자와 지분비율 정하기

동업은 사업을 목적으로 하는 것이기 때문에 어떤 형태로든 초기 자본이 필요하다. 그래서 동업자들은 각각 출자를 하게 되는데, 출자는 대개 돈으로 하지만 돈 이외의 다른 재산 또는 용역으로도 가능하다. 돈 이외의 재산을 출자하는 것은 '현물출자'라 하고 용역으로 출자하는 것은 노무출자라고 한다.[3]

---

3) 민법 제703조 제2항

현물출자를 하는 경우에는 그 가치를 평가해서 동업 계약서에 써 두어야 지분 비율을 객관적으로 정할 수 있다. 현물출자를 하는 재산이 부동산 등과 같이 양도소득세 과세대상[4]인 경우에는, 소유권 이전 여부와는 상관없이 현물출자하는 날(동업 계약을 체결할 때)과 등기접수일 중 빠른 날에 재산이 유상으로 이전되는 것으로 본다.

이 경우에는 양도소득세가 부과될 수도 있기 때문에 세무전문가에게 상담을 받아 보는 것이 좋다.[5] 특히 현물출자한 부동산을 동업자들 공동명의로 소유권이전등기를 할 때에는 '합유'로 등기해야 한다. 만일 '공유'로 등기하거나 동업자 한 사람의 명의로만 등기하면 결과적으로 명의신탁이 되어 그 등기는 무효[6]가 된다.[7]

동업자들 간에 무엇을 얼마나 출자할지 정한 다음에는 동업자들 각자의 출자액과 동업 관계에서의 역할 등을 고려해서 신중하게 지분비율과 손익분배비율을 정해야 한다. 기본적으로는 출자액을 기준으로 지분비율 내지 손익분배비율을 정하는 것이 가장 합리적이다. 손익분배비율은 일반적으로 지분비율과 동일하게 정하기 때문에 별도로 정하지 않았을 경우에는 지분비율과 동일한 것으로 보면 된다.[8]

---

4) 소득세법 제94조
5) 소득세법 제88조 제1호, 대법원 2002. 4. 23. 선고 2000두5852 판결
6) 부동산 실권리자명의 등기에 관한 법률 제4조 제2항 본문
7) 대법원 2002. 6. 14. 선고 2000다30622 판결
8) 민법 제711조

그런데 동업자들 중 일부가 다른 동업자들에 비해 더 많은 역할을 하는 등 동업에 기여한 정도가 다를 때에는 지분비율이나 손익분배비율을 달리 볼 수도 있다. 때문에 만약 동업 계약서에 지분비율을 기재하지 않거나 구두로 동업 계약을 체결하면 나중에 손익분배비율을 놓고 다툼이 생길 수 있다. 따라서 나중에 이와 관련하여 소모적인 다툼을 하지 않으려면 미리 동업 계약서에 지분비율과 손익분배비율을 명확히 기재해야 한다.

## 각자의 역할 및 회사 운영·관리를 위한 지침 정하기

동업 계약서에 동업자들이 각자 어떤 역할을 할 것인지 정확하게 기재해 두는 것이 좋다. 그런데 동업자들이 자신들의 업무만 신경 쓰다 보면, 다른 동업자들의 업무를 구체적으로 파악하기가 어렵다. 때문에 사업을 책임지고 운영하는 동업자가 있는 경우에는 그의 업무를, 역할 분담을 하고 있는 경우에는 각자의 업무를 동업 계약서에 기재하고, 각자의 업무를 어떤 방식으로 감독할 것인지에 대해서도 함께 기재하는 것이 바람직하다.

특정 동업자가 동업에 관한 모든 권한을 위임받아서 회사를 운영·관리하는 경우에는 권한 남용이 우려될 수 있기 때문에 일상적인 사항에 대해서는 그 책임 동업자의 재량에 맡기되 '중요한 사항'은 동업자들 모두가 협의하여 정하도록 하는 것이 좋다. 여기서 '중요한 사항'이 무엇인지 명확하게 규정하는 것이 어려운데, 몇 가지 예를 든 다음에 '이에 준하는 사항'이라고 기재하는 수밖에 없다.

## 손익분배비율 정하기와 재무자료 제시하기

동업에서 가장 중요한 것은 동업을 통해 벌어들인 돈을 나눠 갖는 것 즉, 이익을 분배하는 것이다. 그렇기 때문에 각자에게 언제, 얼마의 이익을 분배할 것인지 그리고 그 분배가 정확하게 이루어졌는지 확인할 수 있는 장치가 필요하다. 일반적으로 가장 많이 쓰는 방식은 매월 일정한 날을 정해 이익을 분배하고, 이익의 산정 내역을 재무제표와 관련 장부 등과 함께 제시하는 것이다.

하지만 이익이 제대로 산출되었는지 확인하기 위해서는 관련 재무 자료를 분석할 수 있어야 한다. 보통사람들에게 재무 자료를 분석할 수 있을 정도로 잘 알기를 기대하는 것은 무리겠지만, 동업을 하는 사람들이라면 최소한 재무제표 정도는 읽고 이해할 수 있어야 한다. 그래야 동업자들이 가장 예민하게 생각하는 이익 분배 문제를 투명하게 정리할 수 있다.

그런데 사업이 늘 잘 되는 건 아니다. 손실을 보는 경우도 있을 수 있다. 그래서 동업자들은 손실을 보는 경우에는 그 손실을 누가, 얼마나 부담할지에 대해서도 미리 정해 둬야 한다. 이 경우 실제 회사를 책임지고 운영·관리하는 동업자가 손실에 대한 모든 책임을 지도록 정할 수도 있다. 만일 손실금 부담에 대해서 별도로 정하지 않고 이익 분배에 대해서만 정해 둔 경우에는 손실금 부담 비율은 이익 분배 비율과 동일하다고 보면 된다.[9]

---

9)  민법 제711조 제2항

## 동업 관계 탈퇴하기와 종료하기

동업을 시작할 때는 서로 의기투합해서 잘 해보자고 다짐하지만 사람 일이라는 것이 뜻대로 되지 않는 법이라, 주변에서만 봐도 동업 관계가 오래 가는 경우를 찾아보기 어렵다. 나름대로 사정들이 있겠지만 일반적으로는 돈과 관련된 경우가 많다. 그래서 동업 계약서에는 이런 경우를 대비할 수 있는 내용들을 써두어야 한다. 보통은 '동업 계약의 해지'라는 제목 하에 이런 내용을 기재하는데, 그 정확한 의미는 동업 관계에서 스스로 빠지는 경우, 다른 동업자들에 의해 쫓겨나는 경우, 그리고 동업 관계 자체를 종료시키는 경우라고 보면 된다. 따라서 각각의 경우를 구분해서 그에 합당한 사유와 처리 규정을 동업 계약서에 기재해 두는 것이 좋다.

2명이 동업을 하는 경우에는 그 중 1명이 나가면 결국 1명만 남게 되므로 동업 관계는 자연스럽게 종료가 된다. 반면, 3명 이상이 동업을 하는 경우에는 그 중 1명이 나가더라도 남은 2명 이상이 동업 관계를 계속 유지해 나갈 수 있기 때문에 동업 관계는 지속될 수 있다. 따라서 동업 계약서를 작성할 때는 이러한 점을 고려해야 한다. 2명이 동업을 하던 중에 1명이 다른 사람에게 동업 계약 해지 통고를 하는 것은 동업 관계를 종료시키자는 것으로 볼 수 있지만, 3명 이상이 동업을 하던 중에 그 중 1명이 다른 사람들에게 동업 계약 해지통고를 하는 것은 회사를 해산시키자는 의미일 수도 있고 본인만 동업 관계에서 빠지겠다는 의미일 수도 있다.

## 탈퇴자의 지분 계산 및 동업자들 간의 잔여재산분배

동업 중에 형성된 재산을 나누는 경우는 크게 ① 동업 관계에서 일부가 탈퇴하는 경우와 ② 동업 관계를 완전히 정리하는 경우 두 가지다. ①은 탈퇴 당시의 동업 재산을 '손익분배비율'에 따라 나누고(이하 '탈퇴자 지분 계산'이라고 함), ②는 잔여재산을 '출자액'에 비례해서 나눈다(이하 '잔여재산분배'라고 함).[10] 그런데 동업 계약서에서 손익분배비율을 지분율과 동일하게 정하고 있으면 ①과 ②의 경우 모두 재산을 나누는 기준이 똑같아진다.

그렇다면 노무출자를 한 사람의 경우에는 어떻게 해야 할까? 이론 상으로는 당연히 그 노무의 가치를 평가해서 그 비율에 따라 동업 재산을 나눠 줘야 맞지만 노무출자의 가치를 객관적으로 평가하는 것은 쉽지 않기 때문에, 계약서를 작성할 때 지분율을 정해 놓고 그에 따라 분배하는 것이 가장 좋은 방법이다.

탈퇴자 지분을 계산할 때 회사 채무와 추후 납부해야 하는 세금은 동업 재산에서 공제하고, 영업권 등과 같은 무형의 재산은 그 평가 액을 동업 재산에 포함시켜야 한다. 물론 이런 경우에는 영업권을 동업 재산에 포함시키지 않기로 약정하는 것도 가능하다.[11] · 잔여 재산 역시 회사 채무를 변제하고 남은 재산을 의미한다. 구체적인 분배 방식은 동업자들끼리 합의해서 정할 수 있는데, 결정한 내용 에 대해서는 동업 계약서에 구체적으로 명기해야 한다.

---

10) 민법 제724조 제2항
11) 대법원 2017. 7. 18 선고 2016다254740 판결

## 3 동업 계약서에 필요한 기타 사항

동업과 관련된 저작권 처리 문제

### (1) 저작권이 누구 것인지 명확하지 않은 경우

동업자들이 저작권을 가질 수 있는 경우는 크게 ① 저작권을 출자한 경우와 ② 동업 기간 중에 저작물을 창작함으로써 저작권이 생긴 경우 두 가지다. ①의 경우에는 저작권의 귀속 주체를 분명하게 알 수 있지만[12] ②의 경우에는 창작자 원칙이라는 저작권법의 대원칙 때문에 과연 누가 저작권자가 되는지 명확하지 않을 수 있다.

그런 이유로 나중에 결별할 때는 동업과 관련된 저작권이 누구에게 있는지, 앞으로 그것을 누가, 어떻게 이용할지 결정하는 것이 쉽지 않다. 이에 대해서는 이하에서 자세히 다루겠지만 여하튼 결별할 때를 대비해서 저작권을 누구에게 귀속시킬지, 그리고 그것을 앞으로 누가, 어떻게 이용할 것인지 등을 동업 계약서에 미리 정해두는 것이 바람직하다. 동업을 하고 있는 동안에는 저작권이 누구에게 있든 크게 문제될 게 없지만, 동업을 끝내고 서로 갈라설 때는 매우 민감한 문제가 될 수 있기 때문이다.

---

12) 이런 경우에도 저작권자인 동업자가 저작권 자체를 이전하는 방식으로 출자했는지, 아니면 그 저작권과 관련된 저작물의 이용권을 출자했는지 명확하지 않을 수 있다. 일반적으로는 출자 당시 저작권 자체를 이전하는 방식으로 출자한 것이 서면 등으로 입증되지 않는 한 저작물 이용권의 출자로 본다. 이하에서는 '저작권을 출자한 경우'를 전제로 설명하기로 한다.

## (2) 저작권 귀속 문제를 따지려면?

동업과 관련된 저작권 귀속 문제를 따지려면 최소한 동업자들 중 어느 한 사람은 저작권을 가지고 있는 경우여야 한다. 가령 동업 기간 중에 외주업체에 의뢰해서 디자인을 제작한 경우에는 그 외주업체에게서 저작권을 양도받지 않는 한 원칙적으로 외주업체가 저작권을 가진다. 왜냐하면 저작권은 그 등록 여부와는 무관하게 저작물을 창작한 자 즉, 저작자가 가지기 때문이다.[13] 따라서 이런 경우에는 동업자들 간에 저작권 귀속을 두고 다툴 이유가 없다. 그래서 여기서는 동업자들 중 어느 한 사람이 저작권을 가지고 있는 경우를 전제로 동업자들 중 과연 누가 저작권을 가지게 되는지에 대해 설명하겠다.

## (3) 저작권을 출자한 경우

어떤 방식으로든 일단 출자를 하면 그 재산은 동업자들의 합유재산이 된다.[14] 저작권도 재산에 해당하기 때문에 당연히 출자가 가능하고, 출자 이후에는 동업자들의 합유재산이 되는 것이 원칙이다.[15] 이런 경우에도 출자할 때 저작권의 가치를 평가해서 동업자들 간의 지분율을 정해 두면 나중에 탈퇴자 지분 계산이나 잔여재산분배를 할 때 저작권의 가치를 평가하기가 한층 수월해진다.

---

13) 저작권법 제10조
14) 민법 제704조
15) 저작권은 크게 저작재산권과 저작인격권으로 나뉘는데, 저작인격권은 어떠한 경우에도 양도할 수 없기 때문에 여기서 저작권이 합유재산이 된다는 것은 저작재산권만 합유된다는 것을 의미한다.

문제는 늘 동업이 깨지거나 종료되어 서로 헤어질 때 발생한다. 해당 저작권을 사용해서 사업을 잘 해오고 있던 상황이라면 누구나 결별한 뒤에라도 그 저작권을 계속 사용하고 싶을 것이다. 이런 경우에 대비해서 동업 종료 후에 저작권을 누구에게 줄 것인지 그리고 향후 저작권을 누가, 어떻게 사용할 것인지 동업 계약서에 미리 정해 둘 필요가 있다.

예를 들어, 저작권을 출자한 사람이 동업 관계에서 탈퇴하는 경우나 동업 관계를 완전히 끝내는 경우에 저작권을 출자한 사람에게 저작권을 돌려주기로 정할 수도 있고, 다른 동업자들도 동업 당시 사용하고 있던 수준으로 저작권을 계속 사용하는 것으로 정할 수도 있다. 만일 저작권을 출자한 사람은 그 저작권을 사용할 계획이 없고 오히려 다른 사람이 그 저작권을 계속 사용하려고 하는 경우에는 저작권을 갖는 대신 그에 상응하는 가치의 돈을 주는 것으로 정할 수도 있다. 이런 식으로 결별할 때를 대비해서 동업자들은 저작권의 귀속과 사용 방법 등에 대해 각각의 경우를 구체적으로 동업 계약서에 미리 써 두는 것이 바람직하다.

### (4) 동업 기간 중에 저작물을 창작함으로써 저작권이 생긴 경우

동업 기간 중에 동업자(들)에 의해 창작된 저작물의 저작권은 누가 갖는지 명확하지 않을 수 있다. 저작권법의 대원칙인 '창작자 원칙' 때문이다. 창작자 원칙은 저작물을 창작한 자만이 저작자가 될 수 있고 그가 저작물의 저작권을 갖게 된다는 원칙이다.

가령 A와 B가 동업을 하고 있는데 A는 디자인과 컴퓨터프로그램 등의 업무를 담당하고, B는 영업을 담당한다고 하자. 이런 상황에서 창작자 원칙을 고수하게 되면 동업 기간 중에 만든 모든 디자인 등의 저작자는 실제 이를 창작한 A가 되고, A만이 그 디자인 등에 관한 저작권을 가지게 된다.[16] 그렇다면 동업자인 B의 입장에서는 일은 똑같이 하는데 정말 억울하지 않을 수 없다. 그런데 앞서 여러 번 살펴본 것처럼 동업 재산은 동업자들의 합유에 속한다. 저작권도 재산이므로 동업 기간 중에 동업과 관련해서 생겼다면 마땅히 동업자들의 합유 재산이 돼야 한다.

여기서 창작자 원칙을 표방하는 저작권법의 규정[17]과 동업 재산의 합유를 천명하고 있는 민법의 규정[18]이 정면으로 충돌하는 문제가 발생한다. 그렇다면 과연 어떤 법을 따라야 할까? 이에 대해서는 관련 판례와 문헌을 찾아 볼 수가 없다.

필자들의 생각으로는, 저작권법이 민법의 특별법적 지위를 갖고 있고, 창작자 원칙은 저작권법을 관통하는 대원칙으로서 저작권법에서는 이에 관한 예외로 '업무상저작물의 저작자'만을 규정하고 있는 점 등을 종합해 볼 때, 이런 경우에는 저작권법 규정을 따르는 것이 타당하다고 생각된다.

---

16) 만일 동업 회사가 개인회사가 아니라 주식회사인 경우에는, A가 만든 디자인 이나 컴퓨터프로그램은 업무상저작물이 되어 동업 회사가 저작권을 갖는다.

17) 저작권법 제2조 제2호, 제10조

18) 민법 제704조

따라서 위 사례에서는 창작자 원칙에 따라 디자인 등의 저작권은 A가 갖는 것으로 보는 것이 타당하지만 이렇게 되면 B의 입장에서는 정말 억울할 수밖에 없기 때문에, 이러한 문제를 해소하기 위해서는 동업 기간 중에 발생한 저작권에 대해 동업 지분율에 비례해서 저작권을 공유하는 것으로 미리 동업 계약서에 써 두고, 실제로 동업 기간 중에 저작권이 발생할 때마다 저작권 공유를 위한 별도의 계약을 체결하는 방법을 취하는 것이 좋다.

한편, 동업 기간 중에 동업자들 모두가 저작물 창작에 기여하는 경우도 있을 수 있다. 그런 경우에는 공동저작물이 되어 위에서 본 경우처럼 억울한 동업자는 생기지 않는다. 공동저작물은 창작에 참여한 모든 동업자들이 저작자가 되어 모두가 저작권을 갖게 되기 때문이다. 물론 이런 경우에도 저작권 다툼이 일어날 수는 있다. 모든 동업자들이 저작물의 창작에 실제로 기여했는지, 얼마나 기여했는지가 문제될 수 있기 때문이다.

실무에서는 동업 중에 발생한 저작권의 진짜 창작자가 누구인지를 놓고 다투는 경우가 종종 있는데, 이때 가장 많이 등장하는 주장이 바로, "너는 단순히 아이디어만 제공했을 뿐이고, 저작물을 실제로 창작한 사람은 바로 나다"라는 주장이다. 아이디어를 제공한 사람은 저작권법적으로 저작자가 될 수 없고, 그 아이디어를 이용해서 창작물을 만든 사람만이 저작자가 되고, 저작권을 갖는다는 뜻이다.

저작권법적으로만 보면 맞는 말이지만 동업을 할 때는 대개 각자가 맡은 역할이 다르기 때문에, 어떤 사람은 아이디어를 제공하고 어떤 사람은 그 아이디어를 바탕으로 실제 무언가를 창작했다고 해서 누구는 저작권을 갖고 누구는 그렇지 못하게 된다면 형평에 맞지 않는다고 생각된다. 게다가 사실 실무적으로 저작물을 창작하는데 있어서 순수하게 아이디어만 제공했는지 아니면 아이디어를 넘어 창작적 표현에까지도 기여했는지 애매한 경우도 많다.

따라서 이러한 문제를 둘러싼 소모적인 분쟁을 예방하려면, 저작권을 동업 지분율에 비례해서 공유하는 것으로 동업 계약서에 써 두고, 실제로 동업 기간 중에 주요한 저작권이 발생할 때마다 저작권 공유를 위한 별도의 계약을 체결하는 것이 좋다.

그리고 동업자들이 결별할 때를 대비한 저작권 처리와 관련해서는 앞에서 살펴본 저작권을 출자한 후 결별을 하는 경우와 다를 것이 없으므로 이와 동일한 방식으로 저작권의 귀속과 사용 방법 등을 동업 계약서에 미리 써 두는 것이 바람직하다.

동업 계약서 초안은 반드시 법률 전문가에게 검토 받자
사람들은 대개 계약서를 쓸 때는 별로 관심이 없다가 나중에 관계가 틀어진 뒤에야 비로소 계약서를 꼼꼼하게 들여다본다. 하지만 이미 늦어버린 뒤에 아무리 열심히 들여다본들 무슨 소용일까! 그때는 변호사를 찾아가 봐도 별 소용이 없다.

물론 계약 내용을 어떻게 해석하느냐에 따라 어느 정도 달라질 여지는 있지만 계약 내용은 계약서에 적힌 대로 해석하는 것이 원칙이다. 그것이 실제 계약 당사자들의 의도했던 것과 다르게 적혀 있더라도 법원에서는 계약서에 적힌 대로 해석해 버리는 경우가 대부분이다. 따라서 계약을 체결하기 전에 불분명한 내용이나 제3자가 볼 때 오해의 소지가 있는 문구는 반드시 명확하게 고쳐야 한다.

사람들은 계약서를 작성할 때 계약 내용을 자신들만 알아보면 된다고 생각하는 경향이 있어서 나름 공들여 작성한 계약서에도 객관적으로 볼 때는 애매한 계약 내용이 꽤 많다. 심지어 자신들의 의도와는 정반대로 해석될 수도 있는 내용들도 흔하게 있다. 게다가 계약서에 반드시 넣어야 할 필수 사항을 넣지 않아서 나중에 문제를 일으킬 수 있는 경우도 아주 많기 때문에 미리 변호사 등에게 검토를 받아보는 것이 안전하다.

물론 아무리 계약서를 잘 만들어도 계약 내용을 둘러싼 이견은 언제나 있기 마련이다. 발생 가능한 모든 상황을 완벽하게 예상해서 그것들을 모두 계약서에 담을 수는 없기 때문이다. 그래서 계약서에는 해석을 통해 해결할 수밖에 없는 부분이 분명 존재할 수밖에 없다. 그렇더라도 여러 가지 의미로 해석될 수 있는 문구는 최대한 분명한 의미를 가진 문구로 바꿔 계약서를 작성하는 것이 좋다.

**동업 계약서 내용 관련 분쟁은 해석을 통해 판단할 수밖에 없다**

동업 계약서에 '동업 개시 후 5년 내에 탈퇴하는 동업자는 지분에 해당하는 만큼만 가지고 나갈 수 있다. 단, 권리금은 포기한다. 동업에 대한 기여도를 평가할 때는 경영 참여, 대외활동 등을 포함시키는 것으로 한다'라는 내용이 있고, 현재 동업 회사는 영업권을 가지고 있는 상태다.

이러한 상황에서 동업자들 중 한 명인 A가 동업 개시 후 3년이 되는 시점에 탈퇴하면, 영업권에 관한 자신의 지분만큼의 대가를 받을 수 있을까? A는 동업 개시 후 3년이 되는 시점에 탈퇴하기 때문에 권리금에 대한 대가는 받을 수 없다. 권리금은 영업권을 포함하는 개념이므로 A는 영업권에 대한 대가 역시 받을 수 없다고 해석할 수 있다. 그리고 실제 사건의 2심 법원도 이렇게 판단했다.

그러나 대법원은 달랐다.[19] A는 탈퇴할 때 자기 지분만큼의 대가를 받아갈 수 있는데, 여기서 말하는 '지분만큼의 대가'는 지분의 시세나 시가라고 볼 수 있고, 지분의 시세나 시가에는 영업권도 포함된다고 보는 것이 자연스럽다. 통상 사업 초기에는 손실을 보는 경우가 대부분인데, 만일 지분을 계산할 때 영업권을 포함시키지 않으면 사업 초기에 탈퇴하는 사람은 받아갈 것이 거의 없게 되는 불합리한 결과가 발생한다. 그런데 동업자들에게 이런 의도가 있었다고 보기는 어렵다.

---

19) 대법원 2017. 7. 18. 선고 2016다254740 판결

동업 계약서에는 권리금의 개념을 정의한 것이 없고, 오히려 권리금 바로 뒤에 '동업에 대한 기여도를 평가할 때는 경영 참여, 대외활동 등을 포함시키는 것으로 한다'라고 기재되어 있는데, 여기서 말하는 권리금은 '동업의 경영에 기여한 것'을 의미할 뿐 영업권까지 포함한 개념은 아니라고 보는 것이 타당하다.

이러한 이유로 대법원은 위 사례의 동업 계약서에 적힌 '권리금'에는 영업권이 포함되지 않는다고 봐서, A는 자신이 탈퇴할 당시 동업 회사가 가지고 있던 영업권에 대한 자기 지분만큼의 대가를 받아갈 수 있다고 보았다.

만일 위 사례에서 동업 계약서에 '권리금'의 개념을 별도로 기재하고 거기에 영업권을 포함하는 것으로 적어 두었다면 위와 같은 분쟁은 애초에 발생하지도 않았을 것이다. 그렇지만 동업자들이 아무리 꼼꼼하게 동업 계약서를 작성하더라도 사람에 따라 그 내용을 달리 해석할 여지는 언제든 존재한다. 그렇더라도 최대한 분쟁을 줄일 수 있는 동업 계약서를 작성하도록 해야 한다.

## ❹ 동업 중에 일어날 수 있는 여러 불미스러운 일들

### 동업은 생각만큼 쉽지 않다

동업을 해 본 사람들은 누구나 동업이 참 쉽지 않다고 말한다. 그리고 하나같이 친한 사람들끼리는 동업을 하지 않는 게 낫다고 덧붙인다. 왜냐하면 동업은 그저 가벼운 만남이 아니라 돈 문제가 직접 결부된 현실적인 만남이기 때문이다. 그러니 동업 파트너를 선택할 때는 신중해야 한다. 서로 뜻이 통하고 일하는 스타일이 비슷한 사람일수록 좋다. 꼭 그런 것은 아니지만 일하는 스타일이 너무 다르면 서로 조금씩 불만이 쌓이게 되고 언젠가는 그 불만이 밖으로 표출되기 때문이다. 물론 그런 것들은 동업을 같이 해 봐야 알 수 있는 것이라 미리 알기는 어렵다. 가장 중요한 것은 서로 속이지 않는 것이다. 동업이 파투나는 가장 흔한 이유는 동업자가 몰래 돈을 횡령하는 등의 신뢰를 저버리는 행위를 하기 때문이다.

### 자주 발생하는 횡령 유형

동업 중에 횡령을 하거나 배임을 하는 유형은 매우 다양한데, 여기서는 횡령에 대해서만 살펴보기로 하자. 가장 대표적인 횡령 유형은 이익 분배 전에 회삿돈을 가져가는 경우와 회사 재산을 다른 동업자들의 동의 없이 처분하는 경우다. 이 경우 횡령한 금액이 전체 금액인지 아니면 자신의 지분만큼을 뺀 금액인지가 문제되곤 하는데, 법원에서는 전체 금액을 횡령금액으로 보고 있다.[20]

---

20) 대법원 2007. 2. 22 선고 2006도8105 판결

여기서 주의해야 할 것은, 동업 재산에 대해 동업자들의 소유 형태는 각자의 지분을 자유롭게 처분할 수 있는 '공유'가 아니라 '합유'라는 점이다. 합유의 경우에는 자신의 지분이라 해도 다른 동업자들의 동의 없이 처분하면 횡령이 되기 때문에[21] 동업 재산이나 동업 재산의 지분을 처분할 때는 다른 동업자들의 동의를 받아야 하고, 단순히 통지하는 것만으로는 부족하다.[22]

### 횡령한 동업자에게 손해배상을 청구할 때 유의할 점

동업 중에 누군가 횡령을 하면 다른 동업자들은 횡령한 사람을 상대로 형사고소, 민사소송, 또는 둘 다 제기할 수 있다. 횡령죄로 형사고소를 하는 데는 별 문제 없지만, 손해배상 청구소송을 제기할 때는 주의해야 할 것이 하나 있다. 동업 중에 발생한 문제는 그에 따른 정산도 동업 관련 절차 내에서 이루어져야 한다는 점이다.

이런 경우에 "네가 횡령을 하는 바람에 내가 손해를 봤으니 나한테 손해배상을 해!"라고 주장하면 법원에서는 이를 받아주지 않는다. 왜냐하면 동업 관계를 벗어난 순수한 개인의 지위에서 손해배상을 청구한 것이라고 보기 때문이다.

그러므로 이런 경우에는 "너의 횡령으로 동업 관계가 종료됐고 더이상 처리할 일도 없으니 이제 잔여재산을 분배해야 한다. 그런데 네가 횡령하는 바람에 동업자인 내가 그만큼 손해를 봤으니, 너는

---

21) 대법원 2009. 10. 15 선고 2009도7423 판결
22) 대법원 1993. 2. 23 선고 92도387 판결

나에게 횡령액 중 내 지분에 해당하는 돈을 손해배상해야 하고, 그 돈은 나의 잔여재산분배금에 포함돼야 한다"라고 주장해야 한다.[23] 물론 이것은 탈퇴자 지분 계산의 경우에도 똑같이 적용된다.

사실 위 두 주장은 내용 면에서는 조금도 다를 것이 없지만 동업 관계에서 일어난 일은 동업 관련 절차 내에서 해결해야 하기 때문에 '잔여재산분배'나 '탈퇴자 지분 계산'이라는 동업 관련 절차를 통해서만 해결해야 한다.

## 동업 관계가 끝나고 난 후 발생하는 돈 문제

A와 B는 결별하면서 A 혼자 계속 회사를 운영하기로 하고, 정산 차원에서 A가 회사 이익을 B에게 분배해 주기로 약정했다.

이 경우 A가 B에게 이익을 제대로 분배해 주지 않으면 횡령이 될까? 종종 이런 일로 형사고소를 하는 경우가 있다. 이런 일이 동업 중에 발생한 것이라면 A의 행위가 횡령이 된다는 데에는 논란의 여지가 없다. 그런데 동업 관계를 종료한 뒤에도 그럴까?

사례에서 B는 동업 관계에서 탈퇴하면서 A가 단독으로 회사를 운영하는 것에 동의했다. 그렇다면 이 회사는 A의 단독회사다. 그렇기 때문에 A가 회사를 운영하면서 벌어들이는 돈은 A의 돈이다. 단지, A는 그 돈의 일부를 B에게 지급할 의무만 있을 뿐이다.

---

23) 대법원 2005. 12. 8 선고 2004다30682 판결, 대법원 2012. 6. 14 선고 2011다109937 판결

횡령은 다른 사람의 재산을 보관하는 지위에 있는 사람이 그 재산을 돌려주지 않거나 임의로 소비하는 경우 등을 말하는 것이기 때문에 A는 B에게 이익을 나누어 줄 민사상 채무만 있을 뿐 형사상 횡령을 한 것은 아니다.[24]

그런데 실무에서는 동업 관계 종료 후에 발생하는 돈 문제를 동업의 연장선상에 있는 것으로 착각해서 횡령으로 형사고소하는 경우가 종종 있다. 그러나 이런 경우는 형사고소보다는 이익을 분배하라는 약정금 청구소송을 제기하는 것이 타당하다. 물론 A가 B와 이익분배약정을 할 당시, B에게 이익을 분배할 의사와 능력이 없었다면 사기죄가 될 수 있지만 일반적으로는 이를 입증하기 어렵다.

### 동업 관계가 끝난 줄 알고 돈을 임의로 사용한 경우는?

동업 관계가 종료되지 않았는데도 혼자 그렇게 알고 계속 사업을 하면서 임의로 회삿돈을 쓰는 경우가 있다. 이런 경우는 동업 관계 중에 다른 동업자들의 동의 없이 돈을 임의로 사용한 것이 되어 횡령에 해당한다. 물론 횡령을 하려는 고의가 없었다고 볼 수도 있지만[25] 미필적 고의가 있었다면 횡령죄가 된다.

실무에서는 서로 관계가 소원해지면서 동업 관계가 흐지부지 끝나버리는 경우가 많기 때문에 이쪽에서는 동업 관계가 끝난 것으로 생각하고, 저쪽에서는 아직 동업 관계가 유지된다고 생각하는 경우

---

24) 대법원 1996. 5. 28 선고 96도140 판결
25) 대법원 1985. 8. 13 선고 85도1230 판결

가 의외로 많다. 그런 상황에서 동업 회사를 계속 운영하는 쪽에서 회삿돈을 임의로 사용하면 횡령으로 형사고소를 당하기도 한다. 따라서 이러한 상황이 발생하지 않도록 하기 위해서는 명확하게 동업 관계를 종료시키는 별도의 계약을 해야 한다.

## 횡령 예방 장치를 미리 마련할 필요가 있다

동업자의 횡령을 예방할 수 있는 완벽한 방법은 솔직히 없다. 횡령하기로 마음먹은 사람을 누가 막을 수 있겠는가? 그렇다고 손 놓고 있을 수만은 없다. 횡령은 어차피 돈과 관련된 것이기 때문에 믿을 만한 경리직원을 둬서 그 경리직원이 관리하게 하는 것이 좋다. 물론 주요한 돈은 동업자 중 누군가가 관리하면서 정기적으로 다른 동업자들과 정보를 공유하는 것이 바람직하다. 여러 사람이 계좌를 관리하는 것이 어떤 면에서는 오히려 위험할 수도 있지만, 돈의 흐름을 서로 감독할 수 있다는 차원에서 횡령 가능성을 줄이는 데는 도움이 될 수 있다.

중요한 것은 동업자들끼리 재무 상태를 크로스 체크할 수 있어야 한다는 것이다. 그리고 그렇게 하려면 동업자들 모두 재무제표와 관련된 서류를 체크할 수 있는 최소한의 능력은 갖추고 있어야 한다. 이 책에서도 추후 별도로 설명하겠지만, 회사 대표라면 자신이 운영하는 회사의 재무제표 정도는 읽고 이해할 수 있어야 한다.

## 5 동업 관계에서의 결별, 그리고 정산

### 동업 관계에서의 결별

동업 관계에서는 몇 명이 동업을 하느냐에 따라 헤어짐의 의미가 달라지기도 한다. 2명이 동업을 하다가 그 중 1명이 탈퇴하면 결국 회사에는 1명만 남게 되므로 이러한 결별은 단순 탈퇴가 아니라 동업 관계 종료에 해당한다. 하지만 3명이 동업을 하다가 1명이 탈퇴하고 나머지 2명이 동업사업을 계속 운영한다면, 이 경우의 결별은 말 그대로 탈퇴에 해당할 뿐 동업 관계가 종료되는 것은 아니다.

이처럼 동업 관계에서 결별하는 형태는 크게 두 가지로 나뉜다. ① 다른 동업자들에 의해 동업사업이 계속 유지되는 것을 전제로 동업자들 중 일부만 탈퇴하는 경우와 ② 1명만 남기고 다른 동업자(들)이 탈퇴를 하거나 동업자들 전원 합의 등으로 동업 관계를 종료시키는 경우이다.

### (1) 동업자들 중 일부만 탈퇴하는 경우

동업을 하던 중에 동업자 스스로 떠나는 경우, 다른 동업자들에 의해 쫓겨나는 경우, 동업자가 사망한 경우[26]를 통칭해서 '탈퇴'라고 한다. 어떤 경우든 동업자가 탈퇴했다고 하려면 남아 있는 다른 동업자들이 동업 회사를 계속 운영하는 경우여야 한다.[27]

---

26) 민법 제716조, 제717조
27) 대법원 2007. 11. 15 선고 2007다48370 판결

## 1) 지분 계산할 때 납부할 세금은 공제하고 영업권은 포함한다

탈퇴한 사람에게 정산해 주는 것을 '지분 계산'이라고 한다. 지분 계산할 때는 탈퇴 당시 동업 재산을 탈퇴자의 손익분배비율에 따라 나눠줘야 하는데, 반드시 동업 재산을 그대로 나눠줘야 하는 것은 아니고 돈으로 줘도 된다.[28] 이때 추후 납부할 동업 관련 세금은 동업 재산에서 공제하고 영업권은 동업 재산에 포함시키는 것이 형평에 맞지만,[29] 동업자들 사이의 약정으로 달리 정할 수 있다.[30]

## 2) 탈퇴자가 다른 동업자들에게 임차권이나 영업권을 양도하는 경우

탈퇴자가 남아있는 동업자들에게 등기된 임차권을 양도하거나[31] 사업용 고정자산(부동산, 부동산에 관한 권리)과 함께 영업권을 양도하는 경우[32]에는 양도소득세가 부과될 수 있다. 따라서 동업 관계를 탈퇴할 때는 이러한 세금 문제까지도 고려해서 지분 계산을 해야 나중에 잡음이 생기지 않는다.

그리고 과세관청에서는 무조건 세법상 납세의무자에게 세금을 부과하기 때문에 동업자들 사이의 약정으로 세법상 납세의무자인 탈퇴자의 세금을 다른 동업자(들)가 대신 납부해 주기로 약정했다면, 탈퇴자의 입장에서는 이러한 약정에 관한 확실한 보장 장치를 마련해 둘 필요가 있다.

---

28) 민법 제719조 제2항
29) 대법원 1997. 2. 14. 선고 96다44839 판결
30) 대법원 2017. 7. 18 선고 2016다254740 판결
31) 소득세법 제94조 제1항 제2호 다목, 대법원 1989. 10. 24 선고 89누3175 판결
32) 소득세법 제94조 제1항 제4호 가목

### 3) 탈퇴자가 탈퇴 즉시 해야 할 일

개인회사 형태로 사업을 할 때 가장 먼저 해야 할 일은 관할 세무서에 사업자등록을 신청하는 것이다. 동업을 할 때도 마찬가지인데 동업은 공동으로 회사를 경영하는 것이어서, 관할 세무서에 공동사업으로 사업자등록을 신청한다. 그러면 사업자등록증상에는 동업자들의 명의가 다 같이 기재된다. 물론 동업자들 중 일부의 명의로만 사업자등록을 하는 경우도 있지만 사업자등록을 어떻게 하든 '동업'이라는 실질은 바뀌지 않는다.

동업 계약 체결 후 공동명의로 사업자등록을 해서 사업을 운영하다가 누군가 탈퇴하는 경우에는 탈퇴 즉시 관할 세무서에 탈퇴 신고를 하고, 거래처마다 탈퇴 사실을 알려야 한다. 미루다가 탈퇴 후 발생한 동업 회사의 채무에 대해 책임을 지게 될 수도 있다.

A, B, C는 공동명의로 甲회사를 운영하다가 사정이 생겨 A만 동업 관계에서 탈퇴했다. 그 이후에 예전부터 甲회사에 물품을 공급해 오던 乙회사는 1,000만 원 상당의 물품을 甲회사에 공급했다. A는 그 뒤에야 관할 세무서에 탈퇴 신고를 했다. 乙회사는 甲회사에 물품대금 1,000만 원을 지급해 줄 것을 계속 요청했지만 甲회사는 차일피일 미루기만 했다. 더 이상 참지 못한 乙회사는 B, C는 물론이고, 물품 공급 당시 사업자등록증 상에는 공동사업자로 표기되어 있던 A에게도 물품대금 청구소송을 제기했다.

이에 대해 A는 乙회사가 甲회사에 1,000만 원 상당의 물품대금을 공급하기 전에 이미 자신은 동업 관계에서 탈퇴했으므로 책임질 이유가 없다고 주장했다. 과연 누구 말이 맞을까?

A가 거래처인 乙회사에 탈퇴 사실을 알리지 않았고, A가 탈퇴한 후에도 甲회사의 상호나 사무실 등도 바뀌지 않았으며, 乙회사가 1,000만 원 상당의 물품을 甲회사에 공급할 때까지 A가 관할 세무서에 탈퇴 신고를 하지 않았다면, 乙회사로서는 A를 공동사업자로 오인할 수 있다. 따라서 이 경우 A는 명의대여자[33]로서 B, C와 연대하여 乙회사에게 물품대금 1,000만 원을 지급해야 한다.

그렇더라도 A가 무조건 책임을 지는 것은 아니다. 실제로 A는 乙회사가 1,000만 원 상당의 물품을 甲회사에 공급하기 전에 이미 탈퇴를 했기 때문에 원칙적으로는 책임이 없는 것이 맞지만, 이처럼 A에게 명의대여자로서의 책임을 지우는 것은 사업자등록증상에 공동명의자로 기재되어 있는 A를 공동사업자로 오인하고 거래한 乙회사를 보호하기 위한 것이다. 그러므로 만일 乙회사가 물품공급 당시 A의 탈퇴 사실을 알고 있었거나 중대한 과실로 알지 못했다면, A는 위 물품대금 1,000만 원에 대한 지급의무를 면할 수 있다.[34]

---

33) 상법 제24조 (타인에게 자기의 성명 또는 상호를 사용하여 영업을 할 것을 허락한 자는 자기를 영업주로 오인하여 거래한 제3자에 대하여 그 타인과 연대하여 변제할 책임이 있다)
34) 대법원 2008. 1. 24 선고 2006다21330 판결

이와 같이 동업 관계에서 탈퇴한 사람이 그 이후 발생한 동업 회사의 채무에 대해 책임을 지지 않으려면, 미리 거래처에게 자신의 탈퇴 사실을 알리는 것이 필요하고, 이와 더불어 탈퇴 즉시 관할 세무서에 탈퇴 신고를 함으로써 사업자등록증에 기재되어 있는 자신의 명의를 없애야 한다.

## (2) 동업 관계를 종료하는 경우

동업자들 중 일부가 동업을 그만두고 나머지 동업자들에 의해 계속 동업 관계가 유지되는 '탈퇴'와는 달리, '동업 관계 종료'는 어떤 형태로든 더 이상 동업 관계가 유지되지 않는 것을 의미한다. 따라서 탈퇴와 동업 관계 종료의 가장 큰 차이점은 동업 관계가 계속 유지되는지 여부에 있다.

동업 관계가 종료되는 경우에는 먼저 회사를 해산하고, 그 다음 회사의 채권·채무를 정리하는 등 청산절차를 거쳐야 하며, 그런 후에야 청산절차 종료 당시를 기준으로 잔여재산을 평가해서 이를 동업자들에게 분배할 수 있다.[35] 만약 잔여재산분배를 제외하면 동업 회사 업무와 관련해서 처리해야 할 일이 남아 있지 않은 때에는, 청산절차를 밟을 필요 없이 동업자들에게 출자가액에 비례에서 잔여재산을 분배하면 된다.[36]

---

35) 대법원 2002. 3. 29 선고 2002다427 판결. 대법원 2007. 11. 15 선고 2007다48370 판결
36) 대법원 2007. 11. 15 선고 2007다48370 판결

동업 관계는 여러 가지 이유로 종료될 수 있다. 동업 계약서에 미리 정한 종료 사유, 동업자들 전원의 합의, 동업 사업 계속 유지가 불가능한 경우 또는 해산청구 등으로 동업 관계는 종료된다. 이 중 해산청구를 하기 위해서는 '부득이한 사유'가 있어야 하는데,[37] '부득이한 사유'란 경제계의 사정 변경에 따른 동업 재산 상태의 악화나 영업 부진 등으로 동업 목적을 달성하기 매우 곤란한 객관적인 사정이 있는 경우 또는 동업자들 간의 불화나 대립으로 신뢰 관계가 파괴되어 동업 회사를 원활하게 운영하는 것을 기대할 수 없는 경우를 말한다.[38]

한편, 두 사람이 동업을 하다가 그 중 한 사람이 탈퇴하면 결국 한 사람만 남게 되므로, 이는 단순한 탈퇴가 아니라 동업 관계 종료에 해당한다. 보통 이런 경우는 한 사람이 다른 사람에게 동업 계약해지 통고를 하는데 이러한 통고는 사실상 동업 회사를 해산하자는 요청으로 보면 된다.[39] 이때 동업 재산은 남은 사람의 단독 소유가 되고, 남은 사람은 동업자들 간의 특별한 약정이 없으면 동업 관계 종료 당시 동업 재산을 평가해서 그것의 1/2을 탈퇴하는 사람에게 주면 된다. 한편, 동업 재산 분배는 동업 관계 종료 시를 기준으로 하면 되는 것이지, 그 이후에 발생하는 사정은 고려 대상이 아니다.[40]

---

37) 민법 제720조
38) 대법원 1997. 5. 30. 선고 95다4957 판결
39) 대법원 1996. 3. 26. 선고 94다46268 판결
40) 대법원 1990. 3. 9 선고 89다카24728 판결

# 02

.

# 재무제표,
# 대략적으로라도 알아 두자

**회사 대표라면 재무제표 정도는 이해할 수 있어야 한다**

일반적으로 회사는 영리를 추구하는 것이 당연하고 그것이 목적이
다. 누구나 돈을 벌기를 원하고, 그런 욕망은 자연스럽게 열심히 일
하고자 하는 강한 동기 부여로 이어진다. 그런데 막상 회사를 운영
하다보면 신경 쓸 게 한두 가지가 아니다. 특히 회사 자금은 모든
회사 대표들이 가장 관심을 갖는 문제이자 가장 큰 걱정거리다.

회사에 돈이 현재 얼마나 있는지, 채무·채권 상황은 어떤지, 매달
수익은 얼마나 되고 매달 비용은 어느 정도 드는지, 임차료나 직원
급여는 줄 수 있는지, 자산을 구입할 수 있는지 또는 향후 투자여
력은 있는지 등을 파악하지 못한 상태에서는 회사 운영이 주먹구
구식이 될 수밖에 없다. 그러므로 회사 대표라면 회사의 재무 상태
를 직접 챙겨야 하고, 그러기 위해서는 회사 자금 흐름을 한 눈에
볼 수 있는 재무제표 정도는 읽고 이해할 수 있어야 한다.

## 재무제표는 법률문제와도 맞닿아 있다

법률문제와 재무제표가 무슨 상관?? 물론 직접적인 관련성은 없다. 하지만 회사 자금에 문제가 생기면 재무제표를 비롯한 모든 장부를 들춰봐야 한다. 그 과정에서 업무상 횡령 등 예기치 못한 법률문제가 드러날 수 있다. 그래서 재무제표를 읽고 이해하는 능력은 회사 대표의 기본 덕목이라고 할 수 있다.

그렇다고 전문적인 지식까지 요구하는 것은 아니다. 일단은 그저 읽고 해석할 수 있는 정도까지만 알아두면 된다. 여기서는 '재무제표를 보는 방법'에 관해 이 책의 전체적인 흐름상 필요한 정도만 설명하고, 보다 구체적인 것은 추후 기회가 되면 그때 자세히 다루도록 하겠다.

## 재무제표에는 어떤 것들이 있고, 서로 어떻게 연결되는가?

재무제표(財務諸表)는 말 그대로 재무(財務)에 관한 모든(諸) 표(表)를 말한다. 여기서는 재무제표 중 회사 대표가 꼭 알아야 하는 3가지 즉, ① 대차대조표, ② 손익계산서, ③ 이익잉여금처분계산서(결손금처리계산서)에 대해서만 살펴보겠다. 이 중 대차대조표와 손익계산서는 일반적으로 잘 알려져 있지만, 이익잉여금처분계산서(결손금처리계산서)는 좀 생소할 것이다. 먼저 그 하나하나에 대해 간단하게 살펴본 다음, 이것들이 서로 어떻게 연결되어 있는지에 대해 알아보자.

# 1 대차대조표, 그리고 관련 이슈

## 대차대조표 〔예시〕
### 2018년 12월 31일 현재

회사명 : (주)OO                                      (단위 : 원)

| 과 목 | 금 액 |
|---|---|
| 자산 | |
| Ⅰ. 유동자산 | |
| (1) 당좌자산 | |
| 현금 | |
| 보통예금 | |
| 외상매출금 | |
| (2) 재고자산 | |
| 상품 | |
| Ⅱ. 비유동자산 | |
| (1) 투자자산 | |
| 임차보증금 | |
| (2) 유형자산 | |
| 비품 | |
| (3) 무형자산 | |
| 특허권 | |
| 영업권 | |
| 자산총계 | |
| 부채 | |
| Ⅰ. 유동부채 | |
| 외상매입금 | |
| Ⅱ. 비유동자산 | |
| 장기차입금 | |
| 부채총계 | |
| 자본 | |
| Ⅰ. 자본금 | |
| Ⅱ. 자본잉여금 | |
| Ⅲ. 이익잉여금 | |
| 차기이월미처분이익잉여금 | |
| (당기순손익) | |
| 당기 : xxx | |
| 전기 : xxx | |
| 자본총계 | |
| 부채 및 자본총계 | |

## 특정 시점의 회사 재무 상태를 보여주는 회계보고서

대차대조표는 어느 '특정 시점'에 회사의 자산, 부채, 자본이 얼마나 남아 있는지 등 회사의 재무 상태를 한 눈에 보여주는 표(表)다. 그래서 다른 말로 '재무 상태표'라고도 한다. 이를 통해 회사 대표는 자금을 어떻게 조달해서, 그 돈으로 어떤 자산을 샀고, 또 어떤 자산에 투자했는지, 그리고 당장 사용 가능한 돈은 얼마나 남아있는지 등을 알 수 있다.

## 자산은 부채와 자본을 합쳐 놓은 것이다(자산 = 부채 + 자본)

회사는 은행 등에게서 빌린 돈(부채)과 주주들이 주식을 인수한 대가로 납입한 돈(자본금) 그리고 회사를 운영하면서 번 돈(수익)을 가지고 자산도 마련하고 비용도 지출한다. 이와 같이 빌린 돈(부채)과 납입금(자본) 등은 모두 자산을 마련하는 등에 사용되기 때문에, '자산 = 부채 + 자본'이 된다. 그래서 대차대조표에 있는 '자산총계'와 '부채 및 자본총계'는 항상 똑같은 금액이 될 수밖에 없다.

## 수익과 비용은 당기순이익(당기순손실)의 형태로
## 대차대조표의 자본 항목인 이익잉여금 계정으로 들어간다

여기서 의문이 하나 생긴다. 위에서 회사는 빌린 돈(부채), 주주가 납입한 돈(자본금) 그리고 회사가 번 돈(수익)을 가지고 자산도 마련하고 비용도 지출한다고 했으니, '자산 = 부채 + 자본'이 아니라 '자산 + 비용 = 부채 + 자본 + 수익'이 되어야 하는 게 아닐까?

그런데 수익과 비용은 손익계산서에 기재되는 항목이지 대차대조표에 직접 표시되는 항목은 아니다. 그리고 손익계산서에 기재되는 수익과 비용은 손익계산서의 최종 결과인 당기순이익(또는 당기순손실)에 녹아들어가게 되고, 그 당기순이익(또는 당기순손실)은 대차대조표상 자본 항목 중 이익잉여금 계정으로 들어간다.

이렇게 해서 결국 수익과 비용은 대차대조표상 자본 항목에 반영된다. 대차대조표 〔예시〕의 자본 항목 중 이익잉여금 계정을 보면 쉽게 알 수 있다. 그래서 '자산 + 비용 = 부채 + 자본 + 수익'에서 '수익'과 '비용'을 쏙 빼서 이것들을 '자본'에 넣어버리면, 결국 '자산 = 부채 + 자본'이라는 공식이 성립한다.

분개할 때, 자산·비용의 증가는 왼쪽에,
부채·자본·수익의 증가는 오른쪽에 각각 표기한다

그렇지만 '자산 + 비용 = 부채 + 자본 + 수익' 등식에서도 한 가지 의미 있는 것을 찾을 수 있다. 회사는 거래할 때마다 회계처리를 한다. 이때 최초로 이루어지는 회계처리가 바로 '분개'다. 분개란 거래가 자산, 비용, 부채, 자본, 수익 중 어느 것과 관련되어 있고, 그 금액은 얼마인지를 결정하는 절차다. 예를 들어 '자산 ○○○원'이라고만 기재하면, 그 자산이 무엇인지 정확히 알 수 없기 때문에, 구체적으로 어떤 종류의 자산인지 즉, '계정과목'을 써야 하는 것이다. 비용, 부채, 자본, 수익의 경우도 마찬가지다.

가령 1억 원어치 상품을 구입했다고 하자. 이 경우 단순히 '자산 1억 원'이라고만 기재하면 어떤 자산을 구입했는지 알 수 없기 때문에 구체적인 계정과목 즉, '상품 1억 원'이라고 기재해야 하는데, 생각해 보면 회사는 상품을 구입하면서 돈을 지출했을 것이므로 이러한 지출에 대해서도 분개를 해야 한다. 보통은 통장에서 이체를 하기 때문에 '보통예금 1억 원'이라고 기재하면 된다.

그럼 위 두 가지를 어떤 식으로 보여 줘야 할까? 이때 등장하는 용어가 바로 '차변'과 '대변'이다. 어렵게 생각할 필요 없이 '차변'은 왼쪽, '대변'은 오른쪽이라고 보면 된다. 이제 어느 것을 왼쪽에 적고, 어느 것을 오른쪽에 적을지만 정하면 된다. 여기서 '자산 + 비용 = 부채 + 자본 + 수익' 등식을 활용할 수 있다.

이 등식을 보면 자산과 비용은 왼쪽에 있고, 부채, 자본, 수익은 오른쪽에 있다. 따라서 ① 자산과 비용이 늘어나면 그 계정을 왼쪽(차변)에 기재하고, ② 부채, 자본, 수익이 늘어나면 그 계정을 오른쪽(대변)에 기재한다. 반대로, ① 자산과 비용이 줄어들면 그 계정을 오른쪽(대변)에 기재하고, ② 부채, 자본, 수익이 줄어들면 그 계정을 왼쪽(차변)에 기재한다.

거래에 관한 분개를 할 때, 차변(왼쪽)에 기재하는 금액과 대변(오른쪽)에 기재하는 금액은 반드시 똑같아야 하고, 또 그럴 수밖에 없다. 이것을 표로 정리하면 다음과 같다.

| | 차 변 | 대 변 |
|---|---|---|
| 자산, 비용 | 증가 | 감소 |
| 부채, 자본, 수익 | 감소 | 증가 |

## (1) 상품구매 관련 분개

이를 바탕으로 앞서 본 거래를 분개해 보자. 상품을 구입함으로써 자산에 해당하는 상품 1억 원이 늘어났으므로, 자산의 증가를 표시하는 차변(왼쪽)에 '상품 1억 원'을 기재한다. 이와 동시에 상품 구입대금의 지출로 인해 자산에 해당하는 예금 1억 원이 줄어들었으므로, 자산의 감소를 표시하는 대변(오른쪽)에 '보통예금 1억 원'을 기재한다. 즉, 아래와 같이 분개한다.

| 차 변 | 대 변 |
|---|---|
| 상품 1억 원<br>(자산 증가) | 보통예금 1억 원<br>(자산 감소) |

위 거래에서 회사가 상품 구입대금을 아직 주지 않았다면, 상품과 관련된 분개는 위와 동일하지만 상품 구입대금은 미지급 상태이기 때문에 예금이 줄어드는 것이 아니라 돈을 줘야 하는 의무 즉, 부채에 해당하는 외상매입금 1억 원이 늘어난다. 따라서 부채의 증가를 표시하는 대변(오른쪽)에 '외상매입금 1억 원'을 기재한다.

| 차 변 | 대 변 |
|---|---|
| 상품 1억 원<br>(자산 중가) | 외상매입금 1억 원<br>(부채 증가) |

나중에 회사가 상품 구입대금을 계좌이체로 갚으면 부채에 해당하는 외상매입금 1억 원은 없어지게 되므로, 부채의 감소를 표시하는 차변(왼쪽)에 '외상매입금 1억 원'을 기재한다. 이와 동시에 계좌에서 돈이 빠져나감으로써 자산에 해당하는 예금 1억 원이 줄어들므로, 자산의 감소를 표시하는 대변(오른쪽)에 '보통예금 1억 원'을 기재한다. 즉, 아래와 같이 분개한다.

| 차 변 | 대 변 |
|---|---|
| 외상매입금 1억 원<br>(부채 감소) | 보통예금 1억 원<br>(자산 감소) |

## (2) 매출 관련 분개

회사가 상품 판매로 1억 원의 매출을 올렸지만 아직 돈을 받지 못한 경우는 어떻게 분개해야 할까? 수익에 해당하는 매출 1억 원이 늘어나므로 수익의 증가를 표시하는 대변(오른쪽)에 '매출 1억 원'을 기재한다. 이와 동시에 아직 돈을 받지는 못했지만 돈을 받을 수 있는 권리 즉, 자산에 해당하는 외상매출금 1억 원이 늘어나므로, 자산의 증가를 표시하는 차변(왼쪽)에 '외상매출금 1억 원'을 기재한다. 즉, 아래와 같이 분개한다.

| 차 변 | 대 변 |
|---|---|
| 외상매출금 1억 원<br>(자산 증가) | 매출 1억 원<br>(수익 증가) |

나중에 회사가 상품 판매대금을 계좌로 이체 받으면, 계좌로 돈이 들어오기 때문에 자산의 증가를 표시하는 차변(왼쪽)에 '보통예금 1억 원'을 기재한다. 이와 동시에 자산에 해당하는 외상매출금 1억 원은 없어지므로, 자산의 감소를 표시하는 대변(오른쪽)에 '외상매출금 1억 원'을 기재한다. 즉, 아래와 같이 분개한다.

| 차 변 | 대 변 |
|---|---|
| 보통예금 1억 원<br>(자산 증가) | 외상매출금 1억 원<br>(자산 감소) |

## (3) 임차료 관련 분개

회사가 임차료 100만 원을 계좌이체로 지급하면 비용에 해당하는 임차료 100만 원이 늘어나므로, 비용의 증가를 표시하는 차변(왼쪽)에 '임차료 100만 원'을 기재한다. 이와 동시에 통장에서 돈이 빠져나감으로써 자산에 해당하는 예금 100만 원이 줄어들기 때문에, 자산의 감소를 표시하는 대변(오른쪽)에 '보통예금 100만 원'을 기재한다. 즉, 아래와 같이 분개한다.

| 차 변 | 대 변 |
|---|---|
| 임차료 100만 원<br>(비용 증가) | 보통예금 100만 원<br>(자산 감소) |

## (4) 주식발행 관련 분개

유상증자를 해서 1,000만 원의 주식 납입금이 회사 통장으로 들어온 경우에는, 자산에 해당하는 예금 1,000만 원이 늘어났으므로 자산의 증가를 표시하는 차변(왼쪽)에 '보통예금 1,000만 원'을 기재한다. 이와 동시에 자본에 해당하는 주식 납입금 1,000만 원이 늘어나므로, 자본의 증가를 표시하는 대변(오른쪽)에 '자본금 1,000만 원'을 기재한다. 즉, 아래와 같이 분개한다.

| 차 변 | 대 변 |
|---|---|
| 보통예금 1,000만 원<br>(자산 증가) | 자본금 1,000만 원<br>(자본 증가) |

## 자산과 비용은 회계적으로 밀접한 관련성이 있다

자산과 비용에 대해 한 가지만 더 살펴보자. 회사 자산은 결국 업무와 관련해서 지출되거나 사용될 것이 예정되어 있는 것들이다. 즉, '자산'은 결국 '비용'으로 쓰이거나 비용화 된다. 이처럼 자산과 비용은 밀접한 관련성을 갖고 있기 때문에 '자산 + 비용 = 부채 + 자본 + 수익' 등식 관련 내용에서 본 것처럼, 자산과 비용은 그 증가와 감소가 같은 변에서 움직인다. 즉, 자산과 비용 둘 다 증가를 나타낼 때는 '차변'에, 감소를 나타낼 때는 '대변'에 각각 기재한다.

## 볼펜이나 복사기는 자산일까 비용일까?

회사가 지출해서 취득한 것을 비용으로 처리할지 아니면 자산으로 처리할지 헷갈릴 때가 있다. 비용이라면 손익계산서에 반영되고, 자산이라면 대차대조표의 자산 항목에 반영된다. 그렇다면 회사가 지출한 것이 어떤 경우에는 비용으로 처리되고, 또 어떤 경우에는 자산으로 처리될까?

그 기준이 되는 것은 '수익비용대응의 원칙'이다. 쉽게 말하면, 지출한 것은 관련 수익이 발생할 때, '그때' 비용 처리한다는 원칙이다. 일반적으로 1회계기간은 매년 1월 1일부터 12월 31일까지다. 회사가 지출한 것이 1회계기간 안에 발생하는 수익에만 기여한다면, 수익비용대응의 원칙상 그 지출된 것은 그 회계기간에 비용으로 처리하면 된다. 반면, 회사가 지출한 것이 당해 회계기간 동안 발생한 수익뿐만 아니라 장래의 수익에도 기여한다면, 수익비용대응의 원칙상 그 지출된 것은 수익이 발생하는 모든 회계기간 동안에 걸쳐서 비용 처리해야 한다.

가령 회사가 2018년도에 볼펜과 복사기를 구입했다고 해보자. 둘 다 회사가 지출해서 취득한 것인데, 이 경우 회사는 볼펜과 복사기를 비용으로 처리해야 할까? 아니면 자산으로 처리해야 할까? 수익비용대응의 원칙에 따라 판단하면 된다.

볼펜은 보통 2018년도 회계기간 내에 모두 소비되기 때문에 그 기간 내에 발생되는 수익에만 기여한다고 볼 수 있다. 따라서 볼펜 구입대금은 2018년도의 비용으로 처리하는 것이 타당하다. 이 경우 볼펜의 구체적인 계정과목은 손익계산서상 '소모품비'가 된다.

반면에 복사기는 2018년도 회계기간 내에 소비되어 없어지는 것이 아니라 앞으로도 수년 동안 계속 사용할 수 있다. 따라서 복사기는 2018년도 회계기간에 발생하는 수익뿐만 아니라 향후 수년 동안의 수익에도 기여하기 때문에 복사기로 인해 수익이 발생하는 모든 회계기간 동안 나눠서 비용 처리해야 한다. 그러므로 복사기는 2018년도에는 자산으로 처리하고, 회계상 또는 세법상 정해놓은 복사기의 수명 기간 즉, 내용연수 기간 동안에 걸쳐서 비용 처리하는 것이다. 이 경우 복사기의 구체적인 계정과목은 대차대조표상 '비품'이 된다.

## 감가상각비

이런 과정을 통해 여러 해 동안 나누어서 처리되는 비용을 '감가상각비'라고 한다. 감가상각비는 수익비용대응의 원칙에 따라 회사가 지출한 것이 수년에 걸쳐 회사 수익에 기여하는 경우, 이를 일단 자산으로 회계처리한 후, 그것의 내용연수 기간 동안 매년 비용화시키는 것을 말한다. 이처럼 감가상각 자산은 1년 이상의 기간에 걸쳐 비용화 되기 때문에 대차대조표상 '비유동자산'으로 분류된다. 그리고 그것은 감가상각을 통해 그 전부가 비용화가 될 때 비로소 소멸한다.

## 영업권과 같은 무형자산도 감가상각 대상 자산이다

앞서 본 대차대조표 〔예시〕의 '비유동자산' 중 '무형자산'에 있는 영업권과 특허권도 마찬가지다. 이것들을 얻기 위해 회사는 이미 돈을 지출했더라도 수익비용대응의 원칙상 그 지출 금액을 바로 비용 처리하지 않고, 그로 인해 수익이 발생하는 기간 즉, 내용연수 기간 동안 나눠서 비용 처리한다.

## 일정 금액 이하는 바로 비용 처리할 수 있다

수익비용대응의 원칙상 원래 감가상각 대상이 되는 것들은 일단 자산으로 회계처리한 후, 내용연수 기간 동안 감가상각을 통해 비용으로 처리하는 것이 원칙이다. 그러나 세법에서는 지출한 가액이 100만 원 이하인 경우에는 그 전부를 당해 회계기간의 비용으로 처리할 수 있도록 해 주고 있다.[41] 따라서 위 사례에서 만약 '복사기'의 가액이 100만 원 이하라면 세법상으로는 그 전부를 2018년도의 비용으로 처리해도 된다.

## 대차대조표상 자산, 부채, 자본을 구성하고 있는 항목들

마지막으로 대차대조표의 구성항목에 대해 간략히 살펴보자. 자산은 크게 ① 유동자산과 ② 비유동자산으로 나눠지는데, '유동자산'은 1년 이내에 현금화할 수 있는 자산을 의미하고, '비유동자산'은 1년 이내에 현금화할 수 없는 자산을 의미한다.

마찬가지로 부채도 ① 유동부채와 ② 비유동부채로 나눠지고, '유동부채'는 1년 이내에 지급될 것이 기대되는 부채를 말하고, '비유동부채'는 1년을 초과해서 지급될 것이 기대되는 부채를 말한다.

자본은 ① 자본금, ② 자본잉여금, ③ 이익잉여금 등으로 구성된다. '자본금'은 발행한 주식의 액면가액의 총액(액면가액 × 발행주식 수)을 의미하고, 자본잉여금은 액면가액을 초과해서 주식을 발행한

---

41) 법인세법 시행령 제31조 제4항

경우에 전체 주식 납입금에서 위 자본금을 초과하는 금액(주식 납입금 − 자본금)을 의미한다.

가령 회사가 10,000주를 유상증자하면서 액면가액 5,000원인 주식을 7,000원에 발행해서 총 7,000만 원의 주식 납입금을 받았다면, 자본금은 5,000만 원(발행주식의 액면가액 5,000원 × 발행주식 총 수 10,000주)이 되고, 자본잉여금은 2,000만 원(주식 납입금 7,000만 원 − 자본금 5,000만 원)이 된다.

이익잉여금은 회사의 영업활동을 통해 생긴 그 동안의 순이익(당기순이익) 중 배당 등을 통해 회사 밖으로 빠져나간 금액을 제외한 금액으로서, 회사에 유보되어 있는 금액을 말한다.

마무리 정리 ─────────────────────

이밖에도 대차대조표에 대해서는 알아야 할 것들이 많이 있지만 여기서는 대차대조표가 무엇이고, 그것을 어떻게 보는지 등 아주 기본적인 내용만이라도 익혔으면 한다.

# 2 손익계산서, 그리고 관련 이슈

## 손익계산서 [예시]

### 2018년 1월 1일부터 2018년 12월 31일까지

회사명 : (주)OO

(단위 : 원)

| 과 목 | 금 액 | |
|---|---|---|
| Ⅰ. 매출액 | | |
| Ⅱ. 매출원가 | | |
| Ⅲ. 매출총이익(매출액—매출원가) | | |
|    (매출총손실) | | |
| Ⅳ. 판매비와 관리비 | | |
|    급여 | | |
|    복리후생비 | | |
|    임차료 | | |
|    접대비 | | |
|    감가상각비 | | |
|    세금과공과 | | |
|    소모품비 | | |
| Ⅴ. 영업이익(매출총이익—판매비와 관리비) | | |
|    (영업손실) | | |
| Ⅵ. 영업외 수익 | | |
|    이자수익 | | |
|    유형자산 처분이익 | | |
| Ⅶ. 영업외 비용 | | |
|    이자비용 | | |
|    유형자산 처분손실· | | |
| Ⅷ. 법인세차감전이익 | | |
|    (영업이익+영업외수익—영업외비용) | | |
|    (법인세차감전손실) | | |
| Ⅸ. 법인세 등 | | |
| Ⅹ. 당기순이익(법인세차감전이익—법인세) | | |
|    (당기순손실) | | |

## 일정 기간 동안의 회사 경영 성과를 보여주는 회계보고서

손익계산서는 일정 기간 동안 회사가 경영을 어떻게 했는지 일목요연하게 보여주는 회계보고서다. 만일 현재 시점이 2018년 12월 31일이라면, 통상의 손익계산서는 2018년 1월 1일부터 12월 31일까지의 경영 성과를 보여 준다.

## 손익계산서는 최대한 수익과 비용을 대응해서 배열한다

손익계산서는 구성항목들을 '수익비용대응의 원칙'에 따라 배열해 놓고 있다. 앞의 〔예시〕에서 알 수 있듯이, 매출과 직접적으로 관련이 있는 비용인 매출원가를 매출액 바로 밑에 두고 있고, 매출과 간접적으로 관련된 비용인 판매비와 관리비를 그 아래에 두고 있다. 그러나 영업외 수익이 영업외 비용과 꼭 매칭된다고 할 수는 없기 때문에 모든 구성항목들이 완전히 '수익비용대응의 원칙'에 따라 배열된 것은 아니다.

## 회계상 수익·비용을 인식하는 방법

회계상 '수익'과 '비용'을 인식하는 방법에는 ① 현금이 들어왔을 때 수익으로 인식하고, 현금이 나갔을 때 비용으로 인식하는 '현금주의'와 ② 현금 흐름과는 무관하게 수익과 비용이 실제 발생했을 때 수익·비용을 인식하는 '발생주의' 두 가지가 있는데, 기업회계기준은 '발생주의'를 원칙으로 하고 있다.

예를 들어 회사가 상품을 판매했지만 아직 돈을 받지 못한 경우, 현금주의에 따르면, 아직 돈이 들어온 것이 없으므로 수익으로 인식하지 않는 반면, 발생주의에 따르면, 회사로 돈이 들어오지 않았더라도 이미 판매가 이루어졌기 때문에 수익으로 인식한다.

같은 이유로, 회사가 외주용역을 주고 그 용역서비스를 모두 제공받았지만 용역비를 아직 지급하지 않았을 경우, 현금주의에 의하면, 용역비가 회사에서 빠져나가지 않았기 때문에 아직 비용으로 인식하지 않는 반면, 발생주의에 의하면, 용역비 지급 여부와 무관하게 이미 용역서비스를 제공받았으므로 이를 비용으로 인식한다. 따라서 외상매출금이나 외상매입금은 발생주의 하에서만 나타날 수 있는 계정들이다.

## 세법상 수익·비용을 인식하는 방법

세법에서는 수익·비용을 '권리의무확정주의'에 따라 인식하는 것이 원칙이다.[42] 이는 발생주의와는 또 다른 것이다. 이 둘의 차이로 인해 연도별 세금이 달라지기도 한다. 회계상 인식된 수익·비용과 세법상 인정되는 수익·비용이 다를 수 있기 때문이다.

## 세무조정이란?

세금이 얼마인지 알려면 세법상의 과세소득이 얼마인지를 알아야 하고, 세법상 과세소득을 알려면 그것의 기초가 되는 세법상의 수

---

42) 법인세법 제40조

익·비용을 알아야 한다. 그렇다면 세법상 수익·비용은 어떻게 구할까? 회계상의 수익·비용을 기초로 거기에 일정한 조정을 하면 된다.

여기서 '일정한 조정'이란, 회계상으로는 수익·비용이 맞지만 세법상으로는 수익·비용이 아닌 것은 빼고, 회계상으로는 수익·비용이 아니지만 세법상으로는 수익·비용인 것은 더하는 과정을 의미한다. 이처럼 회계상의 수익과 비용을 세법상의 수익과 비용으로 바꾸는 절차를 '세무조정'이라 한다. 세무기장을 해주는 세무사 등에게 매월 기장료 이외 법인세 등을 신고할 때쯤 별도로 지급하는 조정료가 바로 이러한 세무조정에 대한 대가라고 보면 된다.

세무조정을 할 때 등장하는 용어들이 있다. 익금산입(益金算入), 익금불산입(益金不算入), 손금산입(損金算入), 손금불산입(損金不算入)이 그것이다. 여기서 익금은 세법상 수익이라고 보면 되고, 손금은 세법상 비용이라고 보면 된다.

회계상으로는 수익이 아니지만 세법상으로는 수익에 해당할 때, 이를 세법상 수익으로 편입시키는 것을 '익금산입'이라 한다. 반대로 회계상으로는 수익이지만 세법상으로는 수익이 아닐 때, 이를 세법상 수익에서 제외시키는 것을 '익금불산입'이라 한다. 그리고 회계상으로는 비용이 아니지만 세법상으로는 비용일 때, 이를 세법상 비용으로 인정해 주는 것을 '손금산입'이라 한다. 반대로 회계상으로는 비용이지만 세법상으로는 비용이 아닐 때, 그것을 세법상 비용으로 인정해 주지 않는 것을 '손금불산입'이라 한다.

결국 세무조정은 손익계산서의 최종 결과인 회계상의 당기순이익(당기순손실)에서 위 네 가지 즉, 익금산입, 익금불산입, 손금산입, 손금불산입을 하여 세법상의 과세소득을 산정하는 절차라고 보면된다. 이를 간단히 정리하면 다음과 같다.

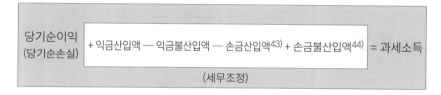

그런데 일반 중소기업에서는 회계상 발생주의와 세법상 권리의무확정주의의 차이로 인해 세무조정을 하는 경우는 거의 없고, 일부차이가 나더라도 현실적으로는 크게 문제 삼지도 않는다. 그래서여기서는 이러한 세무조정에 대한 구체적인 설명은 과감하게 생략하고, 일반적인 중소기업에서 빈번하게 일어나는 몇 가지 세무조정에 대해서만 간단하게 살펴보겠다.

---

43) 손금산입액은 세법상 비용으로 인정해 주는 금액인데, 세무조정의 첫 시작점인 회계상 당기순이익(당기순손실)에는 그 금액이 비용으로 들어가 있지 않으므로, 당기순이익(당기순손실)에서 이 금액만큼을 빼야 한다.
44) 손금불산입액은 세법상 비용으로 인정해 주지 않는 금액인데, 세무조정의 첫 시작점인 회계상 당기순이익(당기순손실)에는 그 금액이 비용으로 들어가 있으므로, 이를 원래 상태로 되돌리기 위해서는 당기순이익(당기순손실)에서 그 금액만큼을 더해야 한다.

## 접대비 손금불산입

일반 회사에서 가장 흔하게 이루어지는 세무조정은 '접대비 손금불산입'이다. 접대비는 그 자체가 바람직한 것이 아닌데다가 세무적으로도 이를 악용하는 경우가 잦기 때문에 접대비가 일정금액을 초과하는 경우에는 그 초과금액을 세법상의 비용으로 인정하지 않고 있다. 참고로 세법에서 비용으로 인정해 주는 접대비 한도액은 다음과 같다.[45]

접대비 한도액 : ①과 ②를 합한 금액(① + ②)
① 기초금액 " 1,200만 원(중소기업의 경우 : 1,800만원)
② 매출액 기준 : 수입금액 × 일정률[46]

## 과태료 등 손금불산입

다음으로 흔하게 이루어지는 세무조정은 '회사가 납부한 과태료 또는 벌금 등에 대한 손금불산입'이다. 이러한 것들은 회계상으로는 비용으로 인정되지만 세법상으로는 비용으로 인정하지 않는다. 따라서 과태료나 벌금 등에 대해서는 손금불산입을 하는 세무조정을 해야 한다.

---

45) 법인세법 제25조 제1항
46) 수입금액은 크게 ① 일반수입금액과 ② 특정수입금액으로 나뉜다. 여기서 특정수입금액이란 회사가 특수관계인과 거래하면서 발생시킨 수입금액을 말하고, 일반수입금액은 회사 전체 수입금액 중 특정수입금액을 제외한 나머지 수입금액을 말한다. 그리고 적용률은 수입금액이 100억 이하면 0.2%, 100억 초과 ~ 500억 이하면 0.1%, 500억을 초과하면 0.03%이다. 매출액 기준을 좀 더 자세히 쓰면, (일반수입금액 × 적용률) + (특정수입금액 × 적용률 × 10%)이 된다.

## 지급이자 손금불산입

'지급이자손금불산입'은 쉽게 말해, 회사가 은행 등에서 돈을 빌려 쓰면서도 업무와 관련 없는 자산 취득에 열을 올리고 있다면 은행 등에 지급하고 있는 이자를 비용으로 인정해 주지 않겠다는 것이다. 즉, 쓸데없는 자산 취득에 돈 쓰지 말고 빚 갚는데 쓰라는 취지다. 그래서 세법에서는 회사가 지출하고 있는 이자 중 일정 금액을 비용으로 인정하지 않는 세무조정을 하는데, 이를 '지급이자손금불산입'이라고 한다.[47)]

여기서 '업무와 관련 없는 자산'에는 ① 회사 업무에 직접 사용하지 않는 부동산 등과 ② 회사가 대표 등에게 빌려 준 돈, 즉 가지급금이 있다. 가지급금은 회사가 대표 등에게 빌려준 돈이기 때문에, 대여금 채권으로서 회사 자산이다. 가지급금에 관한 구체적인 내용은 나중에 자세히 살펴보겠다.

### 마무리 정리

손익계산서를 구성하는 수익과 비용, 과세소득을 계산하는 절차인 세무조정에 대해 간단히 살펴보았다. 앞으로 손익계산서를 볼 때 단순히 금액만 볼 것이 아니라 추후 어떻게 세무조정이 될지까지도 함께 생각해 보는 습관을 들이면 머지않아 어지간한 실력을 갖추게 될 것이고 세금 문제와 관련해서 회사 세무를 대리하고 있는 회계사나 세무사와도 원활한 소통을 할 수 있게 될 것이다.

---

47) 법인세법 제28조 제1항 제4호

# 3 이익잉여금처분계산서(결손금처리계산서), 그리고 관련 이슈

## 이익잉여금처분계산서(결손금처리계산서) 〔예시〕
### 2018년 1월 1일부터 2018년 12월 31일까지

회사명 : (주)OO　　　　　　　　　　　　　　　　　　　　(단위 : 원)

| 과 목 | 금 액 |
|---|---|
| Ⅰ. 미처분이익잉여금<br>　(미처리결손금)<br>　전기이월미처분이익잉여금<br>　(전기이월미처리결손금)<br>　당기순이익(당기순손실)<br>Ⅱ. 이익잉여금처분액<br>　이익준비금<br>　현금배당<br>Ⅲ. 차기이월미처분이익잉여금<br>　(차기이월미처리결손금) | |

### 회사의 이익잉여금(결손금) 변동 사항을 보여주는 회계보고서

이익잉여금처분계산서(결손금처리계산서)는 말 그대로 회사의 이익잉여금 또는 결손금을 어떻게 처분했는지 등 그 변동 사항을 보여주는 회계보고서다. 이하에서는 결손금처리계산서에 관한 설명은 생략하고 이익잉여금처분계산서에 대해서만 살펴보도록 하겠다.

### 차기이월미처분이익잉여금은
### 대차대조표의 자본 항목 중 이익잉여금 계정으로 들어간다

〔예시〕에서 알 수 있듯이, 전년도까지 처분하지 않고 남아 있는 이익잉여금(전기이월미처분이익잉여금)과 이번 연도의 당기순이익(당기순손

실) 등을 합치면 미처분이익잉여금이 된다. 그리고 이러한 미처분이익잉여금을 이익준비금과 현금배당 등으로 처분하고 난 후 남은 이익잉여금이 바로 차기이월미처분이익잉여금이다. 간단히 정리하면 다음과 같다.

미처분이익잉여금 — 이익잉여금처분액 = 차기이월미처분이익잉여금

이러한 차기이월미처분이익잉여금은 이번 연도 대차대조표상의 이익잉여금 계정으로 들어가기 때문에, 이익잉여금처분계산서상의 차기이월미처분이익잉여금과 대차대조표상 이익잉여금에 있는 차기이월미처분이익잉여금은 동일한 금액이 된다.

## 이익잉여금이 과도하면
## 주식을 양도할 때 양도소득세가 많이 나올 수 있다

일반적인 중소기업은 현금배당과 같이 이익잉여금을 처분하는 일이 별로 없다. 그래서 당기순이익은 거의 그대로 이익잉여금으로 쌓이게 된다. 물론 평소에는 문제될 게 전혀 없다. 하지만 계속 방치해 두면 세금적인 측면에서는 부담이 될 수 있다.

추후 별도로 살펴보겠지만 비상장주식을 양도하는 경우에는 보통 시가라는 것이 없기 때문에, 상속세 및 증여세법령[48]에서 정하고 있는 방법에 따라 비상장주식을 평가한 후, 그 금액을 주식의 양도

---

48) 상속세 및 증여세법 제63조 제1항 제1호 나목, 동법 시행령 제54조

가액으로 한다. 비상장주식을 평가할 때는 회사의 1주당 '순손익가치'와 1주당 '순자산가치'를 계산해야 한다. 이때 순손익가치는 당기순이익(당기순손실)과 관련된 것이고, 순자산가치는 대차대조표상 자산에서 부채를 뺀 자본과 관련된 것이다. 여기서 말하는 순손익가치와 순자산가치는 회계학적인 금액이 아니라 세무조정을 통해 산출된 금액을 말한다.

이러한 가치들이 높을수록 주식 가치도 높아지는 것은 당연하다. 이런 관점에서 볼 때 대차대조표에 있는 이익잉여금이 과도하게 쌓여있으면 어떤 현상이 벌어질까? 결론적으로 말하면 순자산가치가 높아져서 주식양도에 따른 양도소득세가 많아지게 된다.

이익잉여금은 대차대조표의 자본 항목에 있기 때문에 자본을 증가시키게 되고, 자본은 순자산과 동일한 개념이기 때문에 이익잉여금이 많다는 것은 순자산(자본)이 많다는 것을 의미한다. 이렇게 되면 순자산가치가 높아져서 1주당 주식 가치가 덩달아 높아지게 되고, 이로 인해 주식의 양도가액이 높아져서 양도소득세를 많이 내게 되는 결과를 초래한다.

## 이익잉여금을 줄이는 방법

그렇기 때문에 평소에 이익잉여금을 주주들에게 배당하거나 당기순이익을 줄이는 것이 좋다. 그렇다고 가짜 비용으로 당기순이익을 줄일 수는 없으니 상여 등을 통해 비용을 늘리는 방법을 생각해 볼 수 있다. 비용이 늘어나면 당기순이익이 줄어들거나 당기순손실이 발생하여, 이익잉여금은 줄어들거나 많이 쌓이지 않게 된다. 물론 결손금이 발생할 수도 있다.

상여를 받는 사람 입장에서는 소득이 늘어나서 개인소득세를 많이 내야 한다는 문제가 생기지만 회사에 쌓여 있는 이익잉여금은 언젠가는 모두 털어 내야 하는 것이기 때문에, 한꺼번에 상여로 처리하든 평소에 조금씩 상여로 처리하든 개인소득세를 내야 하는 것은 마찬가지니까 평소에 상여처리를 해 두는 것이 속 편하다.

## 이익잉여금이 과도하면 주식을 증여하거나 상속할 때 증여세 또는 상속세가 많이 나올 수 있다

과도한 이익잉여금은 주식을 양도하는 경우뿐만 아니라 주식을 증여하거나 상속하는 경우에도 세부담을 늘릴 수 있다. 왜냐하면 주식을 증여 또는 상속할 때의 주식가액도 주식양도와 마찬가지로 상속세 및 증여세법령상의 평가가액으로 하기 때문이다. 따라서 회사에 이익잉여금이 많이 남아 있으면 결과적으로 주식 평가가액이 높아져서 주식을 증여하거나 상속할 때 세금이 많이 나올 수 있다.

## 이익잉여금은 결국에는 '0'으로 만들어야 한다

처분하지 않고 남아 있는 이익잉여금은 종국적으로는 없애야 한다. 가령 회사가 폐업을 하거나 해산 등을 할 때에는 그 당시의 대차대조표에 있는 항목들을 모두 '제로'로 만들어야 한다. 그렇기 때문에 그때까지 처분하지 않고 남은 이익잉여금도 제로가 돼야 한다. 그렇게 하려면 앞에서 본 것처럼 배당이나 상여처리를 해야 하는데, 나중에 한꺼번에 세금 폭탄을 맞지 않으려면 이런 작업은 미리미리 해 두는 것이 좋다.

## 마무리 정리

지금까지 이익잉여금을 처분하는 방법과 누적된 이익잉여금이 예상치 못한 곳에서 과도한 세금 부담으로 작용할 수 있다는 점에 대해 살펴보았다. 아마도 회사 대표들은 대차대조표나 손익계산서는 잘 알고 있지만 이익잉여금처분계산서에 대해서는 다소 생소했을 것이다. 여러 번 언급했지만 회사에 남아 있는 이익잉여금은 언젠가는 모두 없애야 하는 것이므로 나중에 한꺼번에 없애겠다고 생각하지 말고 평소에 회사에 이익잉여금이 얼마나 쌓여있는지 확인해서 조금씩 줄여나가는 것이 바람직하다.

## 4 재무제표는 서로 어떻게 연결되는가?

### 회계는 과학이다

회계는 과학이다. 그래서 그 결과물인 재무제표는 서로 연결되어 있을 수밖에 없다. 앞에서 재무제표 중 대차대조표, 손익계산서, 이익잉여금처분계산서에 대해 살펴보았으니, 이제는 이러한 재무제표들이 서로 어떻게 연결되는지 알아보자.

회계나 재무제표처럼 숫자만 나오면 머리 아프다고 일단 거부반응을 보이는 사람들이 많은데, 사람들이 회계를 어렵게 생각하는 이유는 낯선 회계용어와 복잡한 숫자들 때문이기도 하지만, 더 큰 이유는 회계가 전체적으로 어떻게 연결되어 있는지 전혀 모르기 때문이다. 회계는 하나하나가 유기적으로 연결되어 있는 무결점의 과학이다. 정상적으로 작동하면 항상 기대했던 결과가 그대로 도출되기 때문에 일단 알고 나면 재미있기까지 하다.

여기서 설명하고자 하는 것은 회계학에 관한 거대한 담론이 아니다. 필자는 단지 회사 대표가 더 이상 회계를 어렵게만 생각하지 말고 친숙해지기를 바라는 마음으로, 여기서는 지금까지 배운 내용들을 정리하는 차원에서, 예시를 통해 회사에서 흔히 일어나는 간단한 거래를 분개해 보고, 그것들이 재무제표에 어떻게 반영되는지 그리고 각각의 재무제표가 어떻게 서로 연결되어 유기적으로 움직이는지 짚어 보고자 한다.

■ A회사는 컨설팅 회사로서 2018년도에 설립되었다. 설립 당시 액면가액이 5,000원인 주식 4,000주를 발행하여 주주들에게서 총 2,000만 원의 납입금을 통장으로 이체 받았다. A회사는 이 돈으로 임차보증금 500만 원을 임대인에게 송금했다.

■ A회사는 볼펜 50만 원어치와 200만 원짜리 복사기를 구입해서 그 대금을 계좌이체로 지급했다.

■ A회사는 B회사에게 컨설팅 서비스를 제공해서 500만원의 매출을 올렸지만 돈은 아직 받지 못했다. 이 과정에서 A회사는 컨설팅 서비스 중 일부를 C회사에 외주를 줬는데 외주비 100만원은 아직 지급하지 않았다.

■ A회사는 이익잉여금을 배당 등으로 처분하지 않았다.

■ A회사에서 2018년도에 발생한 거래는 위 내용이 전부다(부가가치세와 감가상각비는 고려하지 않는다).

## 주식 발행 관련

### ① 분개

| 차 변 | 대 변 |
|---|---|
| 보통예금 2,000만 원<br>(자산 증가) | 자본금 2,000만 원<br>(자본 증가) |

주식 납입금 2,000만 원이 A회사의 통장으로 들어왔으므로, 예금 2,000만 원이 늘어나고, 자본금 2,000만 원도 늘어난다.

### ② 대차대조표

| 과 목 | 금 액 |
|---|---|
| 자산 | |
| Ⅰ. 유동자산 | |
| (1) 당좌자산 | |
| 보통예금 | 20,000,000 |
| 자산총계 | 20,000,000 |
| 부채 | |
| 부채총계 | |
| 자본 | |
| Ⅰ. 자본금· | 20,000,000 |
| 자본총계 | 20,000,000 |
| 부채및자본총계 | 20,000,000 |

대차대조표상 자산 항목에 속하는 보통예금 계정에 2,000만 원, 자본 항목에 속하는 자본금 계정에 2,000만 원이 각각 기재되어, 자산 총계는 2,000만 원, 부채 및 자본 총계도 2,000만 원으로 차변과 대변은 동일한 금액이 된다.

## 임차보증금 관련

### ① 분개

| 차 변 | 차 변 |
|---|---|
| 임차보증금 500만 원<br>(자산 증가) | 보통예금 500만 원<br>(자산 감소) |

임차보증금은 나중에 돌려받을 수 있으므로 자산에 해당하는 임차보증금 500만 원이 늘어나고, 예금 500만 원은 줄어든다.

### ② 대차대조표

| 과 목 | 금 액 |
|---|---|
| 자산 | |
| Ⅰ. 유동자산 | |
| (1) 당좌자산 | |
| 보통예금 | 15,000,000[49] |
| Ⅱ. 비유동자산 | |
| (1) 투자자산 | |
| 임차보증금 | 5,000,000 |
| 자산총계 | 20,000,000[50] |
| 부채 | |
| 부채총계 | |
| 자본 | |
| Ⅰ. 자본금· | 20,000,000 |
| 자본총계 | 20,000,000 |
| 부채 및 자본총계 | 20,000,000 |

---

49) 잔존 보통예금 2,000만 원 - 지급한 임차보증금 500만 원
50) 보통예금 1,500만 원 + 임차보증금 500만 원

대차대조표상 자산 항목에 속하는 임차보증금 계정에 500만 원이 기재되고, 자산 항목에 속하는 보통예금 계정에는 500만 원이 줄어든 1,500만 원이 기재된다. 이렇게 되면 자산 총계와 부채 및 자본 총계는 모두 2,000만 원으로 동일하게 된다.

## 볼펜과 복사기 구입 관련

### ① 분개

| 차 변 | 차 변 |
|---|---|
| 소모품비(볼펜) 50만 원<br>(비용 증가)<br>비품(복사기) 200만 원<br>(자산 증가) | 보통예금 250만 원<br>(자산 감소) |

볼펜 구입비 50만 원과 복사기 구입비 200만 원이 계좌이체로 지급되었다. 볼펜 구입비는 비용에 해당하므로 소모품비 50만 원이 늘어나고, 복사기는 자산에 해당하므로 비품 200만원이 늘어난다. 동시에 예금은 총 250만 원 줄어든다.

## ② 손익계산서

| 과 목 | 금 액 |
|---|---|
| Ⅰ. 매출액 | |
| Ⅱ. 매출원가 | |
| Ⅲ. 매출총이익 | |
| Ⅳ. 판매비와 관리비 | |
|     소모품비 | 500,000 |
| Ⅴ. 영업이익 | (−)500,000[51] |
| Ⅵ. 영업외 수익 | |
| Ⅶ. 영업외 비용 | |
| Ⅷ. 법인세차감전이익 | (−)500,000 |
| Ⅸ. 법인세 등 | |
| Ⅹ. 당기순이익 | (−)500,000 |

볼펜 구입비는 비용에 해당하므로, 볼펜 구입비 50만원은 손익계산서상 판매비와 관리비 항목 중 소모품비 계정에 기재된다. 수익이 없는 상태에서 비용 50만원이 지출되었으므로, 최종적으로 당기순이익은 (−)50만 원이 된다.

---

51) 매출총이익 − 판매비와 관리비 50만 원(소모품비 50만 원)
52) 잔존 보통예금 1,500만 원 − 볼펜 구입비 50만 원 − 복사기 구입비 200만 원
53) 보통예금 1,250만 원 + 임차보증금 500만 원 + 비품 200만 원
54) 자본금 2,000만원 + 〔(−)50만 원〕

### ③ 대차대조표

| 과목 | 금액 |
|---|---|
| 자산 | |
| Ⅰ. 유동자산 | |
| (1) 당좌자산 | |
| 보통예금 | 12,500,000[52] |
| Ⅱ. 비유동자산 | |
| (1) 투자자산 | |
| 임차보증금 | 5,000,000 |
| (2) 유형자산 | |
| 비품 | 2,000,000 |
| 자산총계 | 19,500,000[53] |
| 부채 | |
| 부채총계 | |
| 자본 | |
| Ⅰ. 자본금· | 20,000,000 |
| Ⅱ. 자본잉여금· | |
| Ⅲ. 이익잉여금· | |
| 미처분이익잉여금<br>(당기순이익) | (−)500,000<br>(−)500,000 |
| 자본총계 | 19,500,000[54] |
| 부채 및 자본총계 | 19,500,000 |

복사기는 감가상각 자산에 해당하기 때문에 구입비 200만 원은 대차대조표상 비품 계정에 기재된다. 그리고 지금까지의 당기순이익 (−)50만원은 이익잉여금 중 미처분이익잉여금 계정에 기재되기 때문에 결국 이익잉여금은 (−)50만 원이 된다. 이로써 자산 총계와 부채 및 자본 총계는 각각 1,950만 원으로 동일하게 된다.

## 매출 관련

### ① 분개

| 차 변 | 대 변 |
|---|---|
| 외상매출금 500만 원<br>(자산 증가) | 매출 500만 원<br>(수익 증가) |

컨설팅 서비스를 제공하고 아직 받지 못한 돈은 외상매출금으로서 회사 자산이 된다. 따라서 자산에 해당하는 외상매출금 500만 원이 늘어나고, 동시에 매출 500만 원이 늘어난다.

### ② 손익계산서

| 과 목 | 금 액 |
|---|---|
| Ⅰ. 매출액 | 5,000,000 |
| Ⅱ. 매출원가 | |
| Ⅲ. 매출총이익 | 5,000,000[55] |
| Ⅳ. 판매비와 관리비 | |
| 　　소모품비 | 500,000 |
| Ⅴ. 영업이익 | 4,500,000[56] |
| Ⅵ. 영업외 수익 | |
| Ⅶ. 영업외 비용 | |
| Ⅷ. 법인세차감전이익 | 4,500,000 |
| Ⅸ. 법인세 등 | |
| Ⅹ. 당기순이익 | 4,500,000 |

컨설팅 서비스 매출 500만 원은 매출 항목에 기재되고, 이미 지출된 비용은 50만 원이므로 최종 당기순이익은 450만 원이 된다.

③ 대차대조표

| 과 목 | 금 액 |
|---|---|
| 자산 | |
| Ⅰ. 유동자산 | |
| (1) 당좌자산 | |
| 보통예금 | 12,500,000 |
| 외상매출금 | 5,000,000 |
| Ⅱ. 비유동자산 | |
| (1) 투자자산 | |
| 임차보증금 | 5,000,000 |
| (2) 유형자산 | |
| 비품 | 2,000,000 |
| 자산총계 | 24,500,000[57] |
| 부채 | |
| 부채총계 | |
| 자 본 | |
| Ⅰ. 자본금· | 20,000,000 |
| Ⅱ. 자본잉여금· | |
| Ⅲ. 이익잉여금· | |
| 미처분이익잉여금 (당기순이익) | 4,500,000 4,500,000 |
| 자본총계 | 24,500,000[58] |
| 부채 및 자본총계 | 24,500,000 |

55) 매출 500만 원 - 매출원가 0원
56) 매출총이익 500만 원 - 판매비와 관리비 50만 원(소모품비 50만원)
57) 보통예금 1,250만 원 + 외상매출금 500만 원 + 임차보증금 500만 원 + 비품 200만 원
58) 자본금 2,000만 원 + 이익잉여금 450만 원

대차대조표상 자산 항목에 속하는 외상매출금 계정에 500만 원이 기재되면 지금까지의 당기순이익은 450만원이 되고, 그것이 이익잉여금 중 미처분이익잉여금 계정에 기재되기 때문에, 결국 이익잉여금은 450만 원이 된다. 이로써 자산 총계와 부채 및 자본 총계는 각각 2,450만 원으로 동일하게 된다.

## 외주 비용 관련 및 최종 재무제표

### ① 분개

| 차 변 | 대 변 |
|---|---|
| 외주비 100만 원<br>(비용 증가) | 미지급금 100만 원<br>(부채 증가) |

외부 용역 서비스를 제공받고 아직 주지 않은 돈은 미지급금으로써 회사의 부채가 된다. 따라서 부채에 해당하는 미지급금 100만 원이 늘어나고, 외주 비용 100만 원이 늘어난다.

② 손익계산서

| 과 목 | 금 액 |
|---|---|
| Ⅰ. 매출액 | 5,000,000 |
| Ⅱ. 매출원가 | |
| Ⅲ. 매출총이익 | 5,000,000 |
| Ⅳ. 판매비와 관리비 | |
| 외주비 | 1,000,000 |
| 소모품비 | 500,000 |
| Ⅴ. 영업이익 | 3,500,000[59] |
| Ⅵ. 영업외 수익 | |
| Ⅶ. 영업외 비용 | |
| Ⅷ. 법인세차감전이익 | 3,500,000 |
| Ⅸ. 법인세 등 | |
| Ⅹ. 당기순이익 | 3,500,000 |

외주비 100만 원은 손익계산서상 판매비와 관리비 항목 중 외주비에 기재되고, 기존 매출 500만 원과 볼펜 구입비 50만 원이 있기 때문에, 지금까지의 당기순이익은 350만 원이 된다.

2018년도에 발생한 A회사의 수익·비용 관련 거래는 이것이 마지막이므로 A회사의 2018년도 최종 손익계산서는 위와 같다.

---

59) 매출총이익 500만 원 − 판매비와 관리비 150만 원(소모품비 50만원 + 외주비 100만 원)

### ③ 이익잉여금처분계산서

| 과 목 | 금 액 |
|---|---|
| Ⅰ. 미처분이익잉여금 | 3,500,000[60] |
| 　전기이월미처분이익잉여금 | |
| 　당기순이익 | 3,500,000 |
| Ⅱ. 이익잉여금처분액 | |
| Ⅲ. 차기이월미처분이익잉여금 | 3,500,000[61] |

A회사는 2018년도가 최초 회계연도이기 때문에 전년도에 남아있던 이익잉여금은 없다. 따라서 전기이월미처분이익잉여금은 0원이 된다. 그리고 A회사의 2018년도 당기순이익은 350만원이므로, 결국 미처분이익잉여금은 전기이월미처분이익잉여금 0원과 당기순이익 350만원을 합한 350만원이 된다.

A회사는 미처분이익잉여금을 배당 등으로 처분한 적이 없으므로 이익잉여금처분액은 0원이 되고, 미처분이익잉여금 350만 원은 그대로 다음 연도로 넘어가는 차기이월미처분이익잉여금이 된다. 따라서 차기이월미처분이익잉여금은 350만원이 된다.

---

60) 전기이월미처분이익잉여금 0원 + 당기순이익 3,500,000원
61) 미처분이익잉여금 350만원 - 이익잉여금처분액 0원
62) 부채 총계 100만 원 + 자본 총계 2,350만 원

## ④ 대차대조표

| 과 목 | 금 액 |
|---|---|
| 자산 | |
| Ⅰ. 유동자산 | |
| (1) 당좌자산 | |
| 보통예금 | 12,500,000 |
| 외상매출금 | 5,000,000 |
| Ⅱ. 비유동자산 | |
| (1) 투자자산 | |
| 임차보증금 | 5,000,000 |
| (2) 유형자산 | |
| 비품 | 2,000,000 |
| 자산총계 | 24,500,000 |
| 부채 | |
| Ⅰ. 유동부채 | |
| 미지급금 | 1,000,000 |
| 부채총계 | 1.000,000 |
| 자 본 | |
| Ⅰ. 자본금· | 20,000,000 |
| Ⅱ. 자본잉여금· | |
| Ⅲ. 이익잉여금· | |
| 차기이월미처분이익잉여금<br>(당기순이익) | 3,500,000<br>3,500,000 |
| 자본총계 | 23,500,000 |
| 부채및자본총계 | 24,500,000[62) |

대차대조표상 부채 항목에 속하는 미지급금 계정에 100만 원이 기
재되고 최종 당기순이익은 350만원, 차기이월미처분이익잉여금도

350만 원이므로, 자산 총계와 부채 및 자본 총계는 각각 2,450만 원으로 동일하게 된다. 2018년도에 발생한 A회사의 거래는 이것이 마지막이므로, A회사의 2018년도 최종 대차대조표는 위와 같다.

## 마무리 정리

간단히 정리하자면, 회계프로그램은 거래가 있을 때마다 분개하고, 분개 되자마자 그 내용이 대차대조표 또는 손익계산서에 반영되는 원리로 작동된다.

사례에서 보듯, 대차대조표는 어떠한 경우에도 '자산 총계 = 부채 총계 + 자본 총계'가 된다. 거래가 대차대조표에만 영향을 주는 경우에는 대차대조표만 변동이 생긴다. 그러나 손익계산서에 영향을 주는 거래는 ① 손익계산서를 변동시키고, ② 이익잉여금처분계산서를 변동시켜서(손익계산서의 결과인 당기순이익(당기순손실)이 이익잉여금처분계산서상 미처분이익잉여금으로 포함되므로) ③ 최종적으로는 대차대조표를 변동시킨다(이익잉여금처분계산서의 최종 결과물인 차기이월미처분이익잉여금이 대차대조표상 자본 항목 중 이익잉여금 계정으로 편입되므로). 이를 통해 대차대조표의 자산 총계와 부채 및 자본 총계가 항상 동일하게 된다.

그렇다면 재무제표들이 연결되는 지점은 결국 손익계산서상 당기순이익이 이익잉여금계산서를 거쳐서 대차대조표의 이익잉여금 계정으로 들어갈 때라고 할 수 있다. 이처럼 재무제표는 유기체처럼 서로 연결되어 움직인다.

## 5 재무제표, 그 기나긴 여정을 끝내며

지금까지 상당히 많은 지면을 할애해서 재무제표에 대해 알아보았다. 너무 힘들지는 않았는지 내심 걱정도 된다. 물론 쉽지 않았을 것이고 실제로도 쉽지 않다. 그러니 이해가 잘 안 된다고 실망하지 말고 그저 '관심'만 가져주었으면 한다. 필자도 학부시절 회계 수업을 처음 들었을 때 도대체 무슨 말인지 알아들을 수가 없었다. 그러니 회계학 성적이 좋을 리 없었다. 그러나 나중에 다시 공부를 했을 때는 새삼 회계가 신기하고 재밌기까지 했다.

부담 갖지 말고 일반 상식을 쌓는다는 마음으로 회계를 접했으면 한다. 살다보면 생각보다 회계 지식을 필요로 하는 경우가 꽤 많다. 잘 배워두면 언젠가는 자신의 회계 지식을 활용할 때가 분명히 있을 것이다.

여기서는 주로 회사 대표가 알아야 하는 가장 기본적인 회계 지식들에 대해 짚어 보았다. 세무적인 부분에 대해서도 좀 더 언급하고 싶었지만 그 양이 너무 방대하고 기본적으로 알아야 하는 것만 해도 만만치가 않아서 여기서는 최대한 언급을 자제했다. 세무를 이해하려면 그 전에 반드시 회계를 알아야 하기 때문에, 이 책에서는 그런 이유에서 회계에 대해 좀 더 지면을 할애했다.

# 03

## 과점주주는 위험해

### 소규모 회사에서의 과점주주

주식회사는 개인회사와는 달리 주식을 발행한다. 그래서 처음 주식회사를 설립할 때는 누가 얼마의 주식을 보유할지 정해야 한다. 그런데 소규모 주식회사는 1인회사가 대부분이다보니 가족 등 가까운 지인들끼리 주식을 나눠 가지는 경우가 일반적이다. 이때 등장하는 말이 과점주주다. 주식회사를 운영하는 사람들은 과점주주라는 말을 한번쯤은 들어봤을 것이다.

### 과점주주란?

과점주주란 회사 주식의 50%를 초과해서 보유하면서 그 권리를 실질적으로 행사하는 주주를 말한다. 그런데 여기서 '주식의 50%를 초과해서 보유하는지' 여부는 단순히 주주 1인의 주식 수를 기준으로 판단하는 것이 아니라, 특수관계에 있는 주주(특수관계인)들이 보유하고 있는 주식 수를 모두 합쳐서 판단한다.

## 세법에서 자주 등장하는 특수관계인

세법에서는 특수관계인이라는 말이 여러 곳에서 나오는데 과점주주와 관련해서도 등장한다. 과점주주와 관련된 특수관계인은 ① 친족 관계[63], ② 경제적 연관 관계, ③ 경영 지배 관계에 있는 자를 말한다.[64] 가령 주식을 대표가 40%, 배우자가 30% 그리고 자녀가 30%를 각각 가지고 있다면, 이 경우 사람별로 보면 주식을 50%를 초과해서 가지고 있는 사람은 아무도 없지만, 이들 모두는 친족 관계로서 특수관계인에 해당한다. 과점주주인지 여부는 특수관계인들의 주식 수를 모두 합쳐서 판단하므로, 이들의 주식을 합하면 100%가 된다. 따라서 이들은 50%를 초과하여 주식을 보유하고 있는 자들로서 모두 과점주주가 된다.

## 과점주주라는 이유로 부담해야 하는 세금

과점주주 자체가 법적으로 문제될 것은 전혀 없다. 그러나 세법에서는 과점주주라는 이유로 세금을 부과하는 경우가 있다. ① 출자자의 제2차 납세의무와 ② 간주취득세가 그것이다.

---

63) 6촌 이내의 혈족, 4촌 이내의 인척, 배우자(사실상 배우자 포함) 등
64) 국세기본법 제39조 제2호, 동법 시행령 제20조 제2항, 제18조의2 / 지방세기본법 제46조 제2호, 동법 시행령 제24조 제2항, 제2조

# 1 과점주주는 회사 체납 세금을 대신 납부해야 하는 경우가 있다

**원칙적으로는 누구도 회사 체납 세금을 대신 낼 필요가 없다**

주식회사가 못 내고 있는 체납 세금을 과점주주가 대신 내야 한다? 이건 말도 안 되는 얘기라고 생각할 수도 있고, 반대로 당연히 그래야 한다고 생각할 수도 있다. 주식회사는 독립된 하나의 인격체로서 회사와 관련된 권리·의무는 모두 회사에 귀속되기 때문에 회사 관련 세금도 회사가 알아서 할 일이지 회사 임원이나 주주들이 책임질 일은 아니다. 원칙적으로는 회사의 체납 세금을 다른 사람이 대신 낼 필요가 없다.

**과점주주는 예외적으로 회사 체납 세금을 내는 경우가 있다**

그렇기 때문에 세무서에서는 회사 재산을 압류하는 등의 방법으로 체납 세금을 충당해야지, 회사 임원이나 주주 개인 재산에 손을 뻗칠 수 없다. 그런데 소규모 주식회사에서는 주식의 대부분을 대표 개인이나 그 가족들이 가지고 있는 경우가 많아서 주식회사인데도 마치 개인회사처럼 운영된다. 사실상의 1인주주가 회사 경영을 좌지우지하고 그 과정에서 회사 재산은 모두 주주 개인에게 흘러들어가 결국 회사는 세금도 못 내는 지경이 될 수 있다. 그래서 세법에서는 회사를 실질적으로 지배하는 과점주주에게 예외적·보충적으로 회사가 못 낸 체납 세금을 대신 내도록 하고 있다.[65]

---

65) 국세기본법 제39조 제2호, 동법 시행령 제20조 제2항, 제18조의2 / 지방세기본법 제46조 제2호, 동법 시행령 제24조 제2항, 제2조

여기서 '보충적'이라고 한 이유는, 세법에서는 회사의 체납 세금을 무조건 과점주주에게 내도록 하고 있는 것이 아니라 회사 재산으로는 충당할 수 없는 경우에 한해서 과점주주에게 체납 세금을 부과하기 때문이다. 이를 '출자자의 제2차 납세의무'라 하는데, 제2차 납세의무가 있는 과점주주는 회사가 세금을 납부할 의무가 성립하는 날인 납부의무 성립일 현재의 과점주주를 말한다. 과점주주의 제2차 납세의무는 법인세나 부가가치세 등과 같은 국세뿐만 아니라 취득세 등과 같은 지방세에서도 똑같이 적용된다.

### 과점주주가 회사의 체납 세금을 다 내야 하는 것은 아니다

과점주주는 회사의 체납 세금 중 과점주주가 가지는 지분에 해당하는 금액에 대해서만 납세의무를 진다. 가령 회사에 1억 원의 법인세 체납 세금이 있고 과점주주는 60%의 지분을 가지고 있다면, 1억 원 전체가 아니라 1억 원의 60%에 해당하는 6천만 원에 대해서만 제2차 납세의무를 진다.

### 마무리 정리

과점주주가 제2차 납세의무를 지는 경우는 회사의 납부의무 성립일 당시 과점주주여야 하고, 체납 세금을 회사 재산으로 충당해도 부족한 경우여야 한다. 지분에 해당하는 체납 세금만 부담하면 되지만 만약 100%의 주식을 보유하고 있다면, 회사 체납 세금 전액에 대해서 제2차 납세의무를 져야 한다.

## ❷ 과점주주는 취득세(간주 취득세)를 내야 하는 경우도 있다

**과점주주만 부담하는 또 하나의 세금, 간주취득세**

과점주주는 제2차 납세의무 이외에도 부담해야 하는 세금이 하나 더 있다. 간주취득세다. 지방세법에서는 주식을 취득해서 과점주주가 되면 회사의 재산을 취득한 것으로 봐서 취득세를 내게 하고 있다. 간주취득세도 취득세이기 때문에 그 대상은 회사 재산 중 지방세법상 취득세 과세대상인 부동산, 차량 등이다.[66]

회사에서 부동산 등을 취득할 때 취득세를 이미 납부했는데 왜 또 과점주주에게 취득세를 내라는 것일까? 과점주주가 그 재산을 직접 취득한 것도 아닌데 말이다. 이유는 과점주주가 되면 회사 재산을 임의로 처분·관리·운용할 수 있기 때문이다. 겉으로는 회사가 재산을 취득한 것이지만 과점주주가 직접 취득한 것과 다르지 않다고 보는 것이다. 그러나 회사 재산을 과점주주가 임의로 처분·사용하기 어려운 상장회사의 과점주주에게는 간주취득세를 부과하지 않는다.[67] 그리고 비상장회사와 상장회사에 대한 이러한 차별은 형평성에 위반되지 않는다는 것이 헌법재판소의 입장이다.[68]

---

66) 지방세법 제7조 제5항
67) 간주취득세를 규정하고 있는 지방세법 제7조 제5항에서의 과점주주는 지방세기본법 제46조 제2호에서 규정하고 있는 과점주주와 동일하고, 지방세기본법 제46조 제2호에서는 자본시장과 금융투자업에 관한 법률 에 따른 증권시장으로서 대통령령으로 정하는 증권시장에 상장한 법인의 과점주주는 제외하고 있으므로, 간주취득세를 납부해야 하는 과점주주에도 상장회사의 과점주주는 제외된다.
68) 헌법재판소 2006. 6. 29. 자 2005헌바45 결정

## 간주취득세는 이중과세?

간주 취득세는 동일한 부동산 등에 대한 취득세를 회사도 내고 과점주주도 내는 것이어서 이중과세가 아닌가 하는 의문이 든다. 이에 대해 헌법재판소는 헌법에 위반되지 않는다고 판단했지만,[69] 법률 규정은 시대 상황 등에 따라 달리할 수 있기 때문에 앞으로 이 규정이 어떻게 바뀔지는 지켜볼 일이다.

## 과점주주라고 해서 항상 간주취득세를 내는 것은 아니다

간주취득세는 자신의 지분만큼 내는 것이기 때문에[70] 가령 간주취득세 과세대상인 회사 재산이 1억 원이고 과점주주가 60%의 지분을 가지고 있다면 과점주주는 1억 원의 60%에 해당하는 6천만 원에 대한 취득세만 내면 된다.

간주취득세는 과점주주가 되거나 이미 과점주주인 주주들이 이전보다 더 많은 지분을 가지게 되는 경우, 그의 지분만큼 또는 늘어난 지분만큼의 회사 재산을 취득한 것으로 보고 거기에 취득세를 부과한다. 뒤집어 말하면 과점주주가 된 이후 또는 더 많은 지분을 갖게 된 이후에 회사가 취득한 재산은 간주취득세 대상이 아니라는 것이다. 이런 취지에서 지방세법에서는 회사 설립 때부터 과점주주인 경우에는 간주취득세를 내야 하는 과점주주에서 제외시키고 있다.[71]

---

69) 헌법재판소 2006. 6. 29. 자 2005헌바45 결정
70) 지방세법 제10조 제4항
71) 지방세법 제7조 제5항

정리하면 간주취득세를 내야 하는 경우는 ① 회사 설립 이후에 과점주주가 된 경우와 ② 과점주주가 더 많은 지분을 갖게 된 경우이고[72] ①의 경우에는 그 지분에 해당하는 만큼, ②의 경우에는 늘어난 지분에 해당하는 만큼의 간주취득세를 내면 된다.

지분 증가로 간주취득세를 내야 하는 경우에, 과점주주는 특정 주주 한 사람의 주식 수를 기준으로 판단하는 것이 아니라 특수관계인이 가지고 있는 주식 수를 모두 합쳐서 판단하기 때문에 개인적으로 지분이 늘어났더라도 전체지분이 늘어난 것이 아니면 간주취득세 부과대상이 아니다.

## 마무리 정리

간주취득세라는 말은 그동안 한 번도 들어보지 못했을 수도 있다. 그러나 현행법상 엄연히 존재하고 있는 세금이기 때문에 회사 대표 등은 주식을 취득할 때 이를 고려해야 한다. 과점주주는 회사를 사실상 좌지우지할 수 있기 때문에 이에 따른 책임으로써 세법에서는 특별한 세부담을 지우고 있다. 이를 피할 수 있는 유일한 방법은 과점주주가 되지 않는 것 밖에 없다. 그런데 웬만한 소규모 주식회사의 주주들은 거의 과점주주에 해당하기 때문에 이러한 점을 미리 알아두고 충분히 대비해서 단지 과점주주라는 이유로 예상치 못한 세금폭탄을 맞는 일이 없도록 주의할 필요가 있다.

---

72) 지방세법 시행령 제11조 제1항, 제2항, 제3항 참조

PART

03

한 번쯤은 물어보고
싶었던 이야기

# 01

## 내 돈인 듯 내 돈 아닌
## 내 돈 같은 회삿돈

**주식회사는 회삿돈을 대표 마음대로 사용하면 안 된다**

우리가 주위에서 흔히 볼 수 있는 회사의 유형은 크게 개인회사와 주식회사로 나뉜다. 개인회사는 운영 주체가 대표 개인이기 때문에 회삿돈을 대표가 임의로 사용해도 문제될 게 없다. 그런데 주식회사는 그렇지 않다. 회사는 회사고 대표는 대표다. 주주도 마찬가지다. 주식회사의 주주가 회사의 주인인 건 맞지만 그렇다고 해서 회삿돈이 곧바로 주주의 것은 아니다.

실무에서 소규모 주식회사는 대부분 개인회사처럼 운영된다. 특수관계에 있는 몇몇 사람들이 주식을 나눠 갖고 그들이 회사 대표나 이사를 하면서 회사를 실질적으로 지배한다. 구조적으로 회삿돈을 자기 돈처럼 생각하고 마음대로 사용하기 쉽다보니 업무상 횡령이나 배임문제가 발생하기도 한다. 이런 경우 "내가 내 돈 쓰는데 뭐가 문제야?"라고 생각할 수도 있겠지만 법적으로는 그렇지 않다.

## 가지급금 좀 만들지 말자

개인회사는 '회사 = 대표'인 반면 주식회사는 '회사 = 회사'다. 그래서 주식회사의 재산은 그 누구의 것도 아닌 회사의 것이다. 그런데 소규모 주식회사에서는 회사 대표가 회삿돈을 마음대로 가져다 쓰는 경향이 있기 때문에 회계장부를 들춰보면 '가지급금'이라는 계정을 어렵지 않게 볼 수 있다.

뒤에서 다루겠지만 가지급금은 좋게 말하면 회사가 대표에게 빌려준 돈이고, 다르게 말하면 대표가 마음대로 가져간 돈이다. 이런 가지급금은 세금적인 측면에서 뿐만 아니라 법적인 측면에서도 횡령 등의 문제를 일으킬 수 있기 때문에 아예 만들지 않는 것이 가장 좋다. 혹시 지금 가지급금이 있다면 최대한 빨리 없애는 것이 만약을 위해서 좋다.

특별한 이유 없이 회사에서 빠져나간 가지급금뿐만 아니라 대표가 급여나 상여금 명목으로 돈을 가져가도 문제되는 경우가 있다. 급여나 상여금이 너무 과도한 경우다. 그래서 이하에서는 개인회사와 주식회사의 차이점에 대해 간략히 살펴본 후, 사실상 1인회사로 운영되는 주식회사의 대표들이 그동안 잘 모르고 있어서 또는 간과하고 있는 바람에 뜻하지 않게 겪게 되는 법률문제들에 대해 알아보도록 한다.

## ▌1▐ 개인회사와 주식회사는 어떻게 다른가?

**개인회사와 주식회사는 전혀 다른 회사다**

주식회사는 '주식회사 ○○' 또는 '㈜○○' 등으로 표시되지만 개인회사는 회사 상호만 표시되기 때문에 외관상으로도 이 둘은 명확히 구별된다. 개인회사는 개인이 운영하는 회사로서 혼자든 여럿이든 쉽게 만들 수 있지만, 주식회사는 법인이 운영하는 회사로서 설립 절차를 거친 후 법인 등기까지 해야 한다. 개인회사는 매년 5월 말까지 소득세를 신고·납부하지만 주식회사는 매년 3월 말까지 법인세를 신고·납부한다. 폐업할 때도 개인회사는 폐업만 하면 되지만 주식회사는 해산·청산 절차를 별도로 거쳐야 하는 등 설립부터 폐업까지 법적인 측면에서 상당한 차이가 있다.

**개인회사의 회삿돈은 대표 것, 주식회사의 회삿돈은 회사 것**

개인회사의 재산은 개인의 것이지만 주식회사의 재산은 주식회사의 것이다. 따라서 개인회사의 대표는 회사 통장에 있는 돈을 임의로 사용해도 문제될 게 없지만, 주식회사 대표가 그런 일을 하면 업무상 횡령 등의 문제가 발생할 수 있다. 주식회사의 대표가 100% 주식을 갖고 있는 1인 주주라도 마찬가지다. 왜냐하면 주주는 배당을 통해 분배 받아갈 수 있을 뿐이지, 아무 때나 이유 없이 회삿돈을 가져갈 수는 없기 때문이다. 그밖에도 차이점이 많지만 여기서는 주식회사 대표가 회삿돈을 마음대로 사용했을 때 발생할 수 있는 문제점들에 대해서만 다루도록 하겠다.

## 2 가지급금과 가수금

### 가지급금이란?

가지급금이란 회삿돈이 빠져나간 것은 확실한데 어떤 용도로 사용되었는지 불분명해서 나중에 그 돈의 용처가 밝혀지면 그에 맞는 계정과목으로 회계처리될 것이 예정된 돈이다. 그런데 그 용처가 끝까지 밝혀지지 않을 경우에는 누군가가 회삿돈을 가져간 것이라고 봐야 하기 때문에, 세무적으로 가지급금은 '회사 업무와 상관없이 회사가 누군가에게 빌려준 돈'이라고 본다. 결국 가지급금은 회사가 다시 돌려받아야 하는 돈이 되기 때문에 회사는 돈을 가져간 사람에게서 돈을 반환받을 수 있는 권리 즉, 채권을 가지게 된다. 이런 이유로 가지급금은 대차대조표상 '자산' 항목으로 분류된다.

### 평소에 가지급금 관리를 잘 해 두자

주식회사의 대차대조표를 자세히 들여다보면 가지급금과 가수금이라는 계정과목을 어렵지 않게 찾을 수 있다. 둘 다 있는 경우도 있고, 둘 중 하나만 있는 경우도 있으며, 둘 다 없는 경우도 있다. 이 중 골칫거리는 가지급금이다. 물론 회계처리를 할 때는 1원까지도 정확히 맞춰야 하다보니 일부 가지급금이 생기는 것은 어쩔 수 없다. 그래도 되도록이면 가지급금이 생기지 않도록 하는 것이 좋다. 회사 입장에서는 가지급금을 종국적으로는 없애야 하기 때문이다.

## 가지급금에 대해서는 이자수익을 계상해야 한다

가지급금은 세무적으로 회사가 대표에게 빌려준 돈이라고 보기 때문에, 회사는 대표에게서 이자를 받아 이자수익으로 회계처리해야 한다. 이 경우 회사가 받아야 하는 이자는 최소 연 4.6%[1]인데 회사가 아예 이자를 받지 않거나 이에 못 미치는 이자를 받더라도 위 이자율에 해당하는 돈을 무조건 이자수익으로 계상(이를 '인정이자'라고 함)하고 이자 수익에 대한 법인세를 부담해야 한다.

## 가지급금을 없애는 방법

### (1) 대표자 상여처리

가지급금은 세무적으로 볼 때 언젠가는 털고 가야 하기 때문에 그 자체가 회사 입장에서는 큰 부담이다. 가지급금을 아예 만들지 않는 것이 가장 좋지만 현실적으로 어렵다면 평소에 조금씩 줄여가야 한다. 가지급금을 없애려면 회사 대표가 가지급금에 상응하는 돈을 회사에 돌려주는 것이 원칙이지만 보통은 그럴 여력이 없기 때문에 차선책으로 대표자 상여처리를 고려할 수 있다.

대표자 상여처리는 상여금과 가지급금을 상계 처리하는 방법이다. 회사가 대표에게 상여금을 지급하면 대표가 그 상여금으로 가지급금을 갚는 과정을 생략하고 단지, 가지급금은 줄이고 상여금은 늘리는 회계처리만 하는 것을 말한다.

---

1) 법인세법 시행규칙 제43조 제2항

이렇게 되면 회사 입장에서는 가지급금이 줄어들어서 인정이자 수익은 감소하고, 상여처리로 인해 비용은 늘어나기 때문에 결과적으로 법인세 부담을 줄일 수 있다. 하지만 가지급금을 없애기 위해 상여처리하는 금액이 대개 만만치 않기 때문에, 대표 개인의 입장에서는 실제로 받은 돈 없이 상여처리에 따른 거액의 개인 소득세를 납부하기가 부담스러울 수도 있다.

## (2) 대표자의 산업재산권을 회사에 양도

대표 개인이 갖고 있는 회사 업무와 관련된 특허권이나 상표권 등과 같은 산업재산권을 회사에 넘겨주고, 산업재산권 양도 대가와 대표가 회사에 갚아야 하는 가지급금을 상계처리하는 방법도 있다. 다만, 이런 경우에는 대표가 회사에 넘겨주는 산업재산권의 가치를 어떻게 산정할지가 관건이다.

물론 이때도 대표 개인의 입장에서는 세금을 내야 하지만 산업재산권을 양도하고 받는 대가는 기타소득[2]으로서, 세법에서는 최소 그 수익의 70%(2019년부터는 60%)에 해당하는 금액을 비용으로 인정해 주고 있기 때문에[3] 상여금 처리 방법보다는 세금부담을 덜 수 있다. 겉으로만 보면 회사 대표가 산업재산권을 회사에 넘기면서 양도 대가를 받은 것이 전혀 없는 것처럼 보이지만, 실질적으로는 회사에서 양도 대가를 받아 가지급금을 갚기 위해 돌려준 과정이 생략된 것일 뿐이다.

---

[2]  소득세법 제21조 제1항 제7호
[3]  소득세법 시행령 제87조 제1호의2

## 가수금이란?

가수금은 가지급금과 반대되는 개념이다. 회사로 돈이 들어온 것은 확실한데 돈이 들어온 이유가 불분명해서 나중에 그 출처가 밝혀지면 그에 맞는 계정과목으로 회계처리할 것이 예정된 돈을 말한다. 보통 가수금이 생기는 이유는 회사 운영이 어려워졌을 때 회사 대표가 개인 돈을 회사에 넣기 때문이다. 따라서 가수금은 가지급금과는 반대로 대표가 회사에 빌려준 돈이 되기 때문에 회사는 돈을 빌려준 대표에게 그 돈을 반환해야 할 의무 즉, 채무를 지게 되어 대차대조표상 '부채' 항목으로 분류된다.

가수금과 관련해서는 특별한 세금 이슈는 없지만 세금계산서 등 증빙 없이 회사로 돈이 들어오면 세무당국에서는 매출 누락 등을 의심할 수도 있기 때문에 주의해야 한다.

## 가지급금은 횡령 금액이 될 수도 있다

지금까지 세무적인 내용을 너무 장황하게 다룬 것은 아닌가 하는 생각도 든다. 그러나 이렇게까지 한 이유는 회사를 운영하는데 있어 가지급금과 가수금은 기본적으로 알고 있어야 하는 개념이기도 하고, 특히 가지급금과 관련해서는 대표자의 업무상 횡령이 문제될 수도 있기 때문이다. 이러한 세무적인 설명의 연장선상에서 회사 대표에게 너무 과도한 급여나 상여금을 지급하면 세법상 어떤 결과가 초래될 수 있는지에 대해서도 간단히 살펴보도록 하겠다.

## ⑶ 대표에게 지급하는 과도한 급여나 상여금, 뭐가 문제일까?

### 세법상 비용으로 인정받지 못할 수도 있다

"주식회사 대표가 급여나 상여금으로 돈을 얼마를 가져가든 회사는 그 돈을 비용으로 처리하면 되고, 대표는 그 돈에 대해 개인 소득세만 제대로 내면 되는 것 아닌가?"

사람들은 보통 이런 식으로 생각하기 쉽다. 하지만 세법에서는 회사가 대표 등에게 급여나 상여금을 너무 많이 지급하는 경우에는 이를 비용으로 인정하지 않는다.[4] 즉, 세법상 세무조정(손금불산입) 대상이 된다. 대체 이유가 뭘까? 간단히 말하면, 회사가 대표 등에게 급여나 상여금을 과도하게 지급해서 비용을 늘려 법인세를 적게 내거나 내지 않으려고 하는 것을 막기 위함이다. 그렇다 해도 쉽게 납득이 가지 않는다. 급여나 상여금은 어디까지나 회사가 판단할 문제이고, 더군다나 그 돈에 대해서는 개인 소득세를 내는데 말이다.

### 세법상 비용으로 인정하지 않는 이유

대개 문제가 되는 것은 회사 대표에게 지급되는 과도한 상여금이다. 그것이 대표의 업무 수행 대가로 받는 정상적인 상여금이라면 당연히 비용으로 인정된다. 하지만 원래 주식회사는 결산 후 이익이 남으면 배당을 통해 그 이익을 주주들에게 나눠주는 것이 정상

---

4) 법인세법 제26조 제1호, 동법 시행령 제43조 제1항

인데, 회사에 남아 있어야 하는 이익을 상여금 명목으로 1인주주인 회사 대표에게 지급하는 것은 실질적으로는 배당을 한 것과 마찬가지라고 보기 때문에 세법은 이와 같은 상여금을 비용으로 인정하지 않는다. 만일 그렇게 하지 않으면 회사는 원래 배당을 해야할 돈을 상여금으로 비용 처리함으로써 회사 소득을 줄이거나 없애버리는 것이 가능해지고 결과적으로 법인세를 적게 또는 안 낼수도 있기 때문이다.

하지만 그것이 진짜 상여금인지, 원래 배당금으로 줘야 하는 것을 상여금으로 준 것인지 구분하기는 사실 쉽지 않다. 구체적인 사안에 따라 달라지지만 일반적으로는 상여금이 그 회사의 다른 임원들이나 동종업계 대표들의 상여금과 현격한 차이가 있는지, 회사 영업이익에서 상여금이 차지하는 비중이 어느 정도인지 등을 고려해서 판단할 수밖에 없다.

### 대표에게 지급한 과도한 급여 등이 실제 문제된 사건

주식회사 대표에게 지급한 과도한 급여 등이 비용으로 인정받지 못한 사건이 있었다. 이 사건에서 대법원은 여러 가지 사정을 고려해서 회사가 1인주주인 대표에게 과도하게 지급된 급여와 상여금은 배당금이라는 취지로 판단하여 그 전체 금액을 비용으로 인정하지 않았다.[5]

---

5) 대법원 2017. 9. 21. 선고 2015두60884 판결

그런데 여기서 한 가지 의문이 든다. 이 사건에서 대표가 받은 급여와 상여금이 아무리 배당금의 성격을 갖는다고 해도 그 전체 금액을 배당금으로 보는 건 좀 이상하다. 왜냐하면 대표 업무 수행의 대가로 어느 정도의 급여와 상여금은 분명히 가져갈 수 있기 때문이다.

이 사건에서도 대표가 받은 돈 중 일부는 실제로 급여와 상여금일 수도 있었다. 중요한 것은 이에 대해 회사가 입증을 했어야 했는데 그러지 못했다는 것이다. 그래서 대법원은 급여와 상여금의 전체 금액을 회사 비용으로 인정하지 않았다.

**대표의 급여나 상여금에 관한 지급 기준 등을 미리 마련해 두자**
실무에서는 회사 대표가 가져간 상여금이 과도한지, 그래서 그 돈을 상여금이 아닌 배당금으로 봐야 하는지를 판단하기가 쉽지 않다. 그러다보니 이런 경우 회사 입장에서는 세무처리를 어떻게 해야 할지 망설여질 수밖에 없다. 그래서 회사에서는 이러한 점을 충분히 감안해서, 임원 보수 지급 기준을 잘 마련해 두는 등 회사 대표에게 상여금을 지급하는 것이 최소한 절차적으로는 문제가 되지 않도록 해 둘 필요가 있다.

## 4 1인주주라도 업무상 횡령이나 배임이 될 수 있다

### 1인회사에서 발생할 수 있는 업무상 횡령·배임

대부분의 중소기업들은 가족경영회사다. 그래서 주식회사라도 개인회사와 별반 다르지 않게 운영된다. 한 사람 또는 가족 몇 명이 주식을 나눠서 갖는 형태의 주식회사를 '1인회사'라 하고, 1인회사의 주주를 '1인주주'라 한다. 1인회사 자체가 법적으로 문제될 건 없다. 하지만 1인회사 대표가 회삿돈을 자기 돈처럼 쓰는 경우가 많은데, 이 경우 전혀 예상치도 못한 법적인 문제, 즉, 업무상 횡령이나 배임 문제가 발생할 수 있다.

### 1인회사 대표가 회삿돈을 함부로 빼 가면 안 되는 이유

1인주주 입장에서는 "회사 주식을 100% 갖고 있는 회사 주인인 내가 회삿돈 가져가는 게 왜 문제가 되지?"라고 생각할 수 있다. 물론 1인회사이기 때문에 어느 정도는 용인될 수 있다. 그렇다면 통상 용인될 수 있는 범위를 벗어난 경우는 어떻게 될까?

여기서 개인회사와 주식회사의 법적 책임의 형태를 살펴볼 필요가 있다. 가령 회사 채무에 대해 개인회사는 모든 책임을 대표 개인이 지고, 회사가 폐업을 해도 대표 개인의 책임은 계속 따라다닌다. 이에 비해 주식회사는 회사 자체가 책임 주체이기 때문에 회사 대표는 연대보증 등을 하지 않는 한 회사 채무에 대해 책임이 없다.

회사 채권자의 입장에서 보면, 개인회사라면 대표 개인 재산까지도 집행을 해서 돈을 받아낼 수 있지만, 주식회사의 경우는 회사 재산만 집행할 수 있을 뿐 대표 개인의 재산에는 손 댈 수 없다. 그래서 회사에 남아 있는 재산이 별로 없는 경우, 회사 채권자 입장에서는 주식회사보다는 대표 개인재산까지 집행할 수 있는 개인회사가 돈을 받아 내기가 좀 더 수월하다. 물론 개인회사도 개인회사 나름이고, 대표 개인 재산을 다른 사람 명의로 돌려놓는 경우가 허다하기 때문에 채권자가 돈을 받아내는 것은 결코 만만치 않다.

어쨌든 개인회사는 회사 채무를 대표 개인이 끝까지 책임져야 하기 때문에 대표가 회삿돈을 가져가든 말든 신경 쓸 이유가 전혀 없다. 그런데 주식회사는 회사 채무를 대표가 아니라 회사가 책임을 지는 구조이기 때문에 대표가 회삿돈을 마음대로 가져가 버리면 회사에 가용할 수 있는 재산이 줄어들어서, 채권자는 예상치 못한 손해를 입을 수 있다. 이것이 바로 1인회사의 대표라도 함부로 회삿돈을 빼 가면 안 되는 이유 중 하나다.

## 1인회사라도 회삿돈을 가져가려면 정당한 절차를 거쳐야 한다

게다가 개인회사는 회사와 대표를 동일시하기 때문에 회사 재산이 곧 대표 재산이 되는 반면, 주식회사는 그 자체가 하나의 독립된 인격체여서 아무리 대표가 1인주주라고 해도 회사 재산이 곧 대표 개인 재산이 되는 것은 결코 아니다. 그래서 주식회사 대표가 회삿돈을 가져가려면 정당한 절차를 거쳐야만 한다.

1인회사의 대표가 자기 마음대로 거액의 회삿돈을 가져가서 가지급금을 발생시키거나 자신의 급여나 상여금을 임의로 과도하게 책정해서 돈을 빼가는 경우 등과 같이, 통상 용인될 수 있는 범위를 벗어나 회삿돈을 개인용도로 사용하는 것은 원칙적으로 업무상 횡령이나 배임에 해당한다.[6] 따라서 1인회사의 대표라도 회삿돈을 가져가거나 사용하려면 회사와 차용증 등을 쓰고 이사회 결의 등 적법한 절차를 거쳐야 한다.

그러나 회사에 가수금(대표가 회사에 빌려준 돈)이 남아 있는 상태에서 대표가 회삿돈을 임의로 가져가는 것은 대표가 회사에 빌려준 돈을 변제받아 가는 것이기 때문에 이사회 결의가 없더라도 업무상 횡령이나 배임이 되지는 않는다.[7] 그러나 대표가 회삿돈을 임의로 가져갈 당시, 회사 장부에 기재된 가수금이 대표가 회사에 실제로 빌려준 돈이 아니라 회계상 생성된 가수금이거나 그 실체를 알 수 없는 가수금인 경우에는 얘기가 달라진다. 이 경우는 가수금이 있더라도 업무상 횡령이나 배임이 될 수 있다.[8] 일단 회삿돈을 임의로 사용한 뒤에는 그 돈을 초과하는 가수금을 회사에 입금하더라도 이미 성립한 업무상 횡령이나 배임에는 아무 영향이 없다.[9]

---

6)   대법원 2010. 5. 27. 선고 2010도3399 판결
7)   대법원 1999.2.23.선고 98도2296 판결, 대법원 2002.7.26.선고 2001도5459 판결 등
8)   대법원 2006. 6. 16. 선고 2004도7585 판결
9)   대법원 2011. 11. 24. 선고 2009도980 판결

# 02

알고 보면 별것 아닌
내용증명 주고받기

내용증명은 법적 조치 전 단계로서의 의미만 갖는 것은 아니다

사업을 하다보면 거래처나 고객 등에게 회사 입장을 전달해야 할 때가 있다. 물론 이런 경우 전화나 메일 등을 이용해도 되지만, 좀 더 공식적으로 또는 좀 더 엄중하게 회사 입장을 전해야 할 때가 있는데, 이 경우에는 보통 '내용증명'을 이용한다. 일상생활에서는 내용증명을 활용할 일이 그다지 없지만 회사 업무를 하다보면 종종 필요할 때가 있다.

필자들이 상담을 하다보면 민사소송이나 형사고소 등 법적 조치를 취하기 전에 꼭 내용증명을 보내야 한다고 생각하는 사람들이 간혹 있다. 하지만 그렇지는 않다. 오히려 내용증명은 번거로운 법적 조치까지 가지 않고 당사자들 사이에서 사건을 원만하게 해결하기 위한 수단으로 이용되는 경우가 훨씬 많다.

## 내용증명을 보내기 전에 고려해야 할 사항들

그렇기 때문에 회사로서는 먼저 상대방에게 내용증명을 보내야 할지 아니면 메일이나 문자 등으로만 회사 입장을 전달할지 또는 내용증명을 보내지 않고 곧바로 법적 조치를 취할지 여부를 결정해야 한다. 이 경우 회사가 신중하게 고려해야 할 것은 상대방과 거래 관계를 계속 유지할 필요성이 있는지 여부다.

회사가 상대방과 거래를 계속해야 하는 상황에서 전화나 문자 또는 메일이 아닌 내용증명을 보낼 때는 신중하게 결정해야 한다. 왜냐하면 내용증명을 받는 사람들은 대개 그 상황을 아주 심각하게 받아들이는 경향이 있어서 거래 관계가 중단될 수도 있기 때문이다. 특히 변호사가 대리해서 보내는 내용증명인 경우에는 심리적인 압박감이 더욱 크다는 것을 생각해야 한다.

## ▇ 내용증명이 꼭 필요할까?

### 내용증명이 효과적인 경우가 있다

제3자에게 변호사 명의로 내용증명을 보내 줄 것을 자주 요청하는 회사가 가끔 있다. 물론 드문 사례이긴 하지만 그렇다고 아주 특이한 경우도 아니다. 이처럼 내용증명을 빈번하게 보내는 경우는 주로 독점적인 권리를 계속 유지·관리할 필요가 있는 회사들인데, 이런 경우에는 변호사 명의의 내용증명이 아주 효과적인 방법일 수 있다.

### 회사가 내용증명을 보내기까지 갖게 되는 고민의 시간들

그렇다면 회사 입장을 밝히려고 할 때 상대방에게 꼭 내용증명을 보내야 할까? 그렇지는 않다. 그런데 왜 회사들은 굳이 내용증명을 보내는 걸까? 물론 대부분의 회사들은 처음부터 무작정 내용증명을 보내지는 않는다. 그것을 보내기까지는 대개 많은 고민의 시간을 갖는다.

물론 전혀 알지도 못하는 사람이 회사의 권리나 이익을 침해하고 있다면 별다른 고민 없이 곧바로 내용증명을 보내는 것이 보통이다. 회사로서는 그 사람과 관계를 계속 유지할 필요가 없기 때문이다. 하지만 거래처나 고객 등과 같이 원만한 관계를 유지할 필요가 있는 경우, 또는 잡음이 나오지 않도록 조용히 처리해야 하는 경우에는 얘기가 달라진다. 그리고 그런 상황이 대부분이다.

그럼에도 불구하고 회사가 내용증명을 보내는 경우가 있다. 회사로서는 전화, 문자 그리고 메일 등 상대방과 연락할 수 있는 모든 방법을 동원해서 수차례 회사 입장을 밝혔는데도 이에 대해 상대방이 별다른 반응을 하지 않은 경우가 그런 경우다. 이처럼 회사에서 거래처 등에게 내용증명을 보낸다는 것은 거래관계를 깨는 것까지 염두에 둔 최후의 조치라고 할 수 있다.

이와 같이 내용증명은 그 자체만으로도 실무적으로 큰 의미를 갖지만 법적으로도 매우 중요한 의미를 갖는다. 내용증명은 ① 보내는 측의 의사가 상대방에게 명확히 전달되었다는 것을 확인해 주는 역할을 하고, 무엇보다 ② 채권의 소멸시효를 중단시키는 효력을 갖는다. 이에 대해서는 별도로 자세히 살펴보도록 하겠다.

## ② 회사 입장을 상대방에게 명확히 전달하는 역할을 하는 내용증명

### 상대방에게 전달되었다는 것 자체가 중요한 경우

도대체 내용증명은 어떤 의미를 갖기에 이토록 신중함을 요할까? 사실 회사 입장을 상대방에게 전달한다는 면에서만 보면 내용증명은 전화나 문자 또는 메일 등 여느 다른 소통 수단들과 다를 것이 없다. 회사 입장을 상대방에게 전달하기만 하면 되는 것이지 그 방법이 뭐가 그리 중요하겠는가? 물론 맞는 말이다. 그러나 때로는 회사 입장을 상대방에게 명확히 전달하는 사실 그 자체가 큰 의미를 갖는 경우가 있는데 전화나 문자 또는 메일을 통한 통지는 상대방에게 전달되었는지 명확히 밝히는 것이 쉽지 않다.

가령 계약상 일정한 상황이 발생하면 당사자 일방이 다른 당사자에게 통지를 하도록 되어 있고, 만일 이를 위반하면 계약해제 또는 해지를 당할 수도 있다고 가정해 보자. 그런데 이러한 통지를 상대방에게 전화로만 하게 되면 그 통화 내용을 녹음해 두지 않는 한 실제로 통지가 있었는지 여부가 불분명해진다. 또한 문자로 통지를 했더라도 상대방이 그 문자를 확인하지 않았다고 하거나 그렇게 중요한 통지를 일개 직원에게 문자로만 알리고 그 후 아무런 조치를 취하지 않았다고 하면서, 그러한 통지는 제대로 된 통지가 아니라고 주장할 수도 있다. 메일도 비슷한 문제가 발생할 수 있다.

중요한 통지는 내용증명으로 하는 것이 바람직하다

계약서에 통지 방법이 특별히 기재되어 있지 않다면 전화나 문자 또는 메일로 통지해도 아무 상관없다. 다른 증거를 통해 통지가 상대방에게 제대로 전달되었다는 것만 입증되면 된다. 그런데 사실 그렇게 입증해야 하는 문제가 생기는 것 자체가 귀찮은 일이고, 때로는 입증 자체가 어려울 수도 있다.

그렇기 때문에 회사 입장에서는 상대방에게 통지하는 것 자체가 중요한 의미를 갖는 경우에는 굳이 뒷말이 나와 복잡하게 일이 꼬일 수 있는 전화나 문자 또는 메일을 이용하지 말고 내용증명을 활용하는 것이 바람직하다. 내용증명은 회사에서 보낸 통지가 상대방에게 송달되었는지 확인할 수 있는 가장 확실한 방법이다.

## ③ 채권의 소멸시효를 중단시킬 수 있는 내용증명

채권의 소멸시효

내용증명은 법적 조치를 취하기 전에 회사의 입장을 밝히는 가장 엄중한 방법이면서, 그것이 상대방에게 송달되었는지 확인할 수 있는 가장 확실한 방법이다. 이렇게만 보면 내용증명은 법적으로는 특별한 의미를 갖지 않는 것으로 보인다. 그러나 그렇지 않다. 내용증명은 민법상 특별한 효력을 갖고 있다. 채권의 소멸시효를 중단시키는 아주 중요한 효력이다.[10]

가령 회사가 거래처에게서 받을 돈, 즉 금전채권이 있다고 하자. 그런데 금전채권이 있다고 해서 천년만년 계속 돈을 달라고 할 수는 없다. 왜냐하면 일정한 기간이 지나면 더 이상 돈을 달라고 할 수 없게 되기 때문이다. 이러한 일정한 기간을 '소멸시효'라고 한다.

일반적으로 상거래에서 발생하는 채권은 그 소멸시효가 5년인데, 민법이나 다른 법령에서 소멸시효를 5년보다 짧은 기간으로 정하고 있는 경우에는 그 기간에 따른다.[11] 따라서 회사가 가지는 채권은 그 소멸시효가 5년이거나 그보다 짧은 3년 또는 1년일 수도 있다.

---

10) 민법 제174조
11) 상법 제64조

## 채권의 소멸시효가 중단되었을 때 소멸시효 계산 방법

채권이 5년, 3년 또는 1년이라는 절대적인 시간이 지나면 무조건 소멸해서 없어진다고? 그렇다. 특별한 사정이 없다면 소멸한다. 그러나 특별한 사정이 있는 경우에는 그렇지 않다. 그럼 '특별한 사정'이란 무엇이고, 이 경우 소멸시효를 어떤 식으로 계산할까? 여기서 말하는 특별한 사정이란 소멸시효가 중단되는 경우를 말한다. 그리고 소멸시효가 중단되면 그때까지 지나온 시간은 없었던 것이 된다. 즉, 소멸시효 중단 사유가 발생하면 그때부터 다시 소멸시효가 새롭게 시작된다.[12]

가령 2018년 1월 1일부터 5년의 소멸시효가 시작되는 채권이 있다고 하자. 그런데 그 후 4년이 지난 2021년 12월 31일에 소멸시효 중단 사유가 발생하면, 그 채권은 그 다음 날인 2022년 1월 1일부터[13] 5년의 소멸시효가 다시 시작되어 2026년 12월 31일까지 소멸시효가 연장된다.

## 채권의 소멸시효를 중단시키는 사유들

그럼 이제 중요한 것은 채권의 소멸시효를 중단시키는 사유다. 민법에는 여러 가지 중단 사유들을 규정하고 있는데 대표적인 것이 바로 '소송'이다. 그래서 채권을 가지고 있는 사람들은 소멸시효가 끝나갈 때쯤 대략적으로라도 소장을 작성해서 일단 소송을 제기해

---

12) 민법 제178조
13) 초일불산입에 따라 중단 사유가 발생한 다음 날부터 소멸시효의 기산일이 시작된다.

놓는다. 내용증명도 채권의 소멸시효를 중단시킬 수 있다. 지금 당장 소송을 제기하기는 부담스럽지만 여차하면 소송을 제기할 여지가 있을 때 흔히 이용된다. 즉, 일단은 내용증명을 보내서 채권의 소멸시효를 중단시키고, 그 후에도 상대방이 계속해서 채무를 이행하지 않으면 그때 소송을 제기하고자 할 때 이용되는 방법이다.

## 채권의 소멸시효를 중단시키는 내용증명

그런데 눈치 챘을지 모르겠지만 위에서는 내용증명을 굳이 소송과 결부시키고 있다는 것을 알 수 있다. 무슨 특별한 이유라도 있을까? 그렇다. 내용증명을 보냈다고 해서 무조건 채권의 소멸시효가 중단되는 것이 아니라, 내용증명을 보낸 후 6개월 이내에 소송 등을 제기하지 않으면 내용증명으로 중단된 소멸시효 기간은 처음부터 없었던 것이 되기 때문이다.

A가 B에 대해 소멸시효가 5년인 채권을 가지고 있고, 그 채권은 2018년 3월 31일에 그 시효가 소멸된다고 하자. 이 경우 A가 2017년 12월 31일에 B에게 내용증명을 보내서 그것이 1월 3일에 B에게 송달 되었다면, 그 송달된 시점에 A의 채권은 소멸시효가 중단되어 2018년 1월 4일부터 다시 5년간 소멸시효가 시작된다. 그런데 내용증명이 B에게 송달된 후 6개월이 되는 2018년 7월 3일까지 A가 B를 상대로 소송 등을 제기하지 않으면, 내용증명 송달로 인한 소멸시효 중단의 효력은 처음부터 없었던 것이 되어 결국 A의 채권은 원래의 소멸시효 만료일인 2018년 3월 31일에 소멸하게 된다.

그러나 만일 A가 2018년 7월 3일이 되기 전에 B를 상대로 소송 등을 제기한다면 내용증명으로 인한 소멸시효 중단 효력은 여전히 유효하게 되고, 연이어서 소송 등으로 또 다시 소멸시효가 중단되기 때문에 A의 채권은 계속해서 소멸시효 중단의 효력을 누릴 수 있게 된다.

## 마무리 정리

내용증명은 실무적으로 볼 때, 거래처나 고객 등에게 회사의 입장을 밝히는 최후 통첩의 수단으로 사용되거나 회사의 의사를 명확히 전달하는 방법으로 사용된다. 따라서 회사 입장에서는 어떤 목적이냐에 따라 내용증명을 보낼 것인지 아니면 다른 방법을 강구할 것인지를 신중히 검토할 필요가 있다.

한편, 법적효력 측면에서 볼 때, 내용증명은 채권의 소멸시효를 중단시키는 효력이 있다. 소멸시효가 다 지나가도록 대금을 지급하지 않고 있는 거래처가 있을 때, 회사는 그 거래처와 거래 관계를 계속 유지할지 여부를 검토한 후, 만일 거래 관계를 유지하는 것이 큰 의미가 없다고 판단되면, 먼저 내용증명을 통해 채권의 소멸시효를 중단시키고, 그 후 6개월 이내에 소송을 통해 판결을 받아두는 것이 바람직하다. 이 경우 판결이 확정되면 그 채권의 소멸시효는 그때부터 무조건 10년이 된다.[14]

---

14) 민법 제165조, 제178조

## **4** 내용증명을 받았을 땐 어떻게 해야 하나?

내용증명을 받더라도 겁내지 마라

사업을 하면서 법적 분쟁을 별로 경험해 보지 못한 회사 대표들은 누군가에게서 내용증명만 받아도 덜컥 겁부터 낸다. 변호사 명의의 내용증명이라면 더더욱 그렇다. 이럴 땐 어떻게 해야 할까? 아는 변호사가 있으면 그 변호사에게 법률 자문을 받아 보는 게 가장 좋다. 그렇지 못한 경우에는 너무 당황하지 말고 일단 내용증명이 어떤 내용인지 꼼꼼하게 확인한 다음, 답장을 보낼 건지, 만일 보낸다면 어떤 내용으로 보낼 건지 결정해야 한다.

보통 어떤 경우에 내용증명을 받게 될까?

보통 회사에서 내용증명을 받는 경우는 크게 3가지로 나눠 볼 수 있다.

① 거래처에서 내용증명을 받는 경우 — 가장 흔한 경우다.
② 저작권이나 상표권 등 권리 침해를 이유로 권리자에게 내용증명을 받는 경우
③ 제품이나 서비스의 하자 그 자체 또는 그 하자로 인해 손해를 입었다는 이유로 고객에게 내용증명을 받는 경우

위 3가지 경우에 대해서는 이하에서 별도로 자세히 살펴보겠다.

## 5 거래처에서 내용증명을 받았을 때

거래처에서 내용증명을 받게 되는 데에는 여러 가지 이유가 있을 수 있다. 계약 기간과 관련된 내용증명에서부터 계약 이행을 촉구하는 내용증명 등 형태도 다양하다.

계약 기간 관련 내용증명

계약 기간과 관련해서는 크게 계약 기간이 자동 연장되지 않는 경우와 자동 연장되는 경우로 나눌 수 있다.

### (1) 계약 기간이 자동 연장되지 않는 경우

1) 계약 종료 통지형 내용증명

계약 종료 통지형 내용증명은 계약 종료를 명확히 하기 위해 보내는 것이기 때문에 받은 측에서는 굳이 답장할 필요 없다.

2) 계약 연장 요청형 내용증명

계약 기간이 자동연장 되지 않는 계약서에는 보통 계약 기간 연장을 위해 별도의 서면 합의가 있어야 한다고 명시되어 있기 때문에 계약 기간 연장을 요청하는 내용증명을 보낸다. 그러므로 받은 측에서 계약 기간 연장을 원하지 않는 경우에는 어차피 별도의 서면 합의가 없으면 계약은 종료되므로 답장할 필요 없고, 반대로 계약 기간 연장을 원하는 경우에는 별도의 서면 합의는 나중에 하더라도 계약 기간 연장에 동의한다는 내용의 답장을 하는 것이 좋다.

## (2) 계약 기간이 자동 연장되는 경우

### 1) 계약 연장 차단형 내용증명

계약 연장 차단형 내용증명은 자동연장을 막기 위해 계약서에 기재된 대로 계약 종료일 전 일정시점까지 보내는 내용증명이다. 이것은 보낸 측에서 계약 기간을 연장할 의사가 없음을 명확히 한 것이기 때문에 내용증명을 받은 측에서는 굳이 답장할 필요 없다.

### 2) 계약 연장 알림형 내용증명

계약 연장 알림형 내용증명은 계약 기간이 자동 연장되는 것을 미리 알리는 내용증명이다. 받은 측에서 계약 기간 연장을 원하지 않는다는 의사를 밝히지 않으면 계약 기간은 자동으로 연장된다.

### 3) 계약 연장 확인형 내용증명

계약 연장 확인형 내용증명은 계약 기간이 자동 연장된 것을 확인하는 내용증명이다. 계약서상 계약 기간이 자동 연장된 이후에 이를 확인하는 의미의 내용증명이기 때문에 이에 대해서도 굳이 답장할 필요 없다.

계약 기간과 관련된 내용증명에 대해서는 그것이 어떤 내용을 담고 있느냐에 따라 답장을 해야 하는 경우도 있고 굳이 답장할 필요가 없는 경우도 있다. 따라서 계약 기간과 관련된 내용증명을 받은 측에서는 내용을 잘 살펴보고 그 답장 여부를 결정하면 된다.

## 계약 이행 관련 내용증명

### (1) 계약 이행을 촉구하는 의미로서의 '최고'

회사의 모든 영업 활동은 누군가와 계약을 체결하고 그 계약을 이행하는 것의 연속이라 할 수 있다. 이런 과정에서 회사는 상대방에게서 계약 이행을 촉구하는 내용의 내용증명을 받는 경우가 있다. 흔히 이를 '최고'라고 하는데 대부분 계약서 내용 중 '계약해제·해지'와 관련된 부분에서 등장한다.

일반적으로 최고는 상대방에게 '상당기간 내'에 계약을 이행할 것을 촉구하는 것인데, 내용증명을 통해 최고를 한 측에서는 그 이전에 전화나 문자 또는 메일 등으로 여러 차례 계약 이행을 촉구했을 가능성이 높다.

### (2) 계약해제·해지를 염두에 두고 있는지에 따른 내용증명의 분류

이러한 내용증명을 좀 더 세분화 해보면 크게 두 가지로 나눌 수 있다. 계약해제나 해지까지는 원하지 않고, 단지 상대방이 일정기간 내에 계약을 이행해 주기를 바라는 차원에서 보내는 내용증명(단순 계약 이행 촉구형 내용증명)과, 계약해제나 해지까지 각오하고 일정 기한까지 계약을 이행하지 않으면 계약을 해제 또는 해지하고 그에 따른 법적인 조치를 취할 것임을 경고하는 내용증명(계약 이행 최후통첩형 내용증명)이다.

## 1) 단순 계약 이행 촉구형 내용증명

단순 계약 이행 촉구형 내용증명을 받은 경우에는 실제로 계약 이행이 없었는지, 만일 그렇다면 그 책임은 누구에게 있는지, 계약 이행이 가능한지 등을 살펴서 실제 상황에 맞게 답장을 보내야 한다. 답장에는 계약이 이행되었다면 이행된 내용을, 계약불이행의 책임이 상대방에게 있다면 그 이유를, 계약 이행이 가능하지 않다면 그 이유 등을 상세히 기재하는 것이 바람직하다.

만약 답장하지 않으면, 보내온 내용증명에 적시된 내용이 사실이라고 인정하는 것으로 오해받을 여지가 있다. 따라서 나중에 계약불이행에 따른 책임문제에 휩싸이고 싶지 않다면 반드시 자신의 입장을 밝히는 답장을 보내는 것이 좋다. 실제로 내용증명에 적시된 내용이 사실인 경우에도 계약을 이행하지 못한 것에 대해 최대한 양해를 구하는 내용의 답장을 보낼 필요가 있다.

## 2) 계약 이행 최후통첩형 내용증명

계약 이행 최후통첩형 내용증명은 위 단순 계약 이행 촉구형 내용증명에서 한 단계 더 나간 것이다. 꼭 그런 것은 아니지만, 내용증명을 보내는 입장에서는 일반적으로는 단순 계약 이행 촉구형 내용증명을 보낸 뒤에도 상당 기간이 지나도록 계약 이행이 되지 않거나 계약 이행과 관련해서 당사자 간에 조율이 되지 않은 경우에 계약 이행 최후통첩형 내용증명을 보내는 경우가 많다.

그래서 최후통첩형 내용증명은 계약해제·해지는 물론이고 그에 따른 손해배상 청구 등 법적 조치까지도 염두에 두고 이루어지는 경우가 대부분이다. 그러므로 이러한 내용증명을 받은 측에서는 앞서 본 단순 계약 이행 촉구형 내용증명을 받은 경우와 마찬가지로 상황을 잘 살펴서 답장을 보내야 하고, 만일 자신의 잘못으로 계약이행을 못하고 있는 경우라면 최대한 양해를 구해서 합의해제·해지를 할 수 있는 방향으로 답장을 보내는 것도 고려해 봐야 한다.

## 마무리 정리

계약 이행과 관련된 내용증명에 대해서는 일단 그 내용이 사실인지, 계약불이행의 책임은 누구에게 있는지 등을 확인해서 그에 맞는 답장을 보내야만 불필요한 오해를 사지 않을 수 있고, 추후 법적분쟁으로 비화되더라도 당당하게 자신의 입장을 피력할 수 있다.

## 6 권리자에게서 내용증명을 받았을 때

### 권리자에게서 날아온 내용증명

요즘은 정보가 차고 넘쳐서, 상품이나 서비스의 홍보 효과를 극대화하기 위해서는 소비자들의 기억 속에 강렬하면서도 오랫동안 남을 수 있는 상표나 콘텐츠를 선점하는 것이 무엇보다 중요하다. 그러다보니 때로는 의도치 않게 남의 상표나 콘텐츠와 비슷한 것을 사용할 때도 있고, 때로는 의도적으로 기존의 것을 변형해서 사용하기도 한다. 이와 같이 사업을 하다보면, 다른 사람이 가진 상표권이나 저작권 등을 침해하는 경우가 있는데, 이때 법적 조치 전에 권리자들에게서 내용증명을 받는 경우가 있다.

### 진정한 권리자인지 먼저 확인하자

이런 경우에 내용증명을 받은 측에서 가장 먼저 해야 할 일은, 내용증명을 보낸 사람이 진정한 권리자인지 확인하는 일이다. 가끔 권리자가 아니라 권리자에게서 단순히 이용 허락만 받은 사람이 내용증명을 보내는 경우가 있다. 물론 그 사람 입장에서도 권리 침해에 따른 손해가 있을 수도 있겠지만, 법적으로 볼 때 그런 사람은 단순히 합법적인 이용자에 불과할 뿐, 제3자에게 권리 침해를 주장할 수 있는 위치에 있지는 않다. 권리 침해에 따른 손해배상을 해주는 경우라도 진정한 권리자에게 해줘야 하기 때문에, 내용증명의 발신인이 진정한 권리자인지 여부를 먼저 확인해 볼 필요가 있다.

법률 전문가에게 정말 권리 침해가 맞는지 검토 받자

다음에는 내용증명을 받은 측이 실제로 권리를 침해했는지 확인해야 한다. 이러한 확인은 단순히 사실 관계가 맞는지 그른지에 관한 문제가 아니라 법리적인 판단이 필요한 부분이기 때문에 변호사 등 법률 전문가의 조언이 필요하다. 예를 들어 다른 사람의 것을 베낀 것이 분명한 경우라도 그것이 실제로 저작권 침해에 해당하는지 또는 내용증명 발신인의 콘텐츠가 저작권법에 의해 보호받을 수 있는 저작물에 해당하는지 자체가 확실치 않은 경우가 많다. 그렇기 때문에 반드시 법률 전문가에게 조언을 구해서 권리 침해 여부를 먼저 검토 받은 다음에 적절한 대응방안을 강구해야 한다.

### (1) 권리 침해라고 판단되는 경우

검토 결과 권리 침해라고 판단되면 권리자가 법적 조치를 취하기 전에 되도록 빨리 합의를 해서 마무리하는 것이 좋다. 저작권이나 상표권 등 법에 의해 보호받는 배타적인 권리를 침해할 경우에는 단순히 손해배상으로만 끝나는 것이 아니라 형사처벌까지도 받을 수 있기 때문이다.

문제는 권리자가 내용증명을 통해 제시한 합의안을 받아들일 수 있는가 하는 것인데, 가장 좋은 방법은 조율을 통해 적절한 합의안을 도출해 내는 것이다. 그렇게 해도 끝까지 합의가 되지 않는 경우에는 어쩔 수 없이 법적으로 해결할 수밖에 없다.

## (2) 권리 침해라고 보기 어려운 경우

반면, 검토 결과 권리 침해라고 보기 어려운 경우에는, 그렇게 판단하게 된 이유를 조목조목 구체적으로 적어서 답장을 보낼 필요가 있다. 만일 답장할 가치도 없다고 답장을 하지 않으면 내용증명을 보낸 측에서는 곧바로 법적 조치를 취할 가능성이 높다. 그렇게 되면 나중에 결국 검찰이나 법원 등에서 권리 침해가 아니라는 판단을 받더라도 그렇게 되기까지 많은 시간과 비용이 든다. 그러니 애초에 답장을 통해 상대방에게 권리 침해가 아니라는 점을 명확히 해서 소모적인 분쟁을 미연에 방지하는 것이 바람직하다.

## (3) 권리 침해인지 여부가 불분명한 경우

그런데 검토 결과 권리 침해 여부가 불분명한 경우도 있다. 권리자의 것과 비슷한 것 같기도 하고 그렇지 않은 것 같기도 한 경우도 있을 수 있고, 해당 법률에서 예외적으로 권리 침해가 아니라고 하는 규정에 해당할 여지가 있는 경우 등이 있을 수 있다. 이런 경우에는 사실 법률 전문가도 명확한 답변을 해줄 수 없기 때문에, 내용증명을 받은 측의 결단이 필요하다.

만일 내용증명을 받은 측에서 볼 때, 권리자가 문제 삼는 것이 그다지 중요한 것이 아니거나, 다른 것으로도 쉽게 대체가능해서 굳이 법정에까지 가져 갈 사안은 아니라고 판단되면, 내용증명에 대한 답장을 통해서 문제가 되는 부분을 더 이상 사용하지 않겠다는 뜻을 명확하게 밝히는 것이 좋다.

하지만 그런 경우에도 사용중지 이유에 대해서는, 권리를 침해했기 때문이 아니라 불필요한 오해를 불러일으키는 것을 원치 않기 때문이라고 쓰는 것이 좋다. 답장에 특별한 사용 중지 이유를 밝히지 않거나 권리 침해를 인정하면서 사용을 중지하겠다고 하면, 권리자는 해당 사안이 권리 침해가 확실히 맞는 것으로 생각해서, 처음에는 생각지도 않은 손해배상을 요구할 수도 있고 또는 차후 손해배상을 청구하는 소송을 제기할 수도 있기 때문이다.

물론 내용증명을 받은 측이 권리 침해를 인정한다고 해서, 그것이 곧바로 흔히 말하는 '자백'이 되는 것은 아니다. 권리 침해 여부는 사실에 관한 문제가 아니라 법률판단의 문제이기 때문에 자백했다고 해도 그것이 그대로 인정되는 것은 아니다. 이에 대해서는 어디까지나 법원이 판단할 문제지만 그렇다 해도 굳이 권리 침해인지 여부가 불분명한 상황에서 스스로 그것이 권리 침해라고 말할 필요는 전혀 없다.

그런데 권리자가 처음부터 손해배상까지 요구하는 경우에는 얘기가 달라진다. 내용증명을 받은 측이 문제가 되는 부분에 대한 사용을 중지하는 것까지는 불필요한 분쟁의 소지를 없앤다는 차원에서 받아들일 수는 있지만, 손해배상을 해준다는 것은 권리 침해를 인정하는 모양새가 되기 때문에 좀 더 고민해봐야 한다.

나중에 발생할 수도 있는 법률비용 등과 비교해서 권리자가 요구하는 돈의 액수가 적절하고, 또한 그걸로 모든 게 다 정리가 된다면, 권리자에게 돈을 주고 분쟁을 종결짓는 것도 하나의 방법이 될 수 있다. 그런데 권리자가 거액의 손해배상을 요구한다면 이는 마치 내용증명을 받은 측이 엄청난 불법행위를 저지른 것처럼 보이기 때문에, 이런 경우는 돈의 액수를 떠나서 감정적으로도 권리자의 요구를 받아들이기가 어려워진다.

반면에, 권리자가 권리 침해라고 문제 삼는 것이 중요한 회사 자산과 관련된 것이어서 그 사용을 중지하는 것이 현실적으로 어려운 경우도 있다. 그런 경우에는 내용증명에 대한 답장을 보내더라도 권리 침해가 아니라고 주장할 수밖에 없고, 그렇게 되면 결국 법적 분쟁으로 번질 가능성이 높아지기 때문에, 처음부터 전문성 있는 변호사를 통해 최상의 방어 전략을 세우는 것이 중요하다.

## 마무리 정리

권리자에게서 권리 침해를 이유로 내용증명을 받게 되면, 우선은 내용증명을 보낸 사람이 진정한 권리자인지를 확인해야 하고, 그것이 확인되면 그 후에 과연 권리 침해가 맞는지 여부를 검토해야 한다. 검토 결과, 권리 침해로 볼 수 있는 경우인지, 권리 침해라고 보기 어려운 경우인지 아니면 권리 침해 여부가 불분명한 경우인지에 따라 그에 맞는 대응전략을 세워야 한다.

## ⑦ 고객에게서 내용증명을 받았을 때

하자로 인한 2차 피해를 주장하는 내용인 경우

일반 소비자들에게 상품을 판매하거나 서비스를 제공하는 회사의 경우는 종종 고객에게서 클레임을 받는다. 상품이나 서비스 하자에 관한 클레임이라면 상품을 교환해 주거나 서비스를 다시 제공해 줄 수도 있고, 그것도 아니면 환불해주면 된다. 그러나 고객들이 상품 또는 서비스의 하자로 인한 2차 피해보상을 요구하는 경우에는 대처 방법이 달라질 수밖에 없다.

고객에게서 내용증명을 받는 대부분의 경우는 상품이나 서비스의 하자 자체보다는 하자로 인한 2차 피해보상과 관련되어 있다. 왜냐하면 상품이나 서비스 자체에 하자가 있는 경우는 전화 등 좀 더 손쉬운 방법으로 클레임을 제기하기 때문이다. 그래서 여기서는 고객들이 상품이나 서비스의 하자로 인해 2차 피해를 입었다고 주장하면서 내용증명을 보내 온 경우에 한해서만 살펴보겠다.

어떤 이유에서든 고객들에게서 피해보상에 관한 내용증명을 받는다는 것은 아주 불편한 일이다. 가령 상품이나 서비스의 하자 때문에 신체 손상을 입었다고 주장하는 경우에 어떻게 해야 할까? 이런 경우에 회사에서는 어떻게 대처해야 하고, 내용증명에 대한 답장은 어떻게 작성해야 하는지에 대해 살펴보겠다.

## 피해 사례를 인터넷 등에 유포하겠다고 협박하는 경우

요구사항을 들어주지 않으면 인터넷이나 언론기관 등에 자신들의 피해 사례를 알리겠다고 엄포를 놓는 고객들도 종종 있다. 그런데 이런 종류의 내용증명을 받게 되면 피해 사례가 사실이든 아니든 일단 회사로서는 걱정이 앞설 수밖에 없다. 일단 사람들에게 피해 사례라고 알려지고 나면 수습하는 것 자체도 쉬운 일이 아닐뿐더러 수습을 한다고 해도 후유증이 남기 마련이다. 심지어 그것이 사실이 아니라고 밝혀져도 소용이 없어서 어떤 경우는 재기불능상태가 되는 경우도 있다. 그래서 이런 경우는 고객이 주장하는 피해 내용을 아주 세심하게 검토해야 한다.

## 납득할 수 없는 피해 내용을 주장하는 경우

만일 고객이 주장하는 피해 내용이 상식적으로 도저히 받아들일 수 없는 경우라면, 회사는 피해 사례를 유포하겠다는 고객의 엄포에 대해 강력히 대처할 필요가 있다. 회사는 답장을 통해 고객이 주장하는 피해 내용이 객관적으로도 받아들여질 수 없다는 것을 과학적 근거 등을 통해 조목조목 반박할 필요가 있다. 비록 고객이 대응하기 까다롭고 힘든 소위 블랙 컨슈머(Black Consumer, 고의적으로 악성 민원을 제기하는 소비자)라 해도 무리한 요구를 어쩔 수 없이 받아들이는 식으로 조용히 합의해서 끝낼 것이 아니라, 다소 번거롭더라도 변호사 등 법률 전문가의 조언을 얻어 강력하게 대응해 나가는 것이 바람직하다.

회사가 이렇게까지 해야 하는 이유는 '저 회사는 조금만 항의를 해도 합의를 해 주더라!'라는 선례를 남겨서는 안 되기 때문이다. 그래서 이런 경우에는 "귀하가 허위 사실을 인터넷 등에 유포할 경우에는 당사로서는 귀하의 이러한 업무 방해 및 신용 훼손 등에 대해 민·형사상 가능한 모든 법적 조치를 취하는 등 허위 사실 유포에 대해 강력하게 대응해 나갈 것임을 미리 알려드리는 바입니다."라는 내용의 답장을 하는 것이 일반적이다.

## 가능성을 전혀 배제할 수 없는 피해 내용인 경우

위의 경우와는 달리, 고객이 주장하는 피해 내용이 그 발생 가능성을 전혀 배제할 수 없는 경우라면 보다 신중한 대응 전략이 필요하다. 물론 이 경우에는 고객이 요구하고 있는 손해액이 어느 정도인지, 피해 가능성이 얼마나 되는지 등에 따라 대응을 달리해야 한다. 만일 피해 가능성이 어느 정도 인정되고 고객이 요구하는 손해액이 그리 크지 않다면 회사 입장에서는 최대한 신속하게 합의해서 사건을 마무리하는 것이 좋을 수도 있다.

이 경우 합의를 할 때는 합의서를 작성해야 하고, 그 합의서에는 고객이 추후 동일한 건으로 이의나 법적 조치를 취하지 않겠다는 내용과 비밀유지의무 그리고 가능하다면 회사가 합의금을 지급하는 것이 손해배상으로서가 아니라 도의적 책임에 따른 위로금이라는 내용을 기재하는 것이 좋다. 왜냐하면 실제 피해 내용이 상품이나 서비스의 하자로 인한 것인지 확실하지 않기 때문이다.

반면, 고객이 주장하는 피해 내용이 발생할 가능성이 그리 크지 않은데도 너무 과도한 손해액을 요구한다면, 회사 입장에서는 도의적 책임으로서 소정의 위로금을 제시하면서 사건을 마무리 짓자고 하거나 이러한 경우를 대비해서 회사가 가입해 놓은 보험이 있다면 보험회사를 통해 해결할 것을 제안하는 등으로 방법으로 대응할 수도 있다.

여하튼 고객이 주장하는 피해 내용이 상품이나 서비스의 하자로 인한 것인지 확정적으로 밝혀지기 전까지는, 회사 입장에서는 그런 피해 내용에 대해 어디까지나 가능성일 뿐이라는 점을 항상 염두에 두고 대응해 나가야 한다.

그리고 문제가 되는 상품이나 서비스의 하자 발생 가능성에 대해 내부적으로 다시 한 번 더 철저하게 점검을 해서, 혹여 미비한 점이 없는지 자세히 살펴볼 필요가 있다.

## 8 내용증명의 형식과 송달 확인 방법

**내용증명은 기본적으로 의사전달 수단이다**

사람들은 보통 내용증명이라고 하면 대단한 무언가가 있는 것으로 생각한다. 그러나 사실 내용증명은 발신인이 자신의 의사를 수신인에게 전달하는 수단에 불과하다. 단지 다른 점은 그 전달 여부가 명확히 확인된다는 점과 채권의 소멸시효를 중단시키는 효력을 가진다는 점뿐이다. 내용에도 아무 제한이 없어서 발신인이 수신인에게 전달하고자 하는 것을 자유롭게 쓰면 되고, 그 형식도 다음에서 보는 것처럼 몇 가지 말고는 특별한 제한이 없다.

**내용증명을 보내려면 최소한 이 정도 형식은 갖춰야 한다**

법인이 다른 법인에게 내용증명을 보내는 경우를 간단히 살펴보자. 내용증명은 일종의 편지이기 때문에 첫 페이지의 앞부분에는 발신인의 인적사항과 수신인의 인적사항을 기재한다.

---

### 내 용 증 명

발신인 : 주식회사 엘플러스
　　　　　서울시 마포구 월드컵북로 111 하늘빌딩 701호·
　　　　　대표이사 홍길동

수신인 : 주식회사 송현
　　　　　서울시 영등포구 여의대방로 111 바다빌딩 601호
　　　　　대표이사 김갑을

---

그리고 마지막 페이지의 끝부분에는 아래와 같이 발신인의 상호나 이름 옆에 인장(법인은 법인 도장)을 날인해야 한다.

2018. 3. 1.

위 발신인

주식회사 엘플러스

대표이사 홍길동 (인)

이렇게 내용증명이 완성되면 각 페이지마다 간인(함께 묶인 서류의 종 잇장 사이에 걸쳐서 도장을 찍는 것)을 해야 한다. 내용증명은 우체국에서 발송하는데, 우체국에서 간인 여부를 확인하지 않는 경우도 있긴 하지만, 되도록이면 간인을 하는 것이 바람직하다.

## 내용증명이 송달되었는지 확인하는 방법

내용증명은 우체국을 통해 발송한다. 총 3부를 만들어서 1부는 상 대방에게 보내고, 나머지 2부는 내용증명을 보낸 측과 우체국이 각각 1부씩 보관한다. 발송된 내용증명에 대한 정보는 인터넷우체 국 사이트에서 확인할 수 있다. 그 사이트에 들어가 보면 '등기번 호'를 기입하는 곳이 있는데, 거기에 등기번호를 넣으면 내용증명 송달 정보를 한눈에 볼 수 있다. 여기서 말하는 등기번호는 내용증 명 첫 페이지에 부착된 증지상에 있는 13자리 번호를 의미한다.

## ⑨ 내용증명, 어떻게 작성해야 할까?

### 내용증명을 쓰는 것을 어렵게 생각할 필요 없다

내용증명에는 자신이 하고 싶은 말을 쓰면 되는데 다만, 자신에게 불리한 내용을 쓰지 않도록 조심해야 한다. 그래서 다툼의 여지가 많은 내용증명을 보낼 때는 변호사 등에게 검토를 받아보는 것이 좋다. 말이 아닌 글은 언제든 증거로 이용될 수 있기 때문이다.

### 일반적인 내용증명의 포맷과 기본 내용

회사는 여러 가지 이유로 내용증명을 보낸다. 그래서 상황별로 내용증명을 작성하는 방법에 대해 하나하나 다 설명하면 좋겠지만, 지면관계상 여기서는 일반적인 내용증명의 전체적인 포맷과 기본적으로 들어가는 내용 등에 대해서만 간략히 살펴보겠다. 내용증명은 그 작성 방식이 딱히 정해져 있는 것은 아니라서, 이하에서 설명하는 내용증명 작성방식은 여러 다양한 방식 중 하나에 불과하다는 점을 미리 알려둔다.

### 서두 부분을 작성하는 방식

앞서 본 것처럼 첫 페이지 앞부분에 발신인과 수신인의 인적사항을 쓰고, 바로 아래에 제목을 기재한다. 그리고 제목 아래에는 형식적이긴 하지만 상대방의 발전을 기원한다는 인사말을 기재하는 것이 보통이다. 여기까지 설명한 내용을 예시로 보면 다음과 같다.

## 내 용 증 명

발신인 : 주식회사 동반

　　　　서울시 마포구 양화로 111 하늘빌딩 111호·

　　　　대표이사 홍길동

수신인 : 주식회사 록키

　　　　서울시 영등포구 여의대방로 222 바다빌딩 222호

　　　　대표이사 김갑을

제· 목 : 물품대금 지급 요청의 건


1. 귀사의 무궁한 발전을 기원합니다.


## 사실관계 등을 작성하는 방식

이 다음부터가 중요하다. 이제부터 내용증명을 보내는 이유를 적어야 한다. 보통 이 부분에는 내용증명을 보내게 된 이유와 관련된 사실관계를 기재한다. 가령 물품대금 미지급금을 지급해 줄 것을 요청하는 내용증명이라면, 내용증명을 보내는 회사가 해당 물품대금을 상대방에게서 받을 수 있게 된 계기와 그 이후 당사자들이 그 물품대금과 관련해서 어떤 조치와 반응을 해 왔는지 시간 순서대로 기재한다.

## (1) 계약의 당사자에게 내용증명을 보내는 경우

사실관계에 대해서는 서로 잘 알고 있는 상황이기 때문에 너무 자세히 기재할 필요 없고, 같은 이유로 관련 증거도 불필요하게 많이 첨부하지 않아도 된다. 즉, 꼭 필요한 사실 관계만 기재하고, 핵심적인 증거만 첨부하거나 그마저도 첨부하지 않아도 된다. 너무 사실관계를 장황하게 기재하거나 서로가 다 알고 있는 증거를 너무 많이 첨부하면, 내용증명의 요지가 흐려질 수도 있기 때문이다. 여기까지 설명한 내용을 예시로 보면 아래와 같다.

1. 귀사의 무궁한 발전을 기원합니다.

2. 물품대금채권의 발생과 귀사의 일부 물품대금 미지급
   당사는 2018. 1. 5. 귀사에게 A제품 100개를 공급하였으나, 귀사는 그 물품에 관한 대금(이하 '이 사건 물품대금' 이라 함) 2천만 원을 약정한 대로 지급하지 않았습니다. 그 후 당사는 귀사에게 이 사건 물품대금 2천만 원을 지급해 줄 것을 여러 차례 요청하였고, 이에 대해 귀사는 2018. 2. 5. 그 중 1천만 원을 당사에 지급하였습니다. 그러나 당사가 그 후 수 차례에 걸쳐 나머지 이 사건 물품대금 1천만도 지급해 줄 것을 요청했지만, 귀사는 그 지급을 차일피일 미루면서 현재까지도 이를 지급하지 않고 있는 실정입니다.

## (2) 제3자에게 내용증명을 보내는 경우

예를 들어 내용증명을 보내는 측의 권리를 침해한 제3자에게 내용증명을 보내는 경우에는 사실관계를 기재하기 전에 내용증명을 보내는 측이 정당한 권리자라는 점을 미리 밝혀 내용증명을 보내는 근거를 명확하게 하는 것이 좋다. 예를 들면 아래와 같다.

---

1. 귀사의 무궁한 발전을 기원합니다.

2. 이 사건 이미지의 저작권자

   당사는 2017. 7. C이미지(이하 '이 사건 이미지' 라 함)를 회사 홍보 목적으로 직접 만들어서 당사의 홈페이지 등에 게재해 왔습니다(증 제1호증 참조). 따라서 이 사건 이미지는 업무상저작물로서 그 저작권이 당사에 있습니다.

3. 귀사의 이 사건 이미지 저작권 침해와 그에 따른 책임

   당사는 최근 우연히 인터넷을 검색하던 중 당사의 저작물이 귀사의 홈페이지에 게재되어 있는 사실을 발견하였습니다(증 제2호증 참조). 그런데 이는 당사의 저작물을 무단으로 사용한 행위로서 저작재산권 중 복제권과 공중송신권을 침해함은 물론, 저작인격권 중 성명표시권을 침해하는 행위입니다.

---

## 요구사항 등을 작성하는 방식

### (1) 계약의 당사자에게 내용증명을 보내는 경우

다음에는 내용증명을 보내는 측이 상대방에게 요구하는 사항을 기재한다. 요구사항은 상황마다 다르겠지만 내용증명을 보내게 된 궁극적인 목적은 반드시 담겨 있어야 한다. 앞서 본 1)의 경우처럼 미지급 물품대금과 관련된 내용증명이라면 언제까지 물품대금을 지급해 줄 것을 요청한다는 내용을 기재하면 된다.

1. 귀사의 무궁한 발전을 기원합니다.

2. 물품대금채권의 발생과 귀사의 일부 물품대금 미지급

3. 물품대금 지급 요청

   따라서 귀사는 본 내용증명을 받은 후 3영업일 이내 당사가 귀사에게 이미 알려드린 은행 계좌번호로 이 사건 물품대금 중 미지급금 1천만 원을 송금해 주시기 바랍니다.

## (2) 제3자에게 내용증명을 보내는 경우

내용증명이 권리 침해와 관련된 것이라면, 사건을 원만하게 해결하자는 차원에서 언제까지 권리 침해를 중단하고 그에 따른 손해를 배상할 것 등을 요구하는 내용을 기재하면 된다.

1. 귀사의 무궁한 발전을 기원합니다.

2. 이 사건 이미지의 저작권자

3. 귀사의 이 사건 이미지 저작권 침해와 그에 따른 책임

4. 이 사건의 원만한 해결을 위한 당사의 요구사항
   이와 같이 귀사의 행위는 이 사건 이미지에 관한 당사의 저작권을 침해하는 행위에 해당합니다. 다만, 당사는 이 사건을 원만하게 해결하기를 원합니다. 따라서 귀사는 이 사건의 원만한 해결을 위해 본 내용증명을 받는 즉시 귀사가 당사의 저작권을 침해해서 게재하거나 배포한 이 사건 이미지의 삭제·회수 등 그 이용을 중단해 주시기 바랍니다. 또한 귀사는 이러한 저작권 침해행위에 따른 손해배상 책임을 져야 하는 것이므로, 본 내용증명을 받은 후 3영업일 이내에 ○○○원을 아래에 있는 당사의 은행계좌로 입금해 주시기 바랍니다.

## 법적 조치 예고 등을 작성하는 방식

### (1) 계약의 당사자에게 내용증명을 보내는 경우

지금까지의 내용만으로도 완성된 형태의 내용증명이 된다. 그런데 이에 더해 발신인의 단호함과 엄중함을 더 강력하게 표현하고자 하는 경우에는, 발신인의 요구사항 등이 받아들여지지 않을 시 상대 방을 상대로 소송 등을 제기할 수밖에 없다는 취지의 법적 조치 예고를 적는 경우가 많다.

1. 귀사의 무궁한 발전을 기원합니다.

2. 물품대금채권의 발생과 귀사의 일부 물품대금 미지급

3. 물품대금 지급 요청

4. 법적 조치의 예고
   만일 귀사가 위 기한까지 미지급 물품대금을 입금하지 않으면, 당사로서는 귀사를 상대로 민사소송 등 모든 법적인 조치를 취할 수밖에 없습니다. 그리고 이에 따라 발생하는 변호사 비용 등 모든 소송비용은 귀사가 부담해야 한다는 것을 미리 알려 드립니다.

## (2) 제3자에게 내용증명을 보내는 경우

권리 침해 관련 내용증명의 경우도 (1)의 경우와 크게 다르지 않다.

1. 귀사의 무궁한 발전을 기원합니다.

2. 이 사건 이미지의 저작권자

3. 귀사의 이 사건 이미지 저작권 침해와 그에 따른 책임

4. 이 사건의 원만한 해결을 위한 당사의 요구사항

5. 법적 조치의 예고

  만일 귀사가 위와 같은 당사의 요구사항을 이행하지 않는 등 이 사건을 원만하게 해결할 의사가 없다고 판단되면, 당사는 귀사를 상대로 민·형사상 가능한 모든 법적인 조치를 취할 수밖에 없습니다. 그리고 이에 따라 발생하는 변호사 비용 등 모든 소송비용은 귀사가 부담해야 한다는 것을 미리 알려드립니다.

## 🔟 꼭 변호사 명의로 내용증명을 보내야 할까?

**변호사 명의의 내용증명을 받으면 부담스러울 수밖에 없다**

지금까지 회사 명의로 내용증명을 발송하는 경우를 살펴보았다. 그런데 회사를 대리해서 변호사 명의로 내용증명을 보낼 수도 있다. 사실 법적분쟁을 별로 경험해 보지 못한 사람은 당사자 명의로 날아온 내용증명만 봐도 어찌할 바를 모르는데, 변호사 명의의 내용증명을 받는다면 얼마나 놀라겠는가? 이는 법적분쟁을 경험해 본 사람이라도 크게 다르지는 않다. 그만큼 변호사 명의의 내용증명은 받는 사람에게 매우 부담스러울 수밖에 없다.

**변호사 명의의 내용증명이 항상 바람직한 것만은 아니다**

변호사 명의로 내용증명을 보내는 것이 사건을 보다 빨리 해결하는데 도움이 될 수는 있지만, 꼭 그런 것은 아니다. 예를 들어, 거래처와 문제를 원만히 해결할 여지가 있는 상황에서 처음부터 변호사 명의의 내용증명을 보내면 거래처로서는 거부감을 느낄 수 있다. 가령 물품대금이나 손해배상 등을 지급하라는 내용증명에 대한 답장을 변호사 명의로 해 버리면, 상대방 입장에서는 '변호사에게 줄 돈을 차라리 나한테 주지!'라는 등의 생각을 할 수 있다. 따라서 이런 경우에는 당사자 명의로 답장을 보내는 것이 훨씬 낫다. 필자들도 상담할 때, 내용증명을 변호사 명의로 보내는 것보다 당사자 명의로 보내는 것이 더 바람직하다고 판단되면 그렇게 하도록 적극 권유한다.

## 내용증명을 변호사 명의로 보낼지 아니면 당사자 명의로 보낼지는 상황에 맞게 결정해야 한다

이처럼 누구의 명의로 내용증명을 보낼지는 여러 가지 사정을 감안해서 결정해야 하는데 내용증명을 여러 번 보내다보면 대충 어떻게 해야 할지 감으로 알게 된다.

상대방과 전혀 모르는 사이로 사건을 신속하게 마무리 짓기를 원하는 경우 또는 비록 아는 사이라도 관계를 끝내는 것까지 각오하고 최후통첩을 하는 심정으로 내용증명을 보내는 경우에는 변호사 명의로 보내는 것이 효과적이다. 반면, 관계를 계속 유지하기를 원하거나 다툼의 여지가 있는 상황이라면, 처음에는 당사자 명의로 내용증명을 보내는 것이 더 현명할 수 있다.

## 변호사 명의로 내용증명을 보낼 때 일부 형식의 변화

변호사 명의로 내용증명을 보낼 때는 내용증명의 형식이 일부 바뀐다. 비록 의뢰인을 대리해서 내용증명을 보내는 것이라 해도 실제 내용증명의 발신인은 변호사이기 때문이다. 내용증명의 첫 페이지에 표시되는 발신인의 인적사항과 맨 마지막 페이지에 표시되는 발신인 상호 또는 성명 및 인장 날인 기재 방식은 다음과 같다.

# 내 용 증 명

주식회사 동반

서울시 마포구 양화로 111 하늘빌딩 111호

대표이사 홍길동

발신인 : 법무법인 엘플러스

담당 변호사 윤용근, 하병현, 정상경, 이선행

서울 마포구 월드컵북로 396

전화 02-111-1111, 팩스 02-112-1112

수신인 : 주식회사 록키

서울시 영등포구 여의대방로 222 바다빌딩 222호

대표이사 김갑을

제 목 : 물품대금 지급요청의 건

본 법무법인은 주식회사 동반(이하 '의뢰인 회사' 라 합니다)의 대리인
으로서 본 내용증명을 보내는 바입니다.


2018. 3. 1.

위 발신인

법무법인 엘플러스

변호사 윤용근 (인)

하병현 (인)

정상경 (인)

이선행 (인)

# 03

## 요즘은 뭐만 하면
## "개인정보 때문에……"

**개인정보를 과도하게 노출할 수밖에 없는 현대 사회**

최근 SNS나 유튜브 등 인터넷을 기반으로 한 네트워킹 서비스에
대한 수요가 폭발적으로 늘어나면서 다양한 경로를 통해 개인정보
가 노출되고 있다. 과거에는 다른 사람의 개인정보를 갖고 있어도
활용할 데가 그다지 많지 않았는데, 요즘은 정보통신 기술이 발달
하면서 그 활용도가 점점 늘어나고 있는 추세다.

**개인정보는 그 자체가 자산이다**

소비자들을 대상으로 영업을 하는 거의 모든 회사들은 광고 등의
목적으로 개인정보를 수집한다. 이런 이유로 이제는 개인정보 자체
가 경제적 가치를 가지는 무형의 자산이 되었다. 그래서 돈을 주고
개인정보를 사고파는 범법행위도 종종 발생한다. 이렇게 빠져나간
개인정보와 해킹 등을 통해 유출된 개인정보는 범죄에 악용되어 수
많은 피해자들을 양산하고 있다.

## 개인정보를 잘못 활용하면 형사처벌까지 받을 수 있다

개인정보는 매우 중요하게 다뤄져야 한다. 이런 이유로 최근에는 개인정보를 보호하는 관련 법률들이 계속 생겨나고 있다. 대표적인 것이 바로 개인정보보호법이다. 그런데 아직도 우리나라 사람들은 개인정보를 대수롭지 않게 취급하는 경향이 있다. 그러나 계속 그렇게 쉽게 생각하다간 형사처벌을 받을 수도 있다.

개인정보가 유출되면 이로 인해 재산적 피해를 입을 수도 있고, 심각한 경우에는 그 자체만 가지고도 정신적 피해를 입을 수 있다. 보통 개인정보 유출 관련 집단소송에서는 재산적 손해보다는 정신적 손해 즉, 위자료를 청구하는 경우가 대부분이다.

이하에서는 회사들이 평소에 개인정보를 수집하고 활용하는 과정에서 간과하고 있거나 잘 모르고 있는 것들, 기본적으로 알아두어야 할 것들에 대해 한 번 짚어보고자 한다.

# 1 개인정보를 보호하는 법률과 확인 순서

개인정보 관련 문제, 기본적인 내용이라도 알아 두자

요즘에는 개인정보의 중요성에 대한 이야기를 여기저기서 많이 듣게 된다. 가끔 개인정보 누출 사건이 터질 때마다 큰 이슈가 되기 때문에 개인정보를 보호해야 한다는 정도는 누구나 다 알고 있다. 그런데 정작 개인정보를 어떻게 보호해야 하고, 개인정보를 보호하는 법률에는 어떤 것들이 있으며, 위반했을 때는 어떤 처벌을 받게 되는지 등에 대해서는 정확히 아는 사람이 별로 없다. 아마도 주변에서 개인정보로 인해 문제가 된 경우를 많이 접해보지 못해서 그럴 수 있다.

그렇지만 회사를 운영하다보면 개인정보와 관련된 문제는 언제든 발생할 수 있다. 그러므로 회사 대표는 평소에 개인정보에 관해서 명확한 가치관을 가져야 하고 직원교육에도 신경을 써야 하기 때문에 이에 관한 기본적인 내용 정도는 알고 있는 것이 좋다.

개인정보 관련 법률을 찾아보려면?

개인정보를 보호하는 규정은 여러 법률에서 찾아볼 수 있다. 그래서 개인정보에 관해서는 먼저 해당 분야를 규제하는 법률에서 어떻게 규정하고 있는지 확인하고, 거기에 특별한 규정이 없으면 개인정보보호법을 확인하는 것이 순서다.

가령 인터넷 등 정보통신망에서 발생하는 개인정보 관련문제는 먼저 '정보통신망 이용촉진 및 정보보호 등에 관한 법률'(이하 '정보통신망법'이라고 함)의 규정 내용들을 확인해 보면 된다. 그런데 정보통신망법에서 규정하고 있지 않은 것들은 어떻게 해야 할까? 이런 경우를 대비해서 2011년도 개인정보에 관한 일반법인 개인정보보호법이 만들어졌다. 그래서 개인정보와 관련된 이슈가 발생하면 해당 분야의 개별법을 먼저 찾아보고, 그 법률에서 특별히 규정하고 있지 않으면 그때 개인정보보호법을 확인하면 된다.[15]

개인정보와 관련된 법령을 확인하는 순서는 '선 관련법, 후 개인정보보호법'이지만, 여기서는 일반법에 해당하는 개인정보보호법을 먼저 살펴본 뒤에 개인정보와 관련해서 자주 문제가 되는 분야인 정보통신망법에 대해 알아보도록 한다.

---

15) 개인정보보호법 제6조

## 2 개인정보가 문제될 때 사태 파악 순서

개인정보와 관련해서 문제가 발생하면 어떻게 처리해야 할까? 일단 다음 순서로 사태를 파악하는 것이 중요하다.

① 문제가 되는 정보가 정말로 '개인정보' 가 맞는지 확인한다.
② 개인정보 관련 행위를 한 자가 해당 법률의 '적용대상자' 인지 확인한다.
③ 적용대상자가 한 행위가 '해당 법률에서 정하고 있는 일정한 준수 행위 또는 금지 행위를 위반' 했는지 확인한다.

만일 논란이 되고 있는 정보가 법에서 규정하고 있는 개인정보가 아니라고 확인되면, 다른 법률 등에 의해 제재를 받는 것은 몰라도 일단 개인정보와 관련해서는 문제될 것이 없다. 그리고 비록 그것이 개인정보에는 해당하더라도, 개인정보와 관련해서 어떤 행위를 한 자가 관련 법률을 적용받는 자가 아니거나 적용을 받더라도 그러한 행위가 관련 법률에서 정하고 있는 일정한 준수 행위 또는 금지 행위를 위반한 것이 아니라면 이 또한 개인정보 관련해서는 문제될 것이 없다.

그러므로 개인정보와 관련된 사안을 접했을 때는 위 순서대로 3가지를 차근차근 확인해 나가면 된다. 그럼 이하에서는 위 3가지를 순서대로 하나하나 살펴보겠다.

## 3 개인정보보호법상의 '개인정보'

### 개인정보보호법에서 정의하는 '개인정보'

개인정보는 '특정 개인과 관련된 정보'라고 할 수 있다. 물론 틀린 말은 아니다. 그런데 이렇게 사전적 의미로 정의해버리면 너무 광범위하고 포괄적이어서 어디서부터 어디까지가 개인정보인지 정확히 알 수가 없다. 그렇다고 개인정보를 성명, 주민등록번호, 주소 등의 일정한 것들로만 한정해 버리면 그 이외의 것은 개인정보가 아니게 되어 장래에 발생할 수 있는 새로운 유형의 개인정보를 담지 못하는 문제가 발생한다.

그래서 개인정보보호법에서는 개인정보를 '살아 있는 개인에 관한 정보로서 성명, 주민등록번호 및 영상 등을 통하여 개인을 알아볼 수 있는 정보(해당 정보만으로는 특정 개인을 알아볼 수 없더라도 다른 정보와 쉽게 결합하여 알아볼 수 있는 것을 포함)'라고 정의하고 있다.[16]

### 살아 있는 개인에 관한 정보

개인정보는 '살아 있는 개인'을 전제로 하기 때문에 사망한 사람에 관한 정보나 개인이 아닌 법인에 관한 정보는 개인정보에 해당하지 않는다.

---

16) 개인정보보호법 제2조 제1호

## 개인정보의 범위

개인정보는 '개인에 관한 정보'이기 때문에 성명, 주민등록번호, 주소, 직업 등과 같은 사실적인 정보는 물론이고, 사회적 지위 등과 같은 개인에 관한 주관적인 평가 등도 이에 포함된다. 또한 특정인의 사상, 신념, 노동조합이나 정당의 가입·탈퇴, 정치적 견해, 건강, 성생활 등에 관한 정보도 그 사람의 개인정보에 해당한다.[17]

## 개인을 알아볼 수 있는 정보

개인정보는 '개인을 알아볼 수 있는 정보(다른 식별 정보와 쉽게 결합해서 개인을 알아볼 수 있는 정보 포함)'여야 하기 때문에, 통계자료에 나타난 정보와 같이 특정 개인을 알아 볼 수 없도록 만들어 놓은 정보는 개인정보에 해당하지 않는다. 그러나 가령 혈액형처럼 그것만 가지고는 누군지 알 수 없더라도, 주민등록번호 등과 같은 식별정보와 결합하면 그 혈액형이 누구의 것인지 알 수 있게 되므로, 이런 경우에는 혈액형도 개인정보가 될 수 있다. 마찬가지로 인터넷 사이트 등에 회원 가입할 때 기재하는 직업이나 출신학교 등도 그 자체만 가지고는 누군지 알 수 없지만, 그것을 주소 등과 같은 식별정보와 결합해 보면 그것이 누구에 대한 정보인지 알 수 있기 때문에 직업이나 출신학교 등도 개인정보가 될 수 있다.[18]

---

17) 개인정보보호법 제23조
18) 인터넷 사이트 회원 가입 시 회원들이 제공하는 정보는 물론이고, 로그 기록이나 쿠키 등과 같이 회원들이 인터넷 사이트를 이용함으로써 만들어지는 정보(생성정보)도 다른 정보와 결합해서 그 정보가 누구의 것인지를 특정할 수 있으면, 그러한 정보도 개인정보가 된다.

이와 관련해서, 휴대폰번호 뒤 4자리 숫자는 생일이나 기념일 또는 개인적으로 의미 있는 숫자로 구성되는 등 일정한 의미나 패턴을 가지고 있는 경우가 많기 때문에, 그 숫자만으로도 개인을 알아볼 수 있거나 적어도 다른 정보와 쉽게 결합해서 개인을 알아 볼 수 있다는 이유로 그것이 개인정보에 해당한다는 하급심 판례도 있다.[19]

## 영상정보도 개인정보에 해당한다

사람을 촬영한 영상도 개인정보에 해당하기 때문에 개인정보보호법에서는 CCTV 등의 설치·운영에 대해서도 이를 규제하고 있다.

### 마무리 정리

개인정보는 우리가 생각하는 것보다 그 범위가 훨씬 넓다. 따라서 개인에 관한 웬만한 정보는 거의 다 법률에 의해 보호받을 수 있는 개인정보에 해당한다고 보면 된다. 그러나 그 정보가 다른 정보와 결합해도 누구에 대한 정보인지 알 수 없는 경우, 또는 다른 정보와 결합하면 누구에 대한 정보인지는 알 수 있지만 쉽게 결합할 수 있는 경우가 아닌 경우에는 개인정보에 해당한다고 할 수 없다.

---

19) 대전지방법원 논산지원 2013. 8. 9. 선고 2013고단17 판결

# 4 누구나 개인정보보호법을 적용 받는 것은 아니다

A는 자신이 알고 지내는 B의 이름과 휴대폰 번호를 B의 동의 없이 친구 C에게 알려줬다.

이런 경우도 개인정보보호법 위반에 해당될까? B의 이름과 휴대폰 번호가 B의 개인정보에 해당한다는 데에는 이론의 여지가 없다. 그렇다면 이 경우는 A가 개인정보에 해당하는 B의 이름과 휴대폰번호를 B의 동의 없이 제공한 것이기 때문에 개인정보보호법을 위반한 것으로 보일 수도 있다.

살다보면 이런 경우는 수두룩하다. 그런데 이런 경우까지 규제하자고 들면 세상에 범법자 아닌 사람이 없을 지경이 되지 않을까? 그래서 개인정보보호법에서는 다른 사람의 개인정보와 관련된 행위를 하는 모든 사람을 규제 대상자로 삼고 있는 것이 아니라, 아래와 같은 일정한 사람들만을 그 적용대상자로 삼고 있다.

① 개인정보처리자
② 개인정보를 처리하는 자(개인정보를 처리하였던 자를 포함한다)
③ 업무수탁자, 영업양수인 등
④ 그밖에 개인정보보호법에서 금지하고 있는 행위를 한 자

## 개인정보처리자

### (1) 개인정보처리자란?

개인정보처리자란 '업무를 목적으로 개인정보파일을 운용하기 위하여 스스로 또는 다른 사람을 통하여 개인정보를 처리하는 공공기관, 법인, 단체 및 개인 등'을 말한다.[20] 여기서 '개인정보파일'은 '개인정보를 쉽게 검색할 수 있도록 일정한 규칙에 따라 체계적으로 배열하거나 구성한 개인정보의 집합물'을 의미하고,[21] '처리'는 '개인정보의 수집, 생성, 기록, 저장, 보유, 가공, 편집, 검색, 출력, 정정(訂正), 복구, 이용, 제공, 공개, 파기, 그 밖에 이와 유사한 행위'를 말한다.[22]

그러므로 일시적으로 개인정보를 보유하고 있는 등의 행위를 하는 자는 개인정보처리자라고 볼 수 없다.

### (2) 개인정보보호법의 적용대상자는 기본적으로 개인정보처리자다

개인정보처리자(법인회사인 경우는 법인, 개인회사인 경우는 그 대표, 단체인 경우는 단체)가 아닌 자는 개인정보보호법의 적용을 받지 않는 것이 원칙이다. 그렇기 때문에 개인정보처리자인 법인이나 개인회사 또는 단체 내에 있는 임직원은 뒤에서 볼 '개인정보를 처리하는 자'에 포함될 수는 있지만, 개인정보처리자에는 해당하지 않는다.

---

20) 개인정보보호법 제2조 제5호
21) 개인정보보호법 제2조 제4호
22) 개인정보보호법 제2조 제2호

# 개인정보를 처리하는 자

## (1) 개인정보를 처리하는 자는 개인정보처리자보다 넓은 개념이다

개인정보보호법에 등장하는 '개인정보처리자'(제2조 제5호)와 '개인정
보를 처리하는 자(개인정보를 처리하였던 자도 포함, 이하 '개인정보를 처리하는
자'로 통칭한다)'(제59조)는 똑같은 말일까? 그렇지 않다. 이들은 명확
히 구별되는 개념이다. '개인정보처리자'는 개인정보보호법에서 별
도의 정의규정을 두고 있기 때문에 그 정의규정에 딱 들어맞아야
만 이에 해당한다. 반면에 '개인정보를 처리하는 자'에 대해서는
별도의 정의규정이 없기 때문에 업무를 목적으로 개인정보파일을
운영하기 위해 개인정보를 처리하는 자일 필요까지는 없다.[23] 즉,
개인정보처리자를 포함하는 훨씬 넓은 개념이다.

그래서 개인정보를 보유하거나 저장 등을 하고 있기만 해도 개인정
보를 처리하는 자에 해당할 수 있다. 왜냐하면 개인정보를 보유하
거나 저장 등을 하는 행위도 앞서 본 '처리'에 해당하기 때문이다.
따라서 개인정보를 보유하거나 저장하는 등을 하는 개인정보처리
자의 임직원은 개인정보처리자까지는 아니더라도, 개인정보를 처리
하는 자에는 해당할 수 있다. 그렇다면 일반인들이 자신의 휴대폰
에 다른 사람의 이름과 휴대폰번호 등을 저장하는 것도 개인정보
를 처리하는 것에 해당하기 때문에, 휴대폰을 가지고 있는 모든 사
람들이 '개인정보를 처리하는 자'가 되는 기이한 현상이 발생한다.

---

23) 대법원 2016. 3. 10. 선고 2015도8766 판결

따라서 '개인정보처리자'와 마찬가지로 개인정보보호법 제59조에 나오는 '개인정보를 처리하는 자'에 대해서도 별도의 개념 정의가 필요하지 않을까 생각된다. 이와 관련해서 대법원은 위 '처리'에는 개인정보가 담긴 문서를 메일 등을 통해 송달하기만 하는 등의 단순 업무처리는 포함되지 않는다고 판결한 적은 있다.[24] 그렇지만 이것만으로는 개인정보를 처리하는 자의 범위가 어디까지인지 명확해지지 않는다.

개인정보를 처리하는 자 역시 개인정보와 관련된 모든 행위를 규제하는 것은 아니고, 개인정보보호법 제59조에서 규정하고 있는 3가지 경우만 규제하고 있다. 이에 대해서는 추후 살펴보겠다.

## (2) 개인정보를 처리하는 자를 별개로 규제하는 이유

개인정보보호법에서 개인정보처리자와는 별개로 '개인정보를 처리하는 자'를 법적용대상자로 규정하고 있는 데에는 그럴만한 이유가 있다. 만일 개인정보처리자만을 법적용대상자로 삼게 되면, 개인정보를 제3자에게 무단으로 제공하거나 유출 등을 한 자가 개인정보처리자가 아닌 그 임직원 등인 경우에는 이들을 규제할 근거가 없게 되기 때문이다. 그래서 개인정보보호법은 개인정보처리자는 아니지만 개인정보를 처리하는 자에 대해서도 개인정보보호법을 적용받도록 하기 위한 별도의 규정을 두고 있는 것이다.[25]

---

24) 대법원 2015. 7. 9. 선고 2013도13070 판결
25) 개인정보보호법 제59조

## 업무수탁자와 영업양수인

### (1) 개인정보처리자에게서 업무를 위탁받은 자

개인정보처리자가 개인정보 처리에 관한 업무를 외부에 위탁하는 경우가 종종 있다. 이 경우 업무를 위탁하는 자를 '위탁자'라 하고, 그 업무를 위탁받아 처리하는 자를 '수탁자'라고 한다. 위탁자는 개인정보처리자로서 개인정보보호법이 적용되고, 보통 수탁자도 개인정보처리자의 지위를 갖기 때문에 개인정보보호법이 그대로 적용된다고 보면 된다. 따라서 수탁자를 규율하는 규정을 특별히 둘 필요는 없지만, 개인정보보호법에서는 이를 명확히 하기 위해 별도의 규정을 두고 있다.[26]

### (2) 개인정보처리자에게서 영업양수 등을 받은 자

개인정보처리자는 자신의 영업을 양도하거나 합병 등을 할 수 있는데, 이 과정에서 개인정보처리자가 기존에 처리하고 있던 개인정보가 이전될 수 있다. 이 경우 개인정보처리자에게서 영업양도 등을 받은 자를 '영업양수인 등'이라고 한다. 개인정보보호법에서는 이러한 영업양수인 등에 대해서도 개인정보 처리를 규율하는 별도의 규정을 두고 있다.[27]

---

26) 개인정보보호법 제26조 제7항
27) 개인정보보호법 제27조 제2항 · 제3항

그밖에 법에서 금지하고 있는 행위를 한 자

개인정보처리자나 개인정보를 처리하는 자가 아니라도 개인정보보
호법에서 정한 일정한 행위를 위반하면 규제를 받을 수 있다.

## (1) 개인정보처리자 등에게서 개인정보보호법을 위반하여 개인정보를 제공받은 자

개인정보처리자나 개인정보를 처리하는 자가 개인정보보호법을 위
반하여 제3자에게 개인정보를 제공한 경우, 제공을 받은 제3자[28]
도 일정한 경우에는 개인정보보호법을 적용받는다.

## (2) 거짓 등 부정한 수단이나 방법으로 개인정보를 취득한 후 이를 영리 또는 부정한 목적으로 제3자에게 제공한 자와 이를 교사·알선한 자

개인정보처리자나 개인정보를 처리하는 자가 아니라도 누구든 거
짓 등 부정한 수단이나 방법으로 개인정보를 취득한 후 이를 영리
또는 부정한 목적으로 제3자에게 제공하거나 이를 교사 또는 알선
하는 경우에는(이하 '개인정보 부정취득 후 제공'이라고 함), 개인정보보호법
의 적용을 받는다.[29]

한편, 개인정보를 처리하는 자에 대해서도 거짓 등 부정한 수단이
나 방법으로 개인정보를 취득(이하 '개인정보 부정취득'이라고 함)하는 경
우를 금지하고 있는데 이에 대해서는 추후 자세히 살펴보겠다.

---

28) 개인정보보호법 제71조 제1호 · 제2호 · 제5호, 제72조 제2호 등
29) 개인정보보호법 제70조 제2호

이 둘은 상당히 비슷해 보이지만, 크게 두 가지 점에서 차이가 있다. ① '개인정보 부정취득 후 제공'은 누구든지 이 행위를 하면 제재를 받지만, '개인정보 부정취득'은 개인정보를 처리하는 자가 이러한 행위를 해야만 제재를 받는다. ② '개인정보 부정취득 후 제공'은 단순히 개인정보를 부정하게 취득한 것만으로는 부족하고 그 취득 후 영리 또는 부정한 목적으로 제3자에게 개인정보를 제공해야만 제재를 받지만, '개인정보 부정취득'은 개인정보를 처리하는 자가 부정하게 개인정보를 취득하기만 해도 제재를 받는다. 이처럼 '개인정보 부정취득 후 제공'이 되려면 여러 가지 요건들을 갖추어야 하기 때문에 '개인정보 부정취득'보다 형량이 훨씬 높다.

그렇다면 개인정보를 처리하는 자가 아닌 자가 '개인정보를 부정취득'만 했을 경우에는 어떻게 될까? 그것만으로는 규제할 수 없다. 그런데 이미 앞에서도 잠깐 살펴봤지만 단순히 개인정보를 보유하고 있거나 저장하고 있는 사람도 개인정보를 처리하는 자에 해당될 수 있기 때문에, 이론적으로는 웬만한 사람은 모두 개인정보를 처리하는 자가 될 수 있다. 다른 사람의 개인정보를 보유하거나 저장하고 있지 않은 사람이 과연 몇이나 될까? 이렇게 되면 웬만한 사람은 개인정보를 부정취득만 해도 제재를 받게 된다. 과연 이런 결과가 개인정보보호법 제59조 제1호의 입법취지에 부합한다고 할 수 있을까? 그런 의미에서라도 개인정보보호법 제59조에서 규정하고 있는 '개인정보를 처리하는 자'와 관련된 개념 정의가 필요하다고 할 수 있다.

## (3) 영상정보처리기기를 설치·운영하는 자

개인정보보호법에서는 CCTV 등 영상정보처리기기를 설치·운영하는 자를 규제하는 별도의 규정을 두고 있다.[30]

마무리 정리 ────────────────────────────

먼저 문제가 된 정보가 '개인정보'라고 판단되면, 다음으로는 개인정보와 관련된 행위를 한 자가 개인정보보호법의 적용을 받는 자인지 판단해야 한다. 즉, ① 개인정보처리자, ② 개인정보를 처리하는 자, ③ 업무수탁자·영업양수인 등, ④ 그밖에 개인정보보호법에서 금지하고 있는 행위를 한 자에 해당하는지 여부를 확인하면 된다.

누군가 개인정보와 관련된 어떤 행위를 했더라도 그가 위와 같은 개인정보보호법을 적용받는 대상자가 아니라면, 그의 행위가 다른 법률 등의 규율을 받는 것은 몰라도 일단 개인정보보호법의 규제는 받지 않는다. 혹시 그가 개인정보보호법을 적용받는 자에 해당하더라도 그가 한 행위가 개인정보보호법에서 정한 일정한 준수 행위 또는 금지 행위를 위반한 것이 아니라면 개인정보보호법 위반에는 해당하지 않는다. 따라서 이하에서는 그 적용대상자들의 준수 행위 또는 금지 행위에는 어떤 것들이 있는지에 대해 살펴보겠다.

---

30) 개인정보보호법 제25조

## 5 개인정보보호법에서 정한 일정한 준수 행위 또는 금지 행위

어떤 행위가 '개인정보'와 관련되어 있고, 그 행위자가 개인정보보호법을 적용받는 자라고 해도, 개인정보와 관련된 그의 모든 행위가 무조건 개인정보보호법 위반에 해당하는 것은 아니다. 개인정보보호법에서는 일정한 행위에 대해서만 그 위반의 책임을 묻고 있는데, 위반 정도에 따라 과태료 또는 형사처벌로 나눌 수 있다.

이하에서는 개인정보보호법에서 정하고 있는 준수 행위 또는 금지 행위를 법적용대상자에 따라 아래 순서로 살펴보겠다.

① 개인정보처리자의 준수 또는 금지 행위들
② 개인정보를 처리하는 자의 금지 행위들
③ 업무수탁자와 영업양수인 등의 준수 또는 금지 행위들
④ 그밖에 개인정보보호법에서 금지하고 있는 행위를 한 자의 금지 행위들

## 1. 개인정보처리자의 준수 또는 금지 행위들

개인정보보호법은 개인정보처리자의 준수 행위와 금지 행위에 대해 이것저것 많이 규정하고 있지만, 여기서는 개인정보처리자와 관련해서 가장 기본적으로 문제가 될 수 있는 행위들에 대해서만 살펴보고자 한다. 크게는 1) 개인정보 수집·이용, 2) 개인정보 제공, 3) 개인정보의 목적 외 용도 이용 및 4) 개인정보 처리 시 동의 방법, 5) 개인정보 관련 그 밖의 행위들로 나누어 볼 수 있다.

### (1) 개인정보 수집·이용

#### 1) 개인정보처리자가 개인정보를 수집·이용하려면?

개인정보처리자가 개인정보를 수집·이용하려면 원칙적으로 개인정보 주체에게서 동의를 받아야 하지만, 법률에 특별한 규정이 있는 경우 등에는 개인정보 주체의 동의 없이도 개인정보를 수집·이용할 수 있다.[31] 따라서 이러한 동의를 받지 않은 개인정보 수집·이용은 원칙적으로 법 위반에 해당하여 과태료가 부과된다.[32]

그렇다면 수집·이용 대상인 개인정보가 이미 공개된 것인 때에는 어떨까? 개인정보보호법에서는 수집·이용 대상인 개인정보가 공개된 것인지, 공개되지 않은 것인지를 구분해서 규정하고 있지는 않기 때문에 공개된 개인정보를 수집·이용할 때 그 개인정보 주체에게서 별도의 동의를 받아야 하는지 불분명하다.

---

31) 개인정보보호법 제15조 제1항 제1호
32) 개인정보보호법 제75조 제1항 제1호

甲회사는 乙대학교 홈페이지에 올라와 있는 A교수의 사진·성명·성별·출생연도·직업·직장·학력·경력 등의 개인정보를 수집하여 甲회사 사이트에서 회원들에게 유료로 제공했다.

이 사안에서 대법원은 개인정보 주체가 직접 또는 제3자를 통해 이미 공개한 개인정보는 공개 당시 그가 자신의 개인정보에 대한 수집이나 제3자 제공 등에 대해 일정 범위 내에서는 동의한 것으로 볼 수 있기 때문에 甲회사는 개인정보호보법을 위반한 것이 아니라고 판결한 적이 있다.[33]

따라서 개인정보처리자는 이미 공개된 개인정보에 대해서는 공개 당시 개인정보 주체의 동의가 있었다고 객관적으로 인정되는 범위 내에서 별도의 동의 없이도 개인정보를 수집·이용·제공 등을 할 수 있다. 물론 그런 경우에도 개인정보 주체의 요구가 있으면, 그 개인정보를 어떻게 수집했고, 수집 등의 목적이 무엇이며, 개인정보 처리정지를 요구할 권리가 있다는 사실을 개인정보 주체에게 알려줘야 하고,[34] 이를 위반하면 과태료를 부과받는다.[35]

한편, 개인정보처리자는 법률에 특별한 규정이 있는 경우 등에는 개인정보 주체의 동의 없이도 개인정보를 수집·이용할 수 있다.[36]

---

33) 대법원 2016. 8. 17. 선고 2014다235080 판결
34) 개인정보보호법 제20조 제1항
35) 개인정보보호법 제75조 제2항 제3호
36) 개인정보보호법 제15조 제1항 제2호~제6호

2) 개인정보처리자가 개인정보 수집·이용에 관한 동의를 받을 때, 개인정보 주체에게 반드시 알려야 하는 것들(법정고지사항)

개인정보 수집·이용에 대해 개인정보 주체에게서 동의를 받을 때, 개인정보처리자는 ① 개인정보를 수집하고 이용하는 목적, ② 어떤 개인정보를 수집할 것인지, ③ 개인정보를 얼마나 보유하고 이용할 것인지, ④ 개인정보 주체가 이러한 개인정보 수집에 대해 동의를 거부할 권리가 있다는 사실과 동의 거부에 따른 불이익이 있는 경우에는 어떤 불이익이 있는지 개인정보 주체에게 알려야 하고,[37] 이를 위반하면 과태료가 부과된다.[38]

3) 개인정보처리자는 필요 최소한의 개인정보만 수집해야 한다

개인정보처리자는 개인정보를 수집할 때 필요 최소한의 정보만 수집해야 한다.[39] 필요 최소한의 정보가 무엇인지에 대해 개인정보보호법에는 별도의 규정을 두고 있지 않지만, 정보통신망법에서 규정하고 있는 내용에 비추어 볼 때, 개인정보 처리와 관련된 본질적 기능을 수행하기 위해 반드시 필요한 정보라고 볼 수 있다.[40] 필요 최소한의 정보를 초과하는 개인정보 수집에 대해 개인정보 주체가 동의하지 않더라도, 개인정보처리자는 그에게 재화나 서비스의 제공을 거부해서는 안 된다.[41] 이를 위반하면 과태료가 부과된다.[42]

---

37) 개인정보보호법 제15조 제2항
38) 개인정보보호법 제75조 제2항 제1호
39) 개인정보보호법 제16조 제1항
40) 정보통신망법 제23조 제3항
41) 개인정보보호법 제16조 제3항
42) 개인정보보호법 제75조 제2항 제2호

4) 개인정보처리자가 개인정보 수집과 관련된 위반행위를 하면 형사처벌이 아닌 과태료가 부과된다

개인정보 수집과 관련된 법적용대상자는 개인정보처리자다. 그리고 개인정보 '수집'은 '제공'이나 '수집 목적 이외의 목적으로 이용하는 등 행위'에 비해 그 책임의 정도가 중하지 않다고 보기 때문에, 개인정보보호법에서는 개인정보처리자의 개인정보 수집과 관련된 법 위반행위에 대해서는 과태료를 부과하고 있을 뿐이다.

## (2) 개인정보 제공

1) 개인정보처리자가 개인정보를 제공하려면 개인정보 주체에게서 별도로 동의를 받아야 하지만, 법률에 특별한 규정이 있는 경우 등에는 개인정보 주체의 동의 없이도 개인정보를 제공할 수 있다

개인정보처리자는 원칙적으로 개인정보 주체에게서 동의를 받아야만 제3자에게 개인정보를 제공할 수 있다.[43] 따라서 개인정보 주체의 동의를 받지 않은 개인정보 제공은 법 위반에 해당하고, 이에 대해서는 개인정보 수집의 경우보다 중한 형사처벌에 처해진다.[44] 개인정보 주체에게서 개인정보 제공에 대한 동의를 받았다고 해도, 그 범위를 초과해서 제3자에게 개인정보를 제공하는 경우에는 다시 별도의 동의를 받아야 하는 것이 원칙이다.[45] 이를 위반하면 형사처벌에 처해진다.[46]

---

43) 개인정보보호법 제17조 제1항
44) 개인정보보호법 제71조 제1호
45) 개인정보보호법 제18조 제1항 · 제2항
46) 개인정보보호법 제71조 제2호

다만, 앞에서 살펴본 것처럼 개인정보처리자는 이미 공개된 개인정보에 대해서는 공개 당시 개인정보 주체의 동의가 있었다고 객관적으로 인정되는 범위 내에서는 별도의 동의 없이도 그 개인정보를 제3자에게 제공할 수 있고,[47] 법률에 특별한 규정이 있는 경우 등에도 개인정보 주체의 동의 없이 개인정보를 제공할 수 있다.[48]

따라서 개인정보처리자가 개인정보 주체의 동의 없이 개인정보를 제공했다고 해서 무조건 개인정보보호법에 위반되는 것은 아니다. 가령 검사나 수사기관의 장이 회사에 개인정보 관련 자료를 요청해서, 회사가 개인정보 주체의 동의 없이 검사나 수사기관의 장에게 개인정보를 제공했더라도, 그러한 제공이 법률적 근거가 있다면 법위반에 해당하지 않을 수 있다.[49]

2) 개인정보처리자가 개인정보 제공에 관한 동의를 받을 때, 개인정보 주체에게 반드시 알려야 하는 것들(법정고지사항)

개인정보 제공에 대해 개인정보 주체에게서 동의(최초 동의와 별도 동의 둘 다)를 받을 때, 개인정보처리자는 ① 누구에게 제공하는지, ② 제공받는 자가 어떤 목적으로 이용하는지, ③ 어떤 개인정보를 제공할 것인지, ④ 제공받은 자가 개인정보를 얼마나 보유하고 이용할 것인지, ⑤ 개인정보 주체가 이러한 개인정보 제공에 대해 거부할 권리가 있다는 사실과 동의 거부에 따른 불이익이 있는 경우에

---

47) 대법원 2016. 8. 17. 선고 2014다235080 판결
48) 개인정보보호법 제17조 제1항 제2호
49) 대법원 2016. 3. 10. 선고 2012다105482 판결

는 어떤 불이익이 있는지를 개인정보 주체에게 알려야 하고,[50] 그
렇지 않으면 법 위반에 해당하여 과태료를 부과받는다.[51]

3) 개인정보처리자는 개인정보 주체가 처음에 동의한 개인정보 제공 범위
를 초과하는 개인정보 제공에 대해 별도 동의를 하지 않는다고 해서, 개인
정보 주체에게 재화나 서비스 제공을 거부해서는 안 된다

개인정보처리자는 개인정보 주체가 처음에 동의한 개인정보 제공
범위를 초과해서 제3자에게 개인정보를 제공하는 경우에는 이에
대한 별도의 동의를 받아야 한다. 이때 개인정보 주체가 이에 대해
동의하지 않더라도 그에게 재화나 서비스의 제공을 거부해서는 안
된다.[52] 이를 위반하면 과태료가 부과된다.[53]

## (3) 개인정보의 목적 외 용도 이용

1) 개인정보의 목적 외 용도 이용은 개인정보 주체에게서 별도 동의를 받
아야 하지만 법률에 특별한 규정이 있는 경우 등에는 개인정보 주체의 동
의 없이도 개인정보를 목적 외의 용도로 이용할 수 있다

개인정보처리자는 개인정보 수집 시 이용 범위를 초과해서 개인정
보를 이용하기 위해서는 원칙적으로 개인정보 주체에게서 별도 동
의를 받아야 하고,[54] 이를 위반하면 형사처벌에 처해진다.[55] 그러

---

50) 개인정보보호법 제17조 제2항, 제18조 제3항
51) 개인정보보호법 제75조 제2항 제1호
52) 개인정보보호법 제22조 제5항
53) 개인정보보호법 제75조 제3항 제2호
54) 개인정보보호법 제18조 제1항
55) 개인정보보호법 제71조 제2호

나 개인정보처리자는 법률에 특별한 규정이 있는 경우 등에는 개인
정보 주체의 동의 없이도 개인정보를 목적 외의 용도로 이용할 수
있기 때문에[56] 개인정보 주체의 동의 없이 개인정보를 목적 외의
용도로 이용하는 것이 무조건 개인정보보호법 위반은 아니다.

2) 개인정보처리자가 개인정보의 목적 외 용도 이용에 대한 별도 동의를 받
을 때 개인정보 주체에게 꼭 알려야 하는 것들(법정고지사항)

개인정보의 목적 외 용도 이용에 대해 개인정보 주체에게서 동의를
받을 때, 개인정보처리자는 ① 누구에게 제공하는지, ② 어떤 목
적으로 이용하는지, ③ 어떤 개인정보를 이용할지, ④ 개인정보를
얼마나 보유하고 이용할지, ⑤ 개인정보 주체에게 동의를 거부할
권리가 있다는 사실과 동의 거부에 따른 불이익이 있는 경우에는
어떤 불이익이 있는지를 개인정보 주체에게 알려야 하고,[57] 그렇지
않으면 법 위반에 해당하여 과태료를 부과받는다.[58]

3) 개인정보처리자는 개인정보 주체가 개인정보의 목적 외 용도 이용에 대
해 별도 동의를 하지 않는다고 해서, 개인정보 주체에게 재화나 서비스 제
공을 거부해서는 안 된다

개인정보처리자는 개인정보 주체가 처음에 동의한 개인정보 이용
목적 범위를 초과하여 개인정보를 이용하는 경우에는 별도의 동의
를 받아야 한다. 이때 개인정보 주체가 이에 대해 동의를 하지 않

---

56) 개인정보보호법 제18조 제2항
57) 개인정보보호법 제18조 제3항
58) 개인정보보호법 제75조 제2항 제1호

더라도 개인정보처리자는 그에게 재화나 서비스의 제공을 거부해서는 안 된다.[59] 이를 위반하면 과태료가 부과된다.[60]

## (4) 개인정보 처리 시 동의 방법

### 1) 개인정보처리자는 개인정보 수집·이용·제공 등 개인정보 처리를 하고자 할 때, 사항 별로 각각 개인정보 주체의 동의를 받아야 한다

개인정보처리자는 개인정보를 수집·이용하거나 제3자에게 제공 등을 하고자 할 때는 사항별로 각각 동의를 받아야 한다. 즉, 개인정보의 수집·이용과 관련된 동의란과 제3자 제공에 관한 동의란 등을 별개로 만들어서 각각의 동의를 받아야 하고,[61] 거기에 더해서 필수적 동의 사항과 선택적 동의 사항을 구분해서 동의를 받아야 한다.[62] 만일 이러한 것들을 위반하면 과태료를 부과받는다.[63]

다만, 개인정보처리자가 위와 같은 동의를 받을 때 동의 사항 별로 동의란을 각각 만들어 놓기만 하면 되기 때문에, 가령 인터넷 사이트 회원 가입 등을 할 때 동의 사항 별로 동의란을 각각 만들어 놓은 상태에서, 이용자들의 편의를 위해 기술적으로 한 번에 전체 동의할 수 있도록 하는 것은 가능할 것으로 보인다.

---

59) 개인정보보호법 제22조 제5항
60) 개인정보보호법 제75조 제3항 제2호
61) 개인정보보호법 제22조 제1항
62) 개인정보보호법 제22조 제3항
63) 개인정보보호법 제75조 제3항 제2호

## 2) 법정고지사항이 있는 부분과 동의 여부 표시 부분은 서로 밀접하게 배치시켜야 한다

개인정보처리자는 동의를 받을 때, 개인정보 주체에게 알려야 하는 사항(법정고지사항)을 개인정보 주체가 명확하게 인지할 수 있도록 해야 한다.[64] 그렇기 때문에 법정고지사항 부분과 동의 여부 표시 부분을 밀접하게 배치해서 개인정보 주체가 법정고지사항을 인지한 상태에서 동의할 수 있도록 해야 한다. 이와 관련해서 개인정보보호법과 비슷한 규정을 두고 있는 정보통신망법 관련 사건이 있다.

> 정보통신서비스 제공자인 甲회사는 웹사이트의 이벤트 광고 팝업창을 통해 개인정보 수집 항목 및 목적 등 법정고지사항에 대한 안내 없이, '확인'을 클릭하면 개인정보 수집과 제3자 제공에 동의한 것으로 간주하는 방법으로 이용자의 개인정보를 수집해서 보험사 등에 제공했다.

이 사안에서 대법원은 팝업창 하단에 법정고지사항을 배치했다고 해도 이용자가 굳이 스크롤바를 내려야 법정고지사항을 볼 수 있는 구조이기 때문에, 이는 이용자가 법정고지사항을 명확히 인지할 수 있는 상태에서 동의 여부를 표시할 수 있는 배치가 아니라고 하여 甲회사는 이용자의 개인정보 수집 및 제공을 위한 적법한 동의를 받은 것이 아니라고 판결했다.[65]

---

64) 개인정보보호법 제20조 제1항
65) 대법원 2016. 6. 28. 선고 2014두2638 판결

3) 개인정보처리자는 민감정보와 고유식별정보를 수집할 때, 기본적으로는 개인정보 주체에게서 별도 동의를 받아야 한다

개인정보보호법에서는 개인정보처리자가 민감정보와 고유식별정보의 수집 등을 하려면 원칙적으로 다른 개인정보와는 구분해서 별도 동의를 받아야 하고[66], 이를 위반하면 형사처벌에 처해진다.[67] 다만, 고유식별번호 중 하나인 주민등록번호는 법률 등에서 주민등록번호의 처리를 요구하거나 허용하는 경우 등이 아니면, 개인정보 주체의 동의를 받더라도 수집 등을 할 수 없다. 이런 이유로 개인정보처리자들은 보통 주민등록번호 대신 생년월일만 수집한다.

'민감정보'란 '개인정보 주체의 사상·신념, 노동조합·정당의 가입·탈퇴, 정치적 견해, 건강, 성생활 등에 관한 정보, 유전자 검사 등의 결과로 얻어진 유전 정보, 범죄 경력 자료에 해당하는 정보'를 의미한다.[68]

'고유식별정보'는 '주민등록번호, 여권번호, 운전면허번호, 외국인등록번호' 등의 정보를 의미한다.[69] 특히 주민등록번호는 개인정보 주체의 동의를 받더라도 수집 등을 할 수 없기 때문에 별도 동의를 받아서 수집 등을 하더라도 과태료 부과대상이 되고,[70] 동의 없이 주민등록번호를 수집 등을 한 경우에는 형사처벌을 받는다.

---

66) 개인정보보호법 제23조 제1항, 제24조 제1항
67) 개인정보보호법 제71조 제3호·제4호
68) 개인정보보호법 제23조 제1항, 동법 시행령 제18조
69) 개인정보보호법 제24조 제1항, 동법 시행령 제19조
70) 개인정보보호법 제75조 제1항 제4호의2

4) 개인정보처리자는 개인정보 주체가 선택적 동의 사항에 동의하지 않는다고 해서 재화나 서비스 제공을 거부해서는 안 된다

개인정보처리자는 개인정보 주체에게서 동의를 받을 때, 필수적 동의 사항과 선택적 동의 사항을 구분해야 하는데, 이때 개인정보 주체가 선택적 동의 사항에 대해 동의하지 않더라도, 개인정보처리자는 그에게 재화나 서비스의 제공을 거부해서는 안 된다.[71] 이를 위반하면 과태료가 부과된다.[72]

## (5) 개인정보 관련 그 밖의 행위들

1) 개인정보처리자가 개인정보 처리 업무를 위탁할 때 준수할 사항

개인정보처리자가 제3자에게 개인정보 처리업무를 위탁하는 경우, 계약서 등 문서에 아래의 내용이 포함되어 있어야 한다.[73]

① 위탁업무 수행 목적 외 개인정보의 처리 금지에 관한 사항

② 개인정보의 기술적·관리적 보호 조치에 관한 사항

③ 위탁업무의 목적 및 범위

④ 재위탁 제한에 관한 사항

⑤ 개인정보에 대한 접근 제한 등 안전성 확보 조치에 관한 사항

⑥ 위탁업무와 관련하여 보유하고 있는 개인정보의 관리 현황 점검 등 감독에 관한 사항

⑦ 수탁자가 준수해야 할 의무를 위반한 경우의 손해배상 등 책임에 관한 사항

---

71) 개인정보보호법 제22조 제5항
72) 개인정보보호법 제75조 제3항 제2호
73) 개인정보보호법 제26조 제1항

만일 문서에 이러한 내용이 포함되어 있지 않거나 이러한 내용을 문서로 작성하지 않으면 과태료를 부과받는다.[74] 또한 제3자에게 개인정보 처리업무를 위탁하는 경우에 개인정보처리자는 개인정보 주체가 그 위탁 업무내용과 수탁자를 쉽게 확인할 수 있도록 인터넷 홈페이지 등에 공개해야 한다.[75]

### 2) 개인정보처리자가 개인정보를 이전할 때 준수할 사항

개인정보처리자가 영업양도 등의 이유로 제3자에게 개인정보를 이전하는 경우에는 아래의 사항들을 서면 등의 방법으로 개인정보 주체에게 알려야 하고,[76] 이를 위반하면 과태료를 부과받는다.[77]

① 개인정보를 이전하려는 사실
② 영업양수자등의 성명(법인의 경우에는 법인의 명칭), 주소, 전화번호 및 그 밖의 연락처
③ 개인정보 주체가 개인정보의 이전을 원하지 않는 경우에 취할 수 있는 방법 및 절차

한편, 개인정보 주체에게 알리는 방법과 관련해서 법령에서는 '서면 등'이라고만 규정하고 있을 뿐 그 구체적인 방법에 대해서는 특별히 언급하고 있지 않다. 그렇다면 그 방법으로는 서면 이외 전자메일 또는 문자 등의 방법도 가능할 것으로 보인다.

---

74) 개인정보보호법 제75조 제3항 제4호
75) 개인정보보호법 제26조 제2항, 동법 시행령 제28조 제2항·제3항
76) 개인정보보호법 제27조 제1항, 동법 시행령 제29조 제1항
77) 개인정보보호법 제75조 제3항 제6호

### 3) 개인정보 안전성 확보를 위한 조치 의무

개인정보처리자는 개인정보가 분실·도난·유출·위조·변조 또는 훼손되지 않도록 안전성 확보에 필요한 기술적·관리적·물리적 조치를 취해야 한다.[78] 이를 위반하면 과태료를 부과받고,[79] 만일 이로 인해 개인정보가 분실·도난·유출·위조·변조 또는 훼손되는 경우에는 형사처벌에 처해진다.[80]

보통 이러한 개인정보 안전성 확보 조치와 관련해서 가장 많이 문제되는 것이 바로 개인정보 해킹인데 이런 경우는 개인정보보호법이 아니라 정보통신망법이 적용된다. 정보통신망법에서도 정보통신서비스 제공자에게 위와 같은 개인정보 안전성 확보를 위한 조치의무를 부과하고 있다.[81] 그렇다면 해킹으로 개인정보가 유출되었을 때 정보통신서비스 제공자는 이용자에 대해 무조건 책임을 져야 하는 걸까?

꼭 그런 것은 아니다. 해킹에 의한 개인정보 유출 사고 당시 보편적으로 알려져 있는 정보 보안의 기술 수준, 정보통신서비스 제공자의 업종, 영업 규모와 정보통신서비스 제공자가 취하고 있는 전체적인 보안 조치의 내용, 정보 보안에 필요한 경제적 비용 및 효용의 정도, 해킹 기술의 수준과 정보 보안의 발전 정도에 따른 피해 발생 회피 가능성, 정보통신서비스 제공자가 수집한 개인정보의 내용

---

78) 개인정보보호법 제29조
79) 개인정보보호법 제75조 제2항 제6호
80) 개인정보보호법 제73조 제1호
81) 정보통신망법 제28조

과 개인정보의 유출로 인해 이용자가 입게 되는 피해의 정도 등을
종합적으로 고려하여, 정보통신서비스 제공자가 해킹 당시 사회통
념상 합리적으로 기대 가능한 정도의 보호 조치를 다하였는지 여
부에 따라 그 책임 유무가 판가름 난다.[82]

가령 정보통신서비스 제공자가 정보통신부장관이 마련한 개인정보
의 기술적·관리적 보호 조치 기준에서 정하고 있는 조치를 다하였
다면, 특별한 사정이 없는 한 정보통신서비스 제공자는 개인정보의
안전성 확보에 필요한 보호 조치를 다하였다고 할 수 있다.[83]

### 4) 개인정보처리방침과 개인정보 보호책임자의 지정 의무

개인정보처리자는 일정한 사항이 포함된 개인정보처리방침을 정해
야 하고,[84] 개인정보의 처리에 관한 업무를 총괄해서 책임질 개인
정보 보호책임자를 지정해야 한다.[85] 만일 이를 위반하면 과태료
를 부과받는다.[86] 정보통신망법도 이와 비슷한 규정을 두고 있는
데, 홈페이지 등 인터넷 사이트의 화면 하단 부분에 '개인정보처리
방침'과 '개인정보 보호책임자'에 관한 내용이 게재되어 있는 것은
바로 이러한 규정들 때문이다.

---

82) 대법원 2015. 2. 12. 선고 2013다43994 판결
83) 대법원 2015. 2. 12. 선고 2013다43994 판결
84) 개인정보보호법 제30조
85) 개인정보보호법 제31조
86) 개인정보보호법 제75조 제3항 제7호 · 제8호

## 5) 개인정보 주체가 개인정보 열람·정정·삭제·처리정지를 요구할 때

개인정보처리자는 개인정보 주체에게서 자신의 개인정보에 대해 열람·정정·삭제·처리정지 요구를 받으면, 법에서 정한 특별한 사정이 없는 한 그 요구에 응해야 한다.[87] 개인정보처리자가 특별한 사정없이 열람을 제한하거나 거절하면 과태료를 부과받고,[88] 정정·삭제 등 필요한 조치를 하지 않아도 과태료를 부과받는다.[89] 만일 정정·삭제 등 필요한 조치를 하지 않은 것에 그치지 않고 개인정보를 계속 이용하거나 제3자에게 제공하면 형사처벌을 받는다.[90] 한편, 처리가 정지된 개인정보에 대하여 파기 등 필요한 조치를 취하지 않으면 과태료를 부과받고,[91] 만일 이에 그치지 않고 계속 이용하거나 제3자에게 제공하면 형사처벌을 받는다.[92]

## 6) 개인정보를 파기할 때 지켜야 할 사항

개인정보처리자는 보유기간이 지났거나 처리 목적이 달성된 개인정보는 곧바로 파기해야 하고,[93] 이를 위반하면 과태료를 부과받는다.[94] 다만, 다른 법령에 따라 개인정보를 보존해야 하는 경우에는 그 법령에 따라야 한다.[95]

---

87) 개인정보보호법 제35조, 제36조, 제37조
88) 개인정보보호법 제75조 제2항 제10호
89) 개인정보보호법 제75조 제2항 제11호
90) 개인정보보호법 제73조 제2호
91) 개인정보보호법 제75조 제2항 제12호
92) 개인정보보호법 제73조 제3호
93) 개인정보보호법 제21조 제1항 본문
94) 개인정보보호법 제75조 제2항 제4호
95) 개인정보보호법 제21조 제1항 단서

## 2. 개인정보를 처리하는 자의 금지 행위들

지금까지는 개인정보처리자가 개인정보 처리와 관련하여 준수해야 하는 행위들에 대해 살펴보았다. 다음으로는 개인정보처리자를 포함하는 더 넓은 개념인 '개인정보를 처리하는 자'의 금지 행위들에 대해 살펴보겠다.

개인정보와 관련해서 개인정보를 처리하는 자가 하지 말아야 하는 금지 행위는 다음 3가지 유형이다.[96)]

① 거짓이나 그 밖의 부정한 수단이나 방법으로 개인정보를 취득하거나 처리에 관한 동의를 받는 행위

② 업무상 알게 된 개인정보를 누설하거나, 다른 사람이 이용하도록 정당한 권한 없이 제공하는 행위

③ 정당한 권한 없이 또는 허용된 권한을 초과하여 다른 사람의 개인정보를 훼손, 멸실, 변경, 위조 또는 유출하는 행위

위 금지 행위에 관한 규정은 보통 개인정보처리자의 임직원에게 적용되는 경우가 대부분이고 이를 위반하면 형사처벌에 처해진다.[97)] 가령 기자가 취재 도중 알게 된 사람의 성명, 주소 등을 기사에 쓰는 것도 개인정보를 처리하는 자가 업무상 알게 된 개인정보를 누설하는 것에 해당된다.[98)]

---

96) 개인정보보호법 제59조
97) 개인정보보호법 제71조 제5호 · 제6호, 제72조 제2호
98) 서울서부지방법원 2015. 12. 18. 선고 2015고정1144 판결

## 3. 업무수탁자와 영업양수인 등의 준수 또는 금지 행위들

### (1) 업무수탁자의 준수 또는 금지 행위

수탁자는 위탁자에게서 위탁받은 업무 범위를 초과해서 개인정보를 이용하거나 제3자에게 제공하면 형사처벌을 받는다.[99] 그리고 수탁자는 통상 개인정보처리자의 지위를 갖기 때문에, 개인정보처리자로서 지켜야 하는 준수 또는 금지 행위를 위반한 경우에는 그에 따른 제재를 받는다.[100]

### (2) 영업양수인 등의 준수 또는 금지 행위

영업양수인 등은 개인정보를 이전받게 된 사실을 개인정보 주체에게 알려야 하고,[101] 이를 위반한 경우에는 과태료를 부과받는다.[102] 다만, 영업양도 등을 한 개인정보처리자가 이미 알린 경우에는 다시 알릴 필요 없다.[103] 개인정보를 이전 받은 영업양수인 등은 이전 당시의 목적으로만 개인정보를 이용하거나 제3자에게 제공해야 하고, 이를 위반하면 형사처벌을 받는다.[104] 개인정보보호법에서는 '영업양수인 등은 개인정보처리자로 본다'는 별도의 규정[105]을 두고 있기 때문에 개인정보처리자로서 지켜야 하는 준수 또는 금지 행위를 위반한 경우에도 그에 따른 제재를 받는다.

---

99) 개인정보보호법 제26조 제5항, 제71조 제2호
100) 개인정보보호법 제26조 제7항
101) 개인정보보호법 제27조 제2항 본문
102) 개인정보보호법 제75조 제3항 제6호
103) 개인정보보호법 제27조 제2항 단서
104) 개인정보보호법 제27조 제3항, 제71조 제2호
105) 개인정보보호법 제27조 제3항

## 4. 그밖에 개인정보보호법에서 금지하고 있는 행위를 한 자의 금지 행위들

### (1) 개인정보처리자 등에게서 개인정보보호법을 위반하여 개인정보를 제공받은 자의 금지 행위

개인정보보호법을 위반하여 제3자에게 개인정보를 제공한 개인정보처리자나 개인정보를 처리하는 자도 형사처벌을 받지만, 제공을 받은 제3자도 똑같은 형량의 형사처벌을 받는다. 그러나 개인정보를 제공받는 자는 개인정보를 제공받았다고 해서 무조건 형사처벌을 받는 것은 아니고, 개인정보를 제공하는 자가 개인정보보호법을 위반한 것을 알면서 개인정보를 제공받았거나[106] 알면서 영리 또는 부정한 목적으로 개인정보를 제공받는 경우[107]에만 형사처벌을 받는다.

한편, 개인정보보호법에서는 개인정보처리자에게서 개인정보를 제공받은 자는 개인정보 주체에게서 별도의 동의를 받거나 다른 법률에서 특별한 규정을 하고 있는 경우를 제외하고 그 제공받은 개인정보를 목적 외의 용도로 이용하거나 제3자에게 제공해서는 안 된다.[108] 이를 위반하면 형사처벌을 받는다.[109]

---

106) 개인정보보호법 제71조 제1호
107) 개인정보보호법 제71조 제2호 · 제5호, 제72조 제2호
108) 개인정보보호법 제19조
109) 개인정보보호법 제71조 제2호

## (2) 개인정보 부정취득 후 제공한 자 등의 금지 행위

개인정보처리자인지 또는 개인정보를 처리하는 자인지 여부와는 무관하게 누구든 거짓 등 부정한 수단이나 방법으로 개인정보를 취득한 후 이를 영리 또는 부정한 목적으로 제3자에게 제공하거나 이를 교사 또는 알선하는 경우에는 형사처벌을 받게 된다.[110]

하지만 단순히 개인정보를 부정취득한 것만으로는 부족하고, 부정취득 후 영리 또는 부정한 목적으로 제3자에게 제공한 경우에만 위 규정이 적용된다. 이에 반해서, 개인정보를 처리하는 자가 개인정보를 부정취득한 경우에는 그 자체만으로도 형사처벌의 대상이 된다.[111]

## (3) 영상정보처리기기를 설치·운영하는 자의 준수 또는 금지 행위

개인정보보호법에서는 일정한 경우를 제외하고는 영상정보처리기기를 설치 운영해할 수 없고, 이를 위반하면 과태료를 부과받는다.[112] 그런데 우리는 어디를 가든 CCTV를 쉽게 볼 수 있다. 이건 왜 그럴까? 이는 위에서 언급한 바와 같이 예외적으로 CCTV 등 영상정보처리기기를 설치할 수 있는 '일정한 경우' 때문이다. 범죄의 예방과 수사 그리고 시설 안전과 화재 예방 등을 위해서는 영상정보처리기기를 설치·운영할 수 있다. 그래서 대부분의 건물 등에 설치된 CCTV는 이러한 목적으로 운영되는 것이라고 보면 된다.

---

110) 개인정보보호법 제70조 제2호
111) 개인정보보호법 제59조 제1호, 제72조 제2호
112) 개인정보보호법 제25조 제1항, 제75조 제2항 제7호

CCTV 등을 설치·운영하기 위해서는 일반인이 쉽게 볼 수 있는 곳에 아래 내용이 담긴 안내판을 설치해야 하고, 이를 위반하면 과태료를 부과받는다.[113]

① 설치 목적 및 장소

② 촬영 범위 및 시간

③ 관리책임자 성명 및 연락처

한편, CCTV 등을 합법적으로 설치·운영하는 경우라도, CCTV 등을 임의로 조작하거나 다른 곳을 비춰서는 안 되고 녹음을 해서도 안 된다. 만일 이를 위반하면 형사처벌을 받는다.[114]

## 마무리 정리

지금까지 살펴본 바와 같이, 누군가가 어떤 정보와 관련된 행위를 했을 때 그 행위가 개인정보보호법을 위반했는지는 기본적으로 3가지 단계를 거쳐서 판단한다. 첫째, 그 정보가 개인정보에 해당하는지, 둘째, 개인정보에 해당하면 그 행위자가 개인정보보호법에 의해 규율을 받는 자인지, 셋째, 그 자의 행위가 개인정보보호법에서 정한 준수 행위나 금지 행위를 위반했는지 여부다.

---

113) 개인정보보호법 제25조 제4항, 제75조 제3항 제3호
114) 개인정보보호법 제25조 제5항, 제72조 제1호

# 6 개인정보보호법과 비슷한 정보통신망법의 개인정보 보호규정

**정보통신망법의 개인정보 관련규정들도 개인정보보호법과 크게 다르지 않다**

개인정보보호법이 만들어지기 전부터 정보통신망법을 비롯한 많은 법률에서는 이미 개인정보와 관련된 여러 규정들을 두고 있었다. 그런 여러 법률들에 산재되어 있던 개인정보 관련규정들 가운데 공통되는 내용 등을 한데 모아서 만든 법이 바로 개인정보보호법이기 때문에 정보통신망법의 개인정보 관련규정들과 개인정보보호법의 내용들은 상당 부분 비슷할 수밖에 없다. 그렇기 때문에 여기서는 정보통신망법에 규정된 개인정보 관련규정들[115]을 하나하나 살펴보기보다는, 개인정보보호법의 내용과 다르거나 정보통신망법에만 있는 특별한 규정들에 대해서만 알아보도록 한다.

**정보통신망에서 발생한 개인정보 관련행위의 정보통신망법 위반 여부는 개인정보보호법에서와 동일한 순서로 판단한다**

정보통신망상에서 발생한 개인정보 관련행위가 정보통신망법을 위반했는지 여부도 앞서 본 개인정보보호법에서의 판단 순서에 따라 ① 정보통신망법상의 '개인정보'에 해당하는지, ② 개인정보에 해당한다면 개인정보와 관련된 행위를 한 자가 정보통신망법의 적용을 받는 자인지, ③ 그 자의 행위가 정보통신망법의 준수 또는 금지 행위를 위반했는지 여부를 판단하면 된다.

---

115) 정보통신망법 제22조~제32조의3

## 7 개인정보보호법과 구별되는 정보통신망법의 개인정보 관련 내용

정보통신망법의 기본 적용대상자는 정보통신서비스 제공자다

개인정보보호법의 법적용대상자는 기본적으로 '개인정보처리자'이지만, 정보통신망법의 법적용대상자는 '정보통신서비스 제공자'이다. 정보통신서비스 제공자는 대부분 개인정보처리자라고 할 수 있지만, 개인정보처리자는 늘 정보통신서비스 제공자인 것은 아니기 때문에 개인정보와 관련된 행위를 한 자에게 정보통신망법을 적용할지 개인정보보호법을 적용할지는 그가 정보통신서비스 제공자[116]인지 여부에 달려 있다. 만일 그가 정보통신서비스 제공자에 해당한다면, 개인정보와 관련된 그의 행위는 기본적으로는 정보통신망법을 적용하면 되는데, 만일 그 행위에 대해 적용할 정보통신망법 규정이 별도로 없는 경우에는 개인정보보호법을 살펴보면 된다.

정보통신망 서비스 이용자의 동의를 받지 않고 개인정보를 '수집'한 경우에는 형사처벌을 받는다

개인정보보호법에서는 개인정보처리자가 개인정보 주체의 동의를 받지 않고 개인정보를 '수집'하면 과태료를 부과하는 반면,[117] 정보통신망법에서는 정보통신서비스 제공자가 이용자의 동의 없이 개인정보를 '수집'하면 형사처벌에 처한다.[118]

---

116) 전기통신사업법 제2조 제8호에 따른 전기통신사업자와 영리를 목적으로 전기통신사업자의 전기통신역무를 이용하여 정보를 제공하거나 정보의 제공을 매개하는 자를 말한다.
117) 개인정보보호법 제75조 제1항 제1호
118) 정보통신망법 제71조 제1항 제1호

정보통신서비스 제공자가 제3자에게 개인정보 처리업무를 위탁할 때는 이용자에게서 별도의 동의를 받아야 한다.

개인정보보호법에서는 개인정보처리자가 수탁자에게 개인정보 처리업무를 위탁하는 경우에 이에 대해 개인정보 주체에게서 동의를 받아야 한다는 별도의 규정을 두고 있지 않은 반면, 정보통신망법에서는 정보통신서비스 제공자가 제3자에게 개인정보 처리업무를 위탁하는 경우에 이용자에게서 동의를 받도록 하고 있고, 이를 위반하면 형사처벌을 받게 하고 있다.[119]

정보통신서비스 제공자에게서 영업양수 등을 받은 자(영업양수인 등)는 예외 없이 그 사실을 이용자에게 알려야 한다

개인정보보호법에서는 개인정보처리자가 영업양도 등으로 개인정보를 영업양수인 등에게 이전할 때 그 사실을 미리 개인정보 주체에게 알렸다면, 영업양수인 등이 굳이 다시 알릴 필요가 없다는 중복회피규정을 두고 있다.[120] 그러나 정보통신망법에서는 이러한 중복회피규정을 별도로 두고 있지 않기 때문에 정보통신서비스 제공자가 영업양도 등으로 개인정보를 영업양수인 등에게 이전할 때 그 사실을 미리 이용자에게 알렸더라도, 영업양수인 등은 영업양수 등으로 개인정보를 이전받을 때 이용자에게 그 사실 등을 또 다시 알려야 하고, 이를 위반하면 과태료를 부과받는다.[121]

---

119) 정보통신망법 제71조 제1항 제4호
120) 개인정보보호법 제27조 제2항 단서
121) 정보통신망법 제76조 제2항 제2호

## 개인정보를 처리하고 있는 자(개인정보를 처리하였던 자 포함)의 금지 행위

개인정보보호법은 법적용대상자 중 하나인 '개인정보를 처리하는 자'에게 3가지 금지 행위를 규정하고 있는 반면,[122] 정보통신망법은 법적용대상자인 '개인정보를 처리하고 있는 자'에게 '직무상 알게 된 개인정보를 훼손·침해 또는 누설'만을 금지하고 있다.[123]

여기서 '누설'은 개인정보가 정보통신서비스 제공자의 관리·통제권을 벗어나 제3자가 그 내용을 알 수 있는 상태에 있는 경우를 의미하기 때문에, 개인정보가 정보통신서비스 제공자의 관리·통제하에 있고 그 개인정보가 제3자에게 실제 열람되거나 접근되지 않은 상태라면 개인정보가 누설됐다고 볼 수는 없다.[124]

한편, 개인정보보호법에서는 '개인정보를 처리하는 자'가 처리하는 개인정보가 어떤 개인정보인지 특별히 한정하고 있지 않은 반면, 정보통신망법에서는 '개인정보를 처리하고 있는 자'가 처리하는 개인정보는 '이용자'의 개인정보라고 특정하고 있다. 따라서 '이용자' 즉, 정보통신서비스 제공자가 제공하는 정보통신 서비스를 이용하는 자[125]가 아닌 경우에는 개인정보보호법 제59조가 적용될 수는 있을지 몰라도, 정보통신망법의 위 규정은 적용되지 않는다.

---

122) 개인정보보호법 제59조
123) 정보통신망법 제28조의2 제1항
124) 대법원 2014. 5. 16. 선고 2011다24555 판결
125) 정보통신망법 제2조 제1항 제4호

다만, 여기서 '이용자'라고 할 때, 이용자와 정보통신서비스 제공자 사이에는 일정한 관계가 전제되어 있는 것처럼,[126] 이용자와 개인 정보를 처리하고 있는 자 사이에도 일정한 관계가 있어야 하는지에 대해서는 불분명하다.

개인정보와 관련하여 누구에게나 금지되는 행위들

### (1) 정보통신망에 의해 처리·보관 또는 전송되는 타인의 정보를 훼손하거나 타인의 비밀을 침해·도용·누설하는 행위

개인정보보호법은 개인정보를 처리하는 자가 '정당한 권한 없이 또는 허용된 권한을 초과해서 다른 사람의 개인정보를 훼손·멸실·변경·위조 또는 유출하는 것'을 금지하고 있고,[127] 이를 위반하면 형사처벌을 받는다.[128] 이에 비해, 정보통신망법에서는 누구든지 '정보통신망에 의해 처리·보관 또는 전송되는 타인의 정보를 훼손하거나 타인의 비밀[129]을 침해·도용 또는 누설하는 것'을 금지하고 있고,[130] 이를 위반하면 형사처벌에 처하고 있다.[131]

---

126) 예를 들어, 이용자의 개인정보 수집과 관련하여 정보통신서비스 제공자가 정보통신망법을 위반했는지를 판단할 때의 '이용자'는 해당 정보통신망서비스 제공자에게서 정보통신서비스를 제공받아 이용하는 관계에 있는 자를 의미하는 것이지, 다른 정보통신서비스 제공자의 정보통신서비스를 제공받는 이용자는 이에 해당하지 않는다(대법원 2013. 10. 17. 선고 2012도4387 판결).

127) 개인정보보호법 제59조 제3호

128) 개인정보보호법 제71조 제6호

129) '타인의 비밀'이란 일반적으로 알려지지 않은 사실로서 이를 다른 사람에게 알리지 않는 것이 본인에게 이익이 되는 것을 의미한다(대법원 2012. 12. 13. 선고 2010도10576 판결).

130) 정보통신망법 제49조

131) 정보통신망법 제71조 제1항 제11호

위 규정들을 비교해 보면 몇 가지 차이점이 있다. 먼저 주체를 보면, 개인정보보호법은 '개인정보를 처리하는 자'인 반면, 정보통신망법은 '누구든지'이다. '훼손'의 대상과 관련해서도 개인정보보호법은 '개인정보'인 반면, 정보통신망법은 '타인의 정보'여서 개인정보보다는 그 범위가 좀 더 넓다. 또한 유출 또는 누설의 대상도 개인정보보호법은 '개인정보'인 반면, 정보통신망법은 '타인의 비밀'이다. 마지막으로 정보통신망법은 '정보통신망에 의하여 처리·보관 또는 전송되는' 타인의 정보 또는 타인의 비밀을 전제로 하는 반면, 개인정보보호법은 이에 대한 특별한 제한을 두고 있지 않다. 따라서 정보통신망에 의해 처리 등이 되는 타인의 정보 등이 아니면 정보통신망법을 적용할 수는 없다. 다만, 이러한 경우에는 개인정보보호법이 적용되는지는 별도로 판단해 볼 필요는 있다.

그리고 위에서 말하는 '타인의 비밀 누설'은 타인의 비밀이 누설되는 모든 경우를 의미하는 것이 아니라, 정보통신망에 의해 처리·보관 또는 전송되는 타인의 비밀을 해킹 등 부정한 수단이나 방법으로 취득한 사람 등이 그 비밀을 모르는 누군가에게 알려주는 것으로 제한해서 해석하는 것이 타당하다.[132] 따라서 정보통신망에 의해 처리·보관 또는 전송되는 타인의 비밀을 부정한 수단이나 방법에 의해 취득한 후에 이를 누설한 것이 아니라, 그저 단순히 누설만 한 경우에는 위 규정을 적용할 수 없다.

132) 대법원 2012. 12. 13. 선고 2010도10576 판결

## (2) 정보통신망을 통해 다른 사람을 속여서 그 사람의 정보를 수집하거나 다른 사람이 정보를 제공하도록 유인하는 행위

개인정보보호법은 개인정보를 처리하는 자가 '거짓이나 그 밖의 부정한 수단이나 방법으로 개인정보 처리에 관한 동의를 받는 것'을 금지하고 있고,[133) 위반하면 형사처벌에 처한다.[134) 이에 비해 정보통신망법에서는 누구든지 '정보통신망을 통해 다른 사람을 속여서 그 사람의 정보를 수집하거나 다른 사람이 정보를 제공하도록 유인하는 것'을 금지하고 있고,[135) 위반하면 형사처벌에 처한다.[136)

위 규정들에서 먼저 주체를 보면, 개인정보보호법은 '개인정보를 처리하는 자'이지만 정보통신망법은 '누구든지'이다. 방법적인 측면에서 개인정보보호법은 '거짓 등 부정한 수단이나 방법'인 반면, 정보통신망법은 '속이는 것'으로 한정하고 있다. 행위와 관련해서 개인정보보호법은 개인정보 '처리에 관한 동의를 받는 것'인 반면, 정보통신망법은 '수집하거나 제공하도록 유인하는 것'으로 한정하고 있다. 대상과 관련해서는 개인정보보호법은 '개인정보'인 반면, 정보통신망법은 '사람의 정보'로 범위가 더 넓다. 마지막으로 정보통신망법은 '정보통신망을 통한' 경우인 반면, 개인정보보호법은 이에 대한 특별한 제한을 두고 있지 않기 때문에 정보통신망을 통한 경우가 아니면 정보통신망법을 적용할 수 없다. 다만, 개인정보보호법이 적용되는지는 별도로 판단해 볼 필요는 있다.

---

133) 개인정보보호법 제59조 제1호
134) 개인정보보호법 제71조 제5호
135) 정보통신망법 제49조의2 제1항
136) 정보통신망법 제72조 제1항 제2호

# 04

■

# 비상장주식을 양도하거나 증자할 때,
# 주식가액은 얼마로 해야 할까?

## 비상장주식을 양도하거나 증자할 때 주식가액을 얼마로 해야 할지 한번쯤은 고민하게 된다

주식회사를 운영하다보면 주식가액 때문에 한 번쯤은 고민하게 된다. 어떤 이유에서든 주식을 다른 사람에게 양도해야 하는 경우도 있고, 회사 자본을 늘리기 위해 증자를 해야 하는 경우도 있기 때문이다. 그럴 때마다 누군가는 주식을 팔고, 누군가는 그 주식을 산다. 그럼 주식을 대체 얼마에 사고 팔아야 할까?

## 실무에서는 액면가액 그대로 적용하는 경우가 많다

상장주식이라면 '시가'가 존재하지만, 통상 비장상주식은 거래가 거의 없어서 시가라는 것이 존재하지 않는다. 그래서 실무에서는 비상장주식(이하 '주식' 또는 '비상장주식'이라고 칭하고, 상장주식을 언급할 때는 '상장주식'이라고 표기함)을 액면가액(최초 주식을 발행할 때의 가액)으로 양도하거나 증자하는 경우가 많다.

액면가액으로 주식을 양도하거나 증자해도 그동안 별 탈이 없었던 건 세무서가 모든 거래를 다 확인할 수 없기 때문이다

"어차피 비상장주식인데 액면가액으로 한다고 해서 문제될 게 있을까?"라고 생각할 수도 있다. 그러나 주식을 양도하거나 증자할 때 주식가액을 얼마로 하느냐 하는 것은 세금과 밀접하게 관련되어 있다. 그런데도 그동안 별 탈 없이 지나온 건 세무서에서 주식양도나 증자와 관련된 모든 거래들을 다 들여다 볼 수 없기 때문이라고 보면 된다. 주식 양도 금액이나 증자 금액이 그다지 크지 않은 경우라면 더욱 그럴 것이다.

## 그래도 원칙은 알아 두자

그렇다고 해도 원칙은 알고 있어야 한다. 일반적으로 비상장주식은 객관적인 시가가 존재하지 않지만 비상장주식의 가액을 얼마로 할지는 기본적으로는 세금과 연결되어 있고, 특히 증자의 경우는 회사로 들어오는 돈이 얼마나 되는지와 관련되어 있기 때문에, 세법이나 상법에서 비상장주식의 가액을 어떻게 그리고 어느 범위까지 인정하고 있는지에 대해 살펴볼 필요가 있다.

따라서 이하에서는 먼저 비상장주식의 가액을 산정하는 방법에 대해 알아보고, 다음으로 비상장주식을 양도하거나 증자할 때 주식가액에 따라 발생할 수 있는 세금과 상법적인 이슈 등에 대해 살펴보도록 하겠다.

## 1 비상장주식가액을 산정하는 방법

비상장주식의 가액은 시가를 원칙으로 하고,
시가를 알 수 없을 때는 시가를 대체할 수 있는 가액으로 한다

시가는 불특정 다수인들 사이에서 자유로운 거래를 통해 형성된
다. 그런데 앞서도 말했지만 비상장주식은 거래가 거의 없어서 딱
히 '시가'라고 할 만한 것이 없다. 그런데도 비상장주식을 양도 등
을 할 때는 원칙적으로는 시가로 해야 하고, 그것이 없을 때에는
이를 대체할 수 있는 가액으로 해야 한다.

### 비상장주식의 시가

비상장주식이라도 시가가 존재하는 경우도 있다. 한국금융투자협
회가 개설해서 운영하고 있는 'K-OTC' 시장 등에서 거래되는 비
상장주식들이 그런 경우에 해당된다. 그러나 여기서 거래되는 비상
장주식들은 장외에서도 거래가 활발하게 이루어지는 것들이기 때
문에 우리가 주위에서 흔히 볼 수 있는 일반적인 비상장주식과는
상당한 거리가 있다.

그렇다고 해도 거래할 때는 주식가액을 정하긴 해야 한다. 비상장
주식가액은 기본적으로 양도할 때는 당사자들이 정하고, 증자할
때는 회사 측에서 정한다. 비상장주식을 양도할 때 당사자들이 정
하는 가액을 실지거래가액이라고 하는데 시가가 없는 상황에서 실
지거래가액을 얼마로 할지가 문제된다.

실지거래가액은 당사자들이 협상을 통해 정하는 것이기 때문에 원칙적으로는 그 가액을 얼마로 정하든 문제될 게 없다. 하지만 순전히 거래 당사자에게만 맡겨두면, 부당하게 세금을 줄이거나 당사자 중 일방에게 이익을 주려는 등의 목적으로 지나치게 높거나 낮은 가액으로 정하는 경우가 생긴다. 그래서 이를 방지하고, 가액에 관한 일정한 기준을 제시하기 위해, 세법에서는 시가 또는 실지거래가액으로 인정해 주는 가액을 별도로 정해놓고 있다.

## 비상장주식의 시가 또는 실지거래가액으로 인정하는 가액

세법에서 시가나 실지거래가액으로 인정해 주는 일정한 가액(이하 통칭해서 '시가인정가액'이라 함) 중 대표적인 것이 매매사례가액이다.[137] 기존에 해당 비상장주식에 관한 매매 등 거래 사례가 있는 경우에는 그 거래가액을 시가 또는 실지거래가액으로 할 수 있다.

## 비상장주식의 기준시가 또는 평가가액

그런데 시가인정가액으로 삼을만한 것이 전혀 없을 땐 어떻게 해야 할까? 이런 경우에는 비상장주식을 일정한 방법에 따라 평가한 가액으로 할 수밖에 없다. 이러한 가액을 소득세법에서는 '기준시가'[138]라 하고, 상속세 및 증여세법에서는 '평가가액'[139]이라 한다.

---

137) 소득세법 제100조 제1항, 상속세 및 증여세법 제60조 제2항 및 동법 시행령 제49조 제1항
138) 소득세법 제100조 제1항, 제99조 제1항 제4호, 상속세 및 증여세법 제63조 제1항 제1호 나목 및 동법 시행령 제54조
139) 상속세 및 증여세법 제60조 제3항, 제63조 제1항 제1호 나목 및 동법 시행령 제54조

소득세법의 기준시가는 상속세 및 증여세법의 평가가액에 관한 규정을 준용하기 때문에 결국 이들은 같은 개념이다(이하 비상장주식의 기준시가와 평가가액을 통칭할 때는 '평가가액'이라 함). 비상장주식을 평가하는 구체적인 방법에 대해서는 기본적인 것만 간략히 살펴보겠다.

비상장주식의 평가가액은 회사의 1주당 '순손익가치'와 1주당 '순자산가치'를 3:2의 비율로 가중평균해서 산정한다. 즉, 비상장주식의 1주당 가액은 아래와 같다.

> 비상장주식의 1주당 가액 = [ (1주당 순손익가치 × 3) + (1주당 순자산가치 × 2) ] ÷ 5

여기서 비상장주식의 1주당 순손익가치와 1주당 순자산가치를 산정하는 방법은 아래와 같다.

> ■ 주당 순손익가치 = 1주당 최근 3년간의 순손익액의 가중평균액[140] ÷ 3년을 감안하여 기획재정부령으로 정하는 이자율(10%)[141]
> ■ 주당 순자산가치 = 회사의 순자산가액 ÷ 발행주식 총수

'순손익액'은 당기순이익(당기순손실)과 관련된 것이고, '순자산가액'은 대차대조표상 자산에서 부채를 뺀 자본과 관련된 것이다. 다만, 여기서 말하는 순손익액과 순자산가액은 회계학적인 수치가 아니라 세무조정을 통해 산출된 수치를 의미한다.

---

140) [(평가기준일 이전 3년이 되는 사업연도의 1주당 순손익액 × 1) + (평가기준일 이전 2년이 되는 사업연도의 1주당 순손익액 × 2) + (평가기준일 이전 1년이 되는 사업연도의 1주당 순손익액 × 3)] ÷ 6
141) 상속세 및 증여세법 시행규칙 제17조

## 2 비상장주식을 양도할 때의 세금 문제와 양도제한 문제 등

양도소득세와 증권거래세

비상장주식은 시가인정가액이나 기준시가로 양도하면 세법적으로 별 문제 없기 때문에 양도인은 양도소득세와 증권거래세만 부담하면 된다. 양도소득세는 10%의 세율이 적용되고, 양도일이 속하는 반기의 마지막 날로부터 2개월 이내에 신고해야 하는데[142] 이를 예정신고라 한다. 가령 주식을 5월 1일에 양도했다면 반기인 6월의 마지막 날 6월 30일부터 2개월이 되는 8월 31일까지 신고해야 한다. 예정신고를 하지 않은 경우에는 그 다음 해 5월 말까지 확정신고를 하면 되지만 예정신고 무신고가산세 등을 부담해야 한다.

> 양도소득세 = 양도소득 과세표준 × 10%[143]

증권거래세는 양도가액 자체에 부과되는 세금이기 때문에 비상장주식의 양도가액이 존재하는 한 항상 과세될 수밖에 없다. 증권거래세 역시 양도일이 속하는 반기의 마지막 날로부터 2개월 이내에 신고해야 하고,[144] 신고를 하지 않으면 가산세가 부과된다.

> 증권거래세 = 주식양도가액[145] × 0.5%[146]

---

142) 소득세법 제105조 제1항 제2호
143) 소득세법 제104조 제1항 제11호 나목 1)
144) 증권거래세법 제10조 제1항 제2호
145) 증권거래세법 제7조 제1항 제1호
146) 증권거래세법 제8조 제1항

## 증여세를 부담해야 하는 경우

일반적으로 비상장주식의 경우는 앞서 본 시가 등(시가인정가액 또는 기준시가, 이하 '시가 등'이라고 함)으로 양도하기보다는 액면가액이나 당사자들이 임의로 정한 가액으로 양도하는 경우가 더 많다. 그러다 보니 액면가액 등과 시가 등 간에는 가액 차이가 발생하게 되고, 이로 인해 누군가는 이익을 얻게 된다.

가령 주당 시가 등이 1만 원인 비상장주식을 주당 8천 원에 양도하면 주식을 싸게 산 양수인은 주당 2천 원의 이익을 얻게 되고, 만일 주당 8천 원에 양도해야 하는 비상장주식을 주당 1만 원에 양도하면 이번에는 비싸게 판 양도인이 주당 2천 원의 이익을 얻게 된다. 즉, 재산을 시가보다 낮은 가액으로 양수하는 경우에는 그 양수인이 이익을 얻고, 시가보다 높은 가액으로 양도하는 경우에 양도인이 이익을 얻는다. 상속세 및 증여세법에서는 이러한 이익을 증여재산가액으로 보아 증여세를 부과하고 있다.[147]

비상장주식을 양도할 때는 이런 일이 아주 흔하게 일어나는데 세무서가 그 모두를 하나하나 조사해서 증여세를 부과하려면 엄청난 행정비용이 들 수밖에 없다. 그래서 상속세 및 증여세법에서는 일정한 기준금액을 초과하는 이익에 대해서만 증여세를 부과하고 있는데, 이러한 기준금액은 거래 당사자들이 특수관계인인지 여부에 따라 달라진다.

---

147) 상속세 및 증여세법 제35조 ·

## (1) 특수관계인들 사이의 비상장주식 양수도

특수관계인들 사이의 거래에서 한쪽이 얻은 이익이 기준금액을 초과하는 경우에는 증여세가 과세된다. 여기서 '특수관계인'이란 '본인과 친족관계, 경제적 연관관계 또는 경영지배관계에 있는 자 등'을 말하는데, 이 경우 본인도 특수관계인의 특수관계인으로 본다.[148] 이처럼 특수관계인은 그 범위가 우리가 생각하는 것보다 훨씬 넓기 때문에 비상장주식을 거래할 때는 거래 당사자들이 특수관계인인지 여부를 반드시 살펴야 하고, 거래 당사자들이 특수관계인이라면 다음 3가지를 먼저 파악해야 한다.

첫째, 누가 얼마의 이익을 얻었는지 알아야 한다. 이익은 시가와 실제 양수도 가액 간의 차이를 말하는데, 비상장주식은 통상 시가라는 것이 존재하지 않기 때문에 여기서 말하는 '시가'는 앞에서 우리가 살펴본 '평가가액'을 의미한다. 따라서 이익은 비상장주식의 평가가액과 실제 양수도 가액과의 차액이 되고, 이를 통해 양도인과 양수인 중 누가 얼마의 이익을 얻었는지 확인할 수 있다.

둘째, 기준금액을 알아야 한다. 이익이 기준금액을 초과하는 경우에만 증여세가 과세되기 때문이다. 특수관계인들 사이의 거래에 적용되는 기준금액은 다음과 같다.

> ①과 ② 중 적은 금액[149]
> ① 평가가액의 30/100
> ② 3억 원

---

148) 상속세 및 증여세법 제2조 제10호 및 동법 시행령 제2조의2
149) 상속세 및 증여세법 시행령 제26조 제2항

셋째, 이익이 기준금액을 초과한다면 얼마만큼 초과하는지 알아야 한다. 그 초과금액에 대해서만 증여세가 과세되기 때문이다. 가령 이익은 2천만 원이고 기준금액은 1천만 원이라면 이익 전체가 아니라 2천만 원에서 기준금액을 초과하는 1천만 원(2천만원 - 1천만 원)에 대해서만 증여세가 부과된다. 구체적인 사례를 통해 살펴보자.

특수관계인들 사이에 주당 평가가액이 1만 원인 비상장주식 1만 주를 주당 8천 원에 거래하여, 양수인은 주당 2천 원씩 총 2천만 원(1만 주 × 2천 원)의 이익을 얻었다.

이 사안에서 기준금액은 ① 3천만 원[(1만 주 × 1만 원) × 30/100]과 ② 3억 원 중 적은 금액인 '3천만 원'이다. 양수인이 얻은 이익 2천만 원은 기준금액인 3천만 원을 초과하지 않으므로 증여세 과세대상이 되지 않는다.

특수관계인들 사이에 주당 평가가액이 1만 원인 비상장주식 1만 주를 주당 1만 5천 원에 거래하여, 양도인은 주당 5천 원씩 총 5천만 원(1만 주 × 5천 원)의 이익을 얻었다.

이 사안에서 기준금액은 ① 3천만 원[(1만 주 × 1만 원) × 30/100]과 ② 3억 원 중 적은 금액인 '3천만 원'이다. 양도인이 얻은 이익이 기준금액을 초과하므로, 총 이익 5천만 원 중에서 기준금액 3천만 원을 초과하는 2천만 원은 증여세 과세대상이 된다.

## (2) 특수관계인이 아닌 자들 사이의 비상장주식 양수도

비상장주식의 양도인과 양수인이 특수관계인이 아닌 경우에도 증여 문제는 발생한다. 단지, 기준금액이 앞서 본 것과 다를 뿐이다. 특수관계인이 아닌 자들 사이의 거래에서 기준금액은 아래와 같다.

> 평가가액의 30/100[150)

위 기준금액에는 특수관계인들 사이의 거래와는 달리 '3억 원'이라는 기준이 없다. 이는 아래 예시에서 알 수 있듯이, 되도록 증여 문제가 발생하지 않도록 하는 역할을 한다.

> 특수관계인이 아닌 자들 사이에 주당 평가가액이 1만 원인 비상 장주식 20만 주를 주당 8천 원에 거래하여, 양수인은 주당 2천 원씩 총 4억 원(20만 주 × 2천 원)의 이익을 얻었다.

이 사안에서 기준금액은 6억 원[(20만 주 × 1만 원) × 30/100]이다. 그렇다면 양수인이 얻은 이익 4억 원은 기준금액인 6억 원을 초과하지 않으므로 증여세 과세대상이 되지 않는다. 그런데 만일 이 사안이 특수관계인들 간의 거래였다면, 기준금액은 ① 6억 원과 ② 3억 원 중 적은 금액인 '3억 원'이 되므로, 양수인이 얻은 이익 4억 원 중에서 3억 원을 초과하는 1억 원은 증여세 과세대상이 된다.

---

150) 상속세 및 증여세법 시행령 제26조 제3항

특수관계인이 아닌 자들 사이에 주당 평가가액이 1만 원인 비상
장주식 20만 주를 주당 1만 5천 원에 거래하여, 양도인이 주당
5천 원씩 총 10억 원(20만 주 × 5천 원)의 이익을 얻었다.

이 사안에서 기준금액은 6억 원[(20만 주 × 1만 원) × 30/100]이다. 그
렇다면 양도인이 얻은 이익 10억 원은 기준금액인 6억 원을 초과하
므로, 기준금액을 초과하는 4억 원은 증여세 과세대상이 된다. 그
런데 만일 이 사안이 특수관계인들 사이의 거래였다면 기준금액은
① 6억 원과 ② 3억 원 중 적은 금액인 '3억 원'이 되므로, 기준금
액을 초과하는 7억 원이 증여세 과세대상이 된다.

## 비상장주식의 양도를 제한할 수도 있다

상법은 자유로운 주식양도를 천명하고 있다.[151] 주식양도야 말로
주주가 투하자본을 회수할 수 있는 유일한 방법이기 때문이다. 따
라서 누구든 자신이 보유하고 있는 주식을 자유롭게 양도할 수 있
고, 주식양도를 제한하거나 금지하는 것은 허용되지 않는다. 그러
나 가족회사와 같은 소규모 회사의 경우에 주주가 계속 바뀌면 안
정적인 기업 경영을 해나가기 어려울 수 있다. 그래서 주주 구성이
회사 경영에 중요한 의미를 가지는 경우에는 주식양도를 어느 정도
는 제한할 필요가 있기 때문에 상법에서는 주식을 양도할 때 정관
으로 이사회 승인을 받도록 할 수 있다고 규정함으로써, 주식양도
를 제한할 수 있는 길을 열어놓고 있다.[152]

---

151) 상법 제335조 제1항 본문
152) 상법 제335조 제1항 단서

그러나 어떤 경우에도 주식양도를 완전히 금지하는 것은 허용되지 않는다. 따라서 정관으로 ① 주식양도를 전면 금지시키거나 ② 주식양도에 관해 이사회 승인이 아닌 주주 전원의 동의를 받도록 하는 등 주식양도 요건을 더 까다롭게 정하는 것은 무효가 된다.

이처럼 정관으로 정해도 무효가 되는 내용이라면, 회사와 주주 간에 체결한 계약(이하 '회사·주주 간 계약'이라 함) 또는 주주들 간에 체결한 계약(이하 '주주 간 계약' 이라 함)에 넣더라도 당연히 무효가 된다. 가령 회사·주주 간 계약에 '주주 전원의 동의가 있는 경우를 제외하고, 주주들은 회사가 설립된 후 5년 내에는 누구에게도 주식을 매각·양도할 수 없다' 라는 내용이 있다면, 이는 주주들의 주식양도를 사실상 불가능하게 하거나 현저하게 곤란하게 하는 것이어서 사실상 주식양도를 금지하는 것이 되기 때문에 무효가 된다.[153]

그렇다면 정관으로 이사회 승인을 받는 것 이외의 방식으로 주식양도를 제한하는 것은 항상 무효가 되는 것일까? 꼭 그런 것은 아니다. 정관으로 이사회 승인보다 까다로운 방법으로 주식양도를 제한하거나 회사·주주 간 계약으로만 주식양도를 제한하는 것은 무효지만, 주주 간 계약에서 주식양도를 일부 제한하는 것은 그것이 주식양도를 전면적으로 금지하는 것이 아니고, 상식적으로 사회적 타당성에도 반하지 않는다면 당사자 사이에서는 원칙적으로 유효가 된다.[154]

---

153) 대법원 2000. 9.26. 선고 99다48429 판결
154) 대법원 2008. 7.10. 선고 2007다14193 판결

## 비상장주식의 변동이 생기면
## 관할 세무서에 '주식등변동상황명세서'를 제출해야 한다

사업연도 중에 회사 주식의 변동이 발생하면 회사는 법인세 신고기한까지 주식등변동상황명세서를 관할 세무서에 제출해야 한다.[155] 만일 명세서를 제출하지 않거나 누락해서 제출하는 경우 또는 불분명하게 제출한 경우에는 그 주식의 액면가액의 1%에 해당하는 금액이 가산세로 부과된다.[156] 예컨대, 액면가액이 5천 원인 비상장주식 1만 주를 주당 1만 원에 양도하고도 주식등변동상황명세서에 이를 반영하지 않고 관할 세무서에 제출을 했다면, 50만 원(5천 원 × 1만 주 × 1%)의 가산세가 부과된다. 따라서 회사가 불필요한 가산세를 부담하지 않으려면 평소에 주식변동 상황을 꼼꼼하게 체크하고 있어야 한다.

### 마무리 정리

일반적으로 비상장주식을 양도할 때는, 증권거래세와 양도차익에 대한 양도소득세만 고려하면 된다. 그런데 비상장주식을 정상가액보다 너무 높거나 낮게 양도하면 이로 인해 이익을 얻게 되는 양도자 또는 양수인에게 증여세가 부과될 수 있다. 그렇더라도 그 모든 이익에 대해 증여세가 부과되는 것은 아니고 기준금액 이상에 대해서만 증여세가 부과된다. 그리고 이러한 기준금액은 거래 당사자들이 특수관계인인지 여부에 따라 다르다.

---

155) 소득세법 제119조 제1항
156) 소득세법 제76조 제6항

이러한 세금 문제 말고도 비상장주식을 양도할 때는 그 비상장주식이 회사 정관으로 양도가 제한되어 있지는 않은지 살펴볼 필요가 있다. 주식을 무턱대고 양수했다가는 회사에 대해서 자신이 주주라고 주장할 수 없게 되는 낭패를 보게 될 수도 있다.

한편, 어떤 이유에서든 주식양도로 인해 주식변동이 생기면 관할 세무서에 주식등변동상황명세서를 법인세 신고기한까지 제출해야 한다. 이를 제출하지 않거나 누락해서 제출한 경우 또는 불분명하게 제출한 경우에는 가산세가 부과된다.

## ③ 비상장주식을 증자할 때의 법적 문제와 세금 문제

**단순한 개인들 사이의 거래인 주식양도와 달리,**
**증자는 회사 자본과 관련된 것이므로 상법의 규율을 받는다**

회사는 자금을 모으기 위해 새로운 주식을 발행하기도 하는데 이를 '증자'라고 한다. 증자는 자본을 증가시키는 것을 의미한다. 이러한 '자본'과 '주식'은 주식회사의 본질과 관련된 것이어서 상법에서는 증자를 규율하는 여러 규정들을 두고 있다.

증자를 위한 절차는 상법에 잘 나와 있기 때문에 절차적인 것은 특별히 문제될 것이 없다. 그래서 실무에서는 절차적인 것보다는 신주가액을 얼마로 정해야 하는지에 대한 고민이 더 많다. 상법에서는 이에 대해 구체적인 기준을 제시하고 있지는 않고, 단지 신주를 액면가액보다 낮게 하려면 주주총회 결의와 법원의 인가를 얻어야 하는 등의 제한을 두고 있을 뿐이다.[157]

그렇다면 회사가 신주를 액면가액보다는 높지만 시가보다는 낮게 발행하면 어떻게 될까? 이런 경우에는 시가와의 차액만큼 회사로 돈이 덜 들어오기 때문에 형사적으로는 업무상 배임죄가 문제될 수도 있고, 민사적으로는 그 차액만큼 누군가 책임을 져야 할 수도 있다. 신주발행은 이사회의 권한이기 때문에 원칙적으로 이사들이 책임을 지는 것이 맞지만, 만일 신주를 인수하는 자와 이사가 공모

---

157) 상법 제417조

해서 불공정하게 낮은 가액으로 신주를 발행하면, 공모한 자들 모두 시가와 신주가액과의 차액에 상당하는 금액을 회사에 지급[158] 하거나 그에 따른 손해배상책임[159]을 질 수도 있고, 그들 모두 형사적으로 업무상 배임죄의 공범이 될 수도 있다. 게다가 이와 관련해서는 증여 문제가 발생할 수도 있다.[160]

### 증자할 때 신주가액은 얼마로 해야 할까?

그렇다면 증자할 때 신주가액을 얼마로 해야 할까? 앞서 여러 차례 언급했지만 비상장주식은 통상 시가가 존재하지 않기 때문에 일반적으로 비상장주식의 '시가'라고 하면, 이는 상속세 및 증여세법상의 평가가액이라고 보면 된다. 따라서 증자할 때 신주가액은 상속세 및 증여세법상의 평가가액으로 하는 것이 가장 바람직하다.

### 증자할 때 신주가액을 시가보다 낮은 가액으로 하면 어떤 문제가 발생할까?

앞서 언급한 것처럼 업무상 배임죄, 시가와 신주가액과의 차액을 지급해야 해야 하는 책임 그리고 증여세에 관한 문제가 발생할 수 있다. 그렇지만 증자할 때 신주가액을 시가보다 낮은 가액으로 했다고 해서 언제나 문제가 되는 것은 아니고 일정한 경우에만 이러한 문제가 발생한다.

---

158) 상법 제424조의2
159) 상법 제401조
160) 상속세 및 증여세법 제39조 제1항 제1호

## (1) 업무상 배임죄

시가보다 낮은 가액으로 신주를 발행하면 그만큼 회사에 돈이 덜 들어오는 것은 맞지만 그렇다고 해서 무조건 업무상 배임행위가 되는 것은 아니다. 이와 관련해서는 신주를 배정하는 방식인 '주주배정방식'과 '제3자배정방식'으로 나누어서 살펴볼 필요가 있다.

### 1) 주주배정방식에 따라 신주를 배정하는 경우

만일 신주를 '주주배정방식' [161]에 따라 발행하면 신주가액이 얼마가 됐든 주주들 입장에서는 지분 변동이 없기 때문에 누구도 이로 인해 손해나 이익을 보지 않는다. 그래서 주주배정방식을 취할 때는 신주가액을 반드시 시가로 해야 하는 것은 아니고, 주주 전체의 이익, 회사의 자금 조달의 필요성, 급박성 등을 고려해서 경영 판단에 따라 자유롭게 신주가액을 정할 수 있다. 따라서 시가보다 낮게 신주가액을 정함으로써 주주들에게서 최대한의 자금을 모으지 못했다 해도 그것이 곧 업무상 배임행위가 되는 것은 아니다[162]

### 2) 제3자배정방식에 따라 신주를 배정하는 경우

신주를 '제3자배정방식' [163]에 따라 발행하는 경우는 얘기가 달라진다. 제3자배정방식은 누군가 신주를 배정받음으로써 회사 지분을 새롭게 또는 추가로 취득하게 되는 것이기 때문에 지분 변동이 없는 주주배정방식과는 분명한 차이가 있다.

---

161) 모든 신주를 기존 주주들에게 그들의 지분에 따라 배정하는 방식
162) 대법원 2009. 5. 29. 선고 2007도4949 전원합의체 판결
163) 주주배정방식이 아닌 주식배정방식

제3자배정방식을 하면서 시가보다 현저하게 낮은 가액으로 신주를 발행하면 그 차액만큼 회사에 돈이 덜 들어오기 때문에 업무상 배임죄의 문제가 발생할 수 있다. 즉, 시가보다 현저하게 낮은 가액으로 신주를 발행했을 때만 업무상 배임죄가 문제되는 것이지 단순히 시가보다 낮은 것만으로는 업무상 배임죄가 되지 않는다. 또 제3자배정방식으로 시가보다 현저히 낮은 가액으로 신주를 발행한 경우라도 업무상 배임죄가 되려면, 회사의 재무 구조, 영업 전망과 그에 대한 시장의 평가, 주식의 실질가액, 금융시장의 상황, 신주의 인수가능성 등 여러 사정을 종합적으로 고려해서 판단해야 한다.[164]

## (2) 시가와 신주가액의 차액을 지급해야 하는 책임

앞서도 언급했지만 상법에서는 증자할 때 신주가액을 얼마로 해야 하는지에 대해서는 구체적으로 규정하고 있지 않고, 단지 이사와 통모해서 현저하게 불공정한 가액으로 주식을 인수한 자가 있는 경우에 그 자가 차액을 회사에 지급하도록 하는 규정을 두고 있다.[165] 이 규정도 업무상 배임죄에서 살펴본 것처럼 신주가액이 단순히 시가보다 낮은 것만으로는 부족하고, 시가보다 현저하게 낮게 발행된 경우에만 적용된다. 그런데 신주가액이 시가보다 현저하게 낮은지 여부는 앞서 본 업무상 배임죄와 마찬가지로 일도양단 식으로 딱 잘라 말할 수는 없고, 여러 사정들을 종합적으로 고려해서 판단할 수밖에 없다.

---

164) 대법원 2009. 5. 29. 선고 2007도4949 전원합의체 판결
165) 상법 제424조의2

## (3) 증여세 이슈

증자할 때 신주가액을 시가보다 낮게 하면 누군가는 이익을 얻게 된다. 그러나 주주배정방식으로 기존 주주들이 자신들의 지분에 따라 주식을 인수하는 경우에는 주주들 모두 지분 변동이 없기 때문에 아무도 이익이나 손해를 보지 않는다.

### 1) 실권주를 배정받는 경우

신주가액을 시가보다 낮게 발행하고, 기존 주주 전부 또는 일부가 신주인수권을 포기함으로써 발생하는 실권주를 누군가 배정을 받게 되면, 그 자는 이익을 얻게 된다. 상속세 및 증여세법은 아래의 계산 방식에 따라 산정된 이익을 증여재산가액으로 보아 이에 대해 증여세를 부과하고 있다.[166] 이 경우에는 신주인수권을 포기한 주주와 실권주를 배정받은 자가 특수관계인인지 여부는 묻지 않는다.

> (증자 후 주당 가액 – 주당 신주가액) × 실권주의 수

甲회사는 발행주식 총 수가 100주, 주당 평가가액이 1만 원인 상태에서, 신주 60주를 주당 8천 원에 증자했다. 그런데 주주 A가 신주인수권을 포기함으로써 10주의 실권주가 발생했고, 이 실권주를 주주 B가 배정받았다. 이 경우 주주 B는 얼마의 이익을 얻었을까?

---

166) 상속세 및 증여세법 제39조 제1항 제1호 가목, 동법 시행령 제29조 제2항 제1호

증자 후 주당 가액은, 9,250원[167]이고, 신주의 주당 가액은 8천원, 실권주의 수는 10주다. 주주 B가 10주의 실권주를 주당 8천원에 배정받았으므로 12,500원[168]의 이익을 얻었다. 그러므로 주주 B는 12,500원에 대해 증여세를 부담해야 한다.

### 2) 실권주를 아무에게도 배정하지 않는 경우

기존 주주가 신주인수권을 포기함으로써 실권주가 발생하면 신주인수권을 포기하지 않고 자신의 지분대로 주식을 인수한 주주들은 지분율이 자연스럽게 높아진다. 이런 상황에서 신주가액이 시가보다 낮다면 주식을 인수한 주주들은 결과적으로 일정한 이익을 얻게 된다. 상속세 및 증여세법은 아래의 계산방식에 따라 산정된 이익을 증여재산가액으로 보아 증여세를 부과하고 있다.[169]

(균등 증자 후 주당 가액[170] − 주당 신주가액) × 증여대상이 되는 실권주의 수[171]

그렇다고 무조건 증여세를 부과하는 것은 아니고, 신주인수권을 포기한 자와 특수관계에 있는 주주에 대해서만 증여세가 부과되고, 이익 또한 다음과 같이 일정금액 이상이 돼야 한다.[172]

167) [(100주 × 1만 원) + (60주 × 8천 원)] / (100주 + 60주)
168) (9,250원 − 8,000원) × 10주
169) 상속세 및 증여세법 제39조 제1항 제1호 가목, 동법 시행령 제29조 제2항 제2호
170) 기존 주주에게 신주가 균등하게 배정되었다고 가정했을 때 그 증자 후 주당가액
171) 총 실권주의 수 × 신주를 인수한 특수관계인의 증자 후 지분비율 × 총 실권주의 수에서 신주를 인수한 자와 특수관계에 있는 자의 실권주가 차지하는 비율
172) 상속세 및 증여세법 시행령 제29조 제2항 제2호 본문

甲회사의 발행주식 총 수는 1만 주이고 주당 평가가액은 9천 원이다. 주주 A는 5천 주(지분 50%), 주주 B는 3천 주(지분 30%), 주주 C는 2천 주(지분 20%)를 각각 보유하고 있다. 이런 상황에서 甲회사는 신주 1만 주를 주당 6천 원에 증자했다. 그런데 주주 A가 신주인수권을 포기함으로써 5천 주(1만 주 × 50%)의 실권주가 발생했다. 주주 A는 주주 B와는 특수관계에 있지만, 주주 C와는 특수관계에 있지 않다. 이 경우 주주 B가 얻는 이익은 얼마일까?

① 기존 주주에게 신주가 균등하게 배정되었다고 가정했을 때 증자 후 주당 가액은 7,500원[173]이고, ② 신주의 주당 가액은 6천 원이다. ③ 증여대상이 되는 실권주의 수를 계산하기 위해서는 i) 총 실권주의 수, ii) 주주 B의 증자 후 지분비율, iii) 총 실권주의 수에서 주주 B와 특별관계에 있는 자의 실권주가 차지하는 비율을 알아야 한다.

a) 총 실권주의 수는 5천 주[174]다. b) 주주 B는 기존에 3천 주의 주식을 보유하고 있다가 신주 3천 주[175]를 인수했으므로 증자 후

---

173) [(1만 주 × 9천 원) + (1만 주 × 6천 원)] / (1만 주 + 1만 주)
174) 신주 1만주 × 주주 B의 지분율(50%)
175) 신주 1만 주 × 주주 C의 지분율(30%)

에는 총 6천 주의 주식을 가지게 되었고, 증자 후 甲회사의 발행 주식 총 수는 주주 A의 실권주 5천 주를 제외하면 15,000주[176]가 되므로, 증자 후 주주 B의 지분율은 40%[177]가 된다. c) 총 실권주 는 5천 주인데, 이 5천 주는 주주 B와 특별관계에 있는 주주 A의 실권주이므로, 5천 주에서 주주 B와 특별관계에 있는 자의 실권 주가 차지하는 비율은 100%가 된다. 따라서 증여대상이 되는 실 권주의 수 즉, 주주 A의 실권주가 주주 B의 이익에 영향을 미치는 실권주의 수는 2천 주[178]가 된다. 그렇다면 결국 위 증자로 인해 주주 B가 얻게 되는 이익은 위 [(① - ②) × ③] 즉, 3백만 원[179] 이 된다.

그런데 앞서 언급했듯이 이렇게 이익이 발생했다고 해서 무조건 증 여세가 부과되는 것은 아니고, 일정한 금액 이상이 되어야만 증여 세가 부과된다. 먼저 (균등 증자 후 주당 가액 - 주당 신주가액) ≥ 균등 증자 후 주당 가액의 30% 이상인지를 살펴보면, 7,500 - 6천 원은 1,500원이고, 이는 7,500원의 30%인 2,250원에 미치지 못하는 것은 물론, 앞서 산정된 주주 B의 이익 3백만 원도 3억 원 에 미치지 못하므로, 결국 주주 B가 얻은 3백만 원의 이익은 증여 세 과세대상이 되지 않는다.

---

176) 기존 주식총수 1만 주 + 증자 후 실권주를 제외한 신주 5천 주
177) (3천 주 + 3천 주) / 15,000주
178) 5,000주 × 40% × 100%
179) (7,500원 - 6천 원) × 2천 주

### 3) 신주를 기존 주주가 아닌 제3자에게 직접 배정하는 경우

자금 조달을 위해 회사는 기존 주주가 아닌 제3자에게서 투자를 받는 경우가 있다. 이런 경우 회사는 보통 증자를 통해 신주를 그 제3자에게 배정하는데, 그러려면 회사 정관에 이에 관한 내용이 있어야 하는 것은 물론이고 이를 위한 합리적이고 정당한 사유 즉, 신기술의 도입이나 재무구조의 개선 등 회사의 경영상 목적을 달성하기 위하여 필요한 사유가 있어야 한다.[180] 실무에서는 이러한 사유를 폭넓게 인정하고 있는 편이다.

그런데 위와 같은 증자를 할 때 신주가액을 시가보다 낮게 발행하면 결과적으로 신주를 배정받는 제3자는 이익을 얻게 된다. 상속세 및 증여세법은 아래의 계산방식에 따라 산정된 이익을 증여재산가액으로 봐서, 증여세를 부과하고 있다.[181]

---

(증자 후 주당 가액 – 주당 신주가액) × 신주의 수

---

甲회사는 발행주식 총 수가 100주, 주당 평가가액이 1만 원인 상태에서, 신주 60주를 주당 8천 원에 증자해 이를 기존 주주가 아닌 A에게 모두 배정했다. 이 경우 A는 얼마의 이익을 얻었다고 할 수 있을까?

---

180) 상법 제418조
181) 상속세 및 증여세법 제39조 제1항 제1호 다목, 동법 시행령 제29조 제2항 제1호

증자 후 주당 가액은 9,250원[182]이고, 신주의 주당 가액은 8천원, 신주의 수는 60주다. 이 상태에서 A가 60주의 신주를 주당 8천 원에 배정받았으므로 결국 주주 A는 75,000원[183]의 이익을 얻은 셈이 된다. 이 경우 주주 A는 75,000원을 증여받은 것이 되어 이에 대해 증여세를 부담해야 한다.

### 4) 신주를 기존 주주들에게 불균등하게 배정하는 경우

신주를 기존 주주들에게 지분율에 따라 균등하게 배정하는 '주주배정방식'과 다른 모든 형태의 신주배정방식은 '제3자배정방식'이된다. 따라서 바로 앞에서 살펴본 '신주를 기존 주주가 아닌 제3자에게 직접 배정하는 경우'뿐만 아니라, '신주를 기존 주주들에게 불균등하게 배정하는 경우'도 '제3자배정방식'에 해당한다.

그런데 이런 경우에도 증자할 때 신주가액을 시가보다 낮게 발행하면 결과적으로 신주를 균등한 조건을 초과해서 배정받는 주주는 이익을 얻게 된다. 상속세 및 증여세법은 다음의 계산방식에 따라 산정된 이익을 증여재산가액으로 보아 이에 대해 증여세를 부과하고 있다.[184]

(증자 후 주당 가액 − 주당 신주가액) X 균등한 조건을 초과해서 배정받은 신주의 수

---

182) [(100주 × 1만 원) + (60주 × 8천 원)] / (100주 + 60주)
183) (9,250원 − 8,000원) × 60주
184) 상속세 및 증여세법 제39조 제1항 제1호 다목, 동법 시행령 제29조 제2항 제1호

甲회사의 발행주식 총 수는 1만 주이고 주당 평가가액은 9천 원이다. 주주 A는 5천 주(지분 50%), 주주 B는 3천 주(지분 30%), 주주 C는 2천 주(지분 20%)를 각각 보유하고 있다. 이런 상황에서 甲회사는 신주 1만 주를 주당 6천 원에 증자했다. 그런데 회사는 신주 1만 주를 모두 주주 C에게 배정했다. 이 경우 주주 C가 얻는 이익은 얼마일까?

증자 후 주당 가액은 7,500원[185]이고, 신주의 주당 가액은 6천원, 신주의 수는 1만 주다. 이 상태에서 주주 C는 1만 주의 신주를 주당 6천 원에 배정받았으므로 1,500만 원[186]의 이익을 얻은 셈이 된다. 이 경우 주주 C는 1,500만 원을 증여받은 것이 되어 이에 대해 증여세를 부담해야 한다.

## 마무리 정리

통상 시가가 존재하지 않는 비상장주식을 증자할 때 신주를 상속세 및 증여세법의 평가가액으로 발행하면 특별히 문제될 것이 없지만, 만일 신주를 시가보다 낮은 가액으로 발행하면 업무상 배임죄, 시가와 신주가액과의 차액에 대한 지급의무 그리고 증여세 이슈가 발생할 수 있다.

---

185) [(1만 주 × 9천 원) + (1만 주 × 6천 원)] / (1만 주 + 1만 주)
186) (7,500원 − 6,000원) × 1만 주

# 회사의 지식재산,
# 이렇게 지켜나가자

# 01

## 업무상 만든 건
## 누구 거?

**저작권은 저작물을 실제로 창작한 사람이 갖는다**

지금 이 순간에도 우리는 저작물을 만들고 있을지 모른다. 단지 우리가 인지하지 못하고 있을 뿐이다. 저작권은 우리가 저작물을 만든 그 순간 바로 발생한다. 등록절차도 필요 없다. 그리고 이러한 저작권은 저작물을 창작한 사람이 갖는 것이 원칙이다. 다시 말해, 저작물을 창작한 사람이 저작권자가 된다. 아주 심플한 논리다.

그런데 우리는 이런 간단한 것을 쉽게 잊어버린다. 그래서 돈을 주고 누군가에게 저작물 제작을 의뢰한 경우에는 돈을 준 사람이 저작권을 갖는다고 착각하는 경우도 아주 흔하다. 하지만 절대 그렇지 않다. 돈을 주고 제작을 맡긴 사람이 아니라 돈을 받고 저작물을 만든 사람이 저작권을 갖는다. 요약하면 저작권자가 누군지를 판단할 때 돈을 누가 지불했는지는 전혀 중요하지 않고, 누가 실제로 저작물을 창작했는지가 중요하다.

### 직원이 만든 회사의 업무상저작물은?

그렇다면 직원이 회사 업무상 만든 저작물은 어떨까? 저작권은 그 저작물을 실제로 만든 사람이 저작권을 갖기 때문에 원칙대로라면 직원이 저작권을 가져야 한다. 그런데 이런 경우에도 원칙이 그대로 적용될까? 아니면 예외적으로 회사가 저작권을 가질까?

### 퇴사한 직원이 재직 중 만든 업무상저작물에 관한 권리를 놓고 벌이는 회사와 퇴사 직원 간의 한판 승부

이런 문제로 회사와 퇴사 직원 간에 종종 다툼이 발생한다. 퇴사한 직원은 재직 중에 자신이 만든 저작물은 자신에게 저작권이 있다고 생각하거나 최소한 사용할 권리 정도는 있다고 생각한다. 반면, 회사는 직원이 그 저작물을 아무 대가 없이 만든 게 아니라, 회사의 지휘·감독 하에서 월급을 받으면서 만들었기 때문에, 그 저작물에 대한 저작권은 당연히 회사가 가져야 한다고 생각한다.

이러한 이유로 퇴사한 직원이 재직 중에 만든 저작물을 퇴사 후에 사용함으로써, 회사와 퇴사 직원 간에 저작권 분쟁이 발생하곤 한다.

## ① 업무상저작물의 저작권은 회사가 갖는다

창작자 원칙의 유일한 예외, 업무상저작물의 저작자

앞서 본 회사와 퇴사 직원 간의 저작권 분쟁은 결론적으로는 회사 말이 맞다. 원래는 저작물을 직접 만든 사람이 저작권을 갖는 것이 원칙이다. 이를 '창작자 원칙'이라고 한다.

그러나 저작권법에서는 이러한 '창작자 원칙'의 예외를 딱 하나 두고 있는데, 바로 '업무상저작물의 저작자'다. 즉, 업무상저작물에 대해서는 이를 직접 만든 직원이 저작권을 갖는 것이 아니라 회사가 저작권을 갖는다. 이 경우 회사가 개인회사인 경우에는 대표 개인이 저작권을 갖고, 주식회사인 경우에는 주식회사 자체가 저작권을 가지게 된다.

직원이 업무 시간에 만든 것은 모두 업무상저작물일까?

업무상저작물에 관한 저작권법의 규정은 직원이 업무적으로 만든 저작물에 대해서만 적용된다. 따라서 비록 직원이 업무 시간에 만든 저작물이라고 해도, 직원이 개인적인 취미활동 등 업무와 관련 없이 만든 것인 경우에는 위 규정이 적용되지 않고 '창작자 원칙'에 따라 실제 그 저작물을 창작한 직원이 저작권을 갖는다.

정리하자면, 저작권은 해당 저작물을 실제 만든 사람이 저작권을 갖는 것이 원칙이지만, 그 저작물이 업무상저작물인 경우에는 예외적으로 실제로 만든 사람이 아닌 회사가 저작권을 갖는다. 다만, 직원이 업무 시간에 만들었다고 해도 그것이 업무상저작물이 아니라 개인적인 취미활동 등으로 만든 저작물인 경우에는 원칙으로 돌아가서 실제로 그 저작물을 만든 직원이 저작권을 갖는다.

## 업무상저작물의 범위

업무상 만들어진 저작물이라면 그것이 실제로 공표(외부적으로 사용)되었는지 여부는 불문한다. 업무에 사용하기 위해 만든 저작물이기만 하면 되는 것이지, 그것이 실제로 업무상 사용되어 외부에 공표될 필요까지는 없다. 따라서 업무상 만들어진 저작물이 실제로 공표되지 않았더라도 그 저작물을 만들 당시 회사가 공표할 예정이었다면 그 모두가 업무상저작물에 해당한다.

직원이 퇴사하면서 자신이 만든 업무상저작물 중 그때까지 공표되지 않고 자신의 컴퓨터 등에 남아 있는 것이라도 그 저작물의 저작권은 회사가 갖는 것이기 때문에, 직원이 퇴사 후에 이를 함부로 사용하면 회사의 저작권을 침해하게 된다.

## 2 외주제작물의 저작권은 누가 가질까?

외주제작물을 만드는 외주업체가 저작권을 갖는다

회사에서 외주업체에 콘텐츠 제작을 맡긴 경우에는 누가 저작권을 가질까? 사람들은 대개 돈을 주고 외주를 맡긴 업체가 저작권을 갖는 것으로 생각한다. 그러나 사실은 정반대다. 외주업체가 저작권을 가진다. 왜냐하면 여기서도 '창작자 원칙'이 그대로 적용되기 때문이다.

외주제작물도 업무상저작물 아닐까?

"외주제작물도 회사 업무상 만들어진 저작물이니까 업무상저작물 아닌가?" 하는 의문이 들 수 있다. 그러나 '업무상저작물'이란 회사의 실질적인 지휘·감독을 받는 직원 등이 만든 저작물을 말하는 것이지, 외주제작물처럼 제작 전체를 온전히 외부에 맡겨서 만들어지는 저작물을 의미하는 것이 아니다.

외주를 준 회사가 외주제작물 제작에 관여했다면?

외주를 맡긴 회사가 외주제작물 제작에 관여했다면 어떻게 될까? 이런 경우에도 업무상저작물이 되려면 단순히 관여하는 정도로는 부족하고, 실질적으로 외주업체를 지휘·감독하여 해당 저작물을 창작했다고 할 수 있을 정도는 돼야 한다. 그러나 현실적으로 그런 경우는 별로 없다. 다만, 외주를 맡긴 회사가 아이디어를 제공하는 수준을 넘어 외주제작물의 창작에 직접 기여한 부분이 있다면, 그 저작물은 외주를 맡긴 회사와 외주업체가 함께 만든 공동저작물이 될 수는 있다. 그러나 외주를 준 회사가 외주업체에게 단순히 아이디어를 제공한 수준이라면, 이는 창작에 기여한 것이 아니기 때문에 역시 외주업체의 단독저작물이 된다.

## 외주를 맡긴 회사가 외주제작물의 저작권을 가지려면?

외주제작물은 특별한 사정이 없는 한 외주업체가 단독으로 저작권을 갖기 때문에 외주를 맡긴 회사가 저작권을 가지려면 외주업체로부터 저작권을 양도받는 수밖에 없다. 정확히는 '저작재산권을 양도'받는 것이다. 저작권에는 크게 1) 저작재산권과 2) 저작인격권이 있는데, 저작인격권은 말 그대로 인격권이어서 어떤 경우에도 양도가 불가능하다. 따라서 우리가 흔히 말하는 '저작권 양도'는 '저작재산권 양도'를 의미한다.

저작재산권을 양도받으려면, 외주계약서에 '외주업체가 만든 저작물의 저작권은 외주를 준 회사에게 귀속된다' 라고 명시하는 것이 가장 좋다. 그러지 못했다면 나중에라도 저작재산권 양도에 관한 합의서를 별도로 만들면 된다. 만일 이런 합의서를 쓰는 것조차 번거롭다면, 객관적인 증거가 될 수 있는 메일 등에 위와 같은 저작재산권 양도에 관한 문구를 적어서 서로 주고받아도 된다. 저작재산권 양도 약정은 말로만 해서는 절대로 안 된다. 말로 한 것은 입증하기가 곤란해서 저작재산권이 양도되지 않은 것으로 결론이 날 공산이 크다.

# 02

■

# 폰트,
# 무엇이 문제인가?

**폰트 사용이 늘면서 폰트 관련 사건들이 터져 나오고 있다**
무슨 일을 하든 문서 작업은 기본이고 문서 작업을 할 때는 반드시 글씨체를 이용한다. 물론 문서 작업뿐만 아니라 이미지 작업 등을 할 때도 마찬가지다. 이러한 글씨체를 우리는 '글꼴' 또는 '폰트'라 부른다. 이처럼 폰트는 우리의 언어 사용과 직결되는 부분이다 보니, 오히려 사용되지 않는 분야를 찾기가 더 어렵다. 글씨체의 활용 영역은 우리가 상상하는 그 이상이다. 이런 이유로 최근 폰트와 관련된 여러 문제들이 여기저기서 봇물처럼 터져 나오고 있다.

**폰트와 관련해서 뭐가 문제인지 정확히 아는 사람이 드물다**
정작 실무에서는 폰트와 관련해서 도대체 뭐가 문제인지 정확히 알고 있는 사람이 별로 없다. 남의 폰트를 사용하기만 하면 무조건 잘못인지, 잘못이라면 단순한 민사문제인지 아니면 형사처벌까지 받아야 하는지 등에 대해 헷갈려 하는 경우가 많다.

그러다보니 법을 잘 모르는 폰트 이용자들은 이런 문제가 생겼을 때 우왕좌왕할 수밖에 없다.

## 폰트 저작권과 관련된 진실과 거짓

물론 폰트 저작권자들의 권리를 보호하는 것은 매우 중요한 일이다. 그렇기 때문에 그들이 내용증명을 보내거나 형사고소 등 법적 조치를 취하는 것 역시 당연히 할 수 있는 일이다. 다만, 이러한 조치는 권리 침해의 개연성이 있는 경우에 한해서 하는 것이 바람직하고, 그 과정에서 권리 침해가 민사적인 문제인지 아니면 형사처벌까지 받을 수 있는 심각한 문제인지 명확히 구분해 주는 것이 필요하다.

실무에서는 폰트 문제가 발생했을 때, 사람들은 그것이 폰트 글씨체 도안의 문제인지 아니면 폰트 프로그램의 문제인지를 명확히 구분하지 못하고 있고, 폰트 프로그램의 문제라도 그것이 저작권 침해인지 아니면 라이선스 위반에 불과한지 헷갈려 하고 있다. 실제로는 사안에 따라 폰트 저작권자들의 권리 침해와는 무관할 수도 있고, 권리 침해와 관련되더라도 단순한 민사문제일 수도 있고 또는 형사문제까지 결부되어 있을 수도 있다.

이런 문제는 폰트 이용자들 입장에서는 매우 중요한 일이기 때문에, 이하에서는 폰트 문제와 관련해서 일반인들이 정확히 잘 모르고 있는 내용들에 대해 자세히 다뤄보도록 하겠다.

## **1** 폰트 저작권은 글씨체 도안이 아니라 프로그램과 관련된 것이다

### '폰트의 글씨체 도안'과 '폰트 프로그램'의 명확한 구별

폰트는 도대체 뭐가 문제일까? 누구나 한번쯤은 폰트 문제로 곤혹을 치러봤거나 주위 사람들 중에 그런 일을 겪었다는 얘기를 들어 본적이 있을 것이다. 폰트 문제는 '저작권'과 관련되어 있다. 그렇다면 폰트의 글씨체 도안이 저작권과 관련되었다는 것일까 아니면 폰트 프로그램이 그렇다는 것일까? 폰트 저작권 문제를 본격적으로 살펴보기에 앞서 '폰트의 글씨체 도안'과 '폰트 프로그램'에 대해 알아보자. 이 둘은 저작권법적으로는 전혀 다르다. 저작권은 '저작물'에 대해서만 주어지는 권리인데, 저작권법에서는 9가지의 저작물을 규정하고 있고, 이 9가지 저작물에 대해서만 저작권이 부여된다.

### '폰트의 글씨체 도안'은 저작권법상 보호받지 못한다

폰트의 글씨체 도안은 9가지 저작물 중 미술저작물, 좀 더 자세히 말하면 응용미술저작물과 관련되어 있다. 우리 민족의 문화유산으로서 누구나 자유롭게 사용할 수 있는 한글 자모의 모양을 기본으로 하여, 인쇄 기술에 의해 사상이나 정보 등을 송달하는 실용적인 기능을 주된 목적으로 하여 만들어진 응용미술이라고 할 수 있다. 이러한 응용미술은 미적인 요소가 일부 있더라도, 그것의 실용적인 기능과 별도로 독립적인 예술적 특성이나 가치를 가지고 있는 경우에만 저작물로 보호된다.

그런데 폰트의 글씨체 도안은 그렇지 않다는 것이 우리 법원의 태도다.[1) 따라서 폰트의 글씨체 도안 자체는 저작권법에 의해 보호받지 못한다. 때문에 남의 폰트를 이용해서 만든 결과물에 해당하는 문서 등은 폰트와 관련해서는 문제될 것이 전혀 없다. 따라서 이런 문서를 복제·배포하거나 인터넷 등에 올리더라도 폰트 저작권을 침해하지는 않는다.

가령 A가 인터넷상에 있는 다른 사람의 문서를 무단으로 복제해서 자신의 블로그 등에 올렸다고 가정해 보자. 이 경우 어문저작물에 해당하는 문서에 대한 저작권 침해는 별론으로 하더라도, 그 문서의 폰트 글씨체 도안 자체는 저작권법적으로 보호받지 못하기 때문에 폰트 저작권을 침해하는 일은 발생하지 않는다.

그렇기 때문에 만일 폰트 저작권자가 A의 블로그에 있는 문서를 보고, A가 폰트 프로그램을 무단으로 다운받은 후 이를 이용해서 문서를 만들었다는 취지로 A에게 저작권 침해를 주장하면, A는 '이 문서는 내가 직접 만든 것이 아니라, 다른 데서 가져온 문서다'라고 말하면 된다. 이 얘기는 두 가지의 의미를 담고 있다. 한 가지는 A가 폰트 프로그램을 무단으로 다운받거나 복제한 사실이 없다는 것이고, 다른 한 가지는 폰트의 글씨체 도안은 저작권법상 보호 대상이 아니라는 것이다.

---

1) 대법원 1996. 8. 23 선고 94누5632 판결

폰트 저작권을 침해했다는 것은 폰트 프로그램의 저작권을 침해했다는 의미다

저작권법에서 규정하는 9가지 저작물 가운데 하나는 '컴퓨터프로그램저작물'이다. 폰트 저작권은 컴퓨터프로그램저작물과 관련되어 있다. 그렇기 때문에 폰트 저작권 침해는 폰트 프로그램의 저작권을 침해했다는 것을 의미다. 따라서 폰트 저작권 문제는 컴퓨터프로그램과 관련된 것이지 디자인에 해당하는 폰트의 글씨체 도안과는 아무런 관계가 없다.

그래서 폰트 프로그램 자체를 자신의 컴퓨터 등에 무단으로 복제하거나 다운받는 경우 또는 그 자체를 업로드 하는 등의 경우에만 저작권 침해 문제가 발생한다. 예컨대 중고컴퓨터에 이미 들어있는 폰트 프로그램을 이용한 것만으로는 그 사람에게 폰트 저작권 침해 책임을 물을 수 없다. 왜냐하면 그 사람은 폰트 프로그램을 무단으로 다운받거나 복제를 한 사실이 없기 때문이다.

## ② 폰트 프로그램을 다운받거나 복제 등을 한 사실이 없으면 폰트 저작권 침해 문제는 발생할 여지가 없다

### 폰트 저작권의 침해 행태

폰트 저작권은 컴퓨터프로그램과 관련된 것이라고 아무리 설명해도 사람들은 도무지 헷갈리는 모양이다. 그래서 실컷 설명해주고 나면 꼭 되묻는다. 그러니까 대체 폰트 프로그램을 어떻게 해야 폰트 저작권 침해가 되는 거냐고?

저작권은 크게 저작재산권과 저작인격권으로 나눠져 있다. 그리고 저작재산권은 총 7가지 권리(복제권, 공연권, 공중송신권, 전시권, 배포권, 2차적저작물작성권)로, 저작인격권은 총 3가지 권리(공표권, 성명표시권, 동일성유지권)로 각각 구성되어 있다. 따라서 저작권은 총 10가지 권리로 이루어져 있다. 그래서 '저작권을 침해했다'는 말은 정확히 말하면, 저작재산권과 저작인격권을 이루고 있는 권리들 중 어느 하나 이상의 권리를 침해했다는 것을 의미한다.

그렇기 때문에 폰트 저작권이 침해되었다고 하려면, 폰트 프로그램 자체를 복제하거나 배포하는 등 위 10가지 권리 중 어느 하나 이상의 권리를 침해해야만 한다. 가령, 폰트 프로그램을 무단으로 복제하여 이를 배포하면 이는 폰트 저작권자의 저작재산권 중 복제권과 배포권을 침해한 것이 된다.

그러므로 단순히 폰트 프로그램을 이용해서 문서를 만들거나 그러한 문서를 인터넷 등에 올리는 것만으로는 폰트 저작권 침해 문제는 발생하지 않는다. 결국 폰트 저작권 침해 문제는 자신이 무단으로 폰트 프로그램을 복제하거나 배포하는 등의 행위를 한 경우에만 발생한다. 따라서 자신이 폰트 프로그램을 다운받거나 복제 등을 한 사실이 없다면, 그 사람에게는 폰트 프로그램 저작권 침해 문제가 발생할 일이 전혀 없다.

## 외주제작물에 폰트 저작권 침해 문제가 발생한 경우

자신이 폰트 프로그램을 무단으로 다운받거나 복제한 적이 없는데도 폰트 저작권을 침해했다는 항의를 받는 경우가 종종 있다. 외주제작물에 폰트 저작권 침해가 의심되는 부분이 있는 경우, 가령 홈페이지를 외주로 제작했는데 외주업체에서 만든 홈페이지에 폰트 저작권자의 폰트가 있는 경우다. 여기서 '폰트가 있는 경우'란 홈페이지에 폰트 프로그램이 업로드 되어 있다는 뜻이 아니라 폰트 저작권자의 폰트 프로그램을 이용해서 만든 글자가 있다는 뜻이다.

폰트의 글씨체 도안은 폰트 저작권 침해와는 무관한데 왜 그럴까? 여기서 문제 삼는 것은 글씨체 도안 자체가 아니라, 그 글자를 쓰려면 폰트 프로그램이 필요한데 폰트 저작권자들이 알고 있는 바에 의하면 그 홈페이지 운영업체는 정당한 폰트 프로그램 이용자가 아니기 때문에 홈페이지 운영업체가 폰트 프로그램을 무단으로 다운받거나 복제한 것이 아닌지를 문제 삼는 것이다.

그런데 보통 이런 경우 폰트 저작권자들이 실제 홈페이지를 제작한 외주업체가 아니라 홈페이지 운영업체를 문제 삼는 데에는 그럴만한 이유가 있다. 폰트 저작권자들로서는 홈페이지가 외주제작된것인지 홈페이지 운영업체가 직접 만든 것인지 알 수 없기 때문에 겉으로 드러나는 홈페이지 운영업체를 문제 삼을 수밖에 없다.

그렇다면 홈페이지 운영업체는 폰트 저작권을 침해한 것일까? 그렇지 않다. 왜냐하면 홈페이지 운영업체는 문제가 되는 폰트 프로그램을 다운받거나 복제 등을 한 사실이 전혀 없기 때문이다. 따라서 홈페이지 운영업체는 폰트 저작권자에게 '홈페이지는 외주업체에서 제작한 것이고, 문제가 되는 글자는 모두 외주업체가 삽입한 것이다. 그러니 외주업체에게 물어봐라'라고 말하면 된다.

그렇다고 해도 만일 외주업체가 폰트 프로그램을 무단으로 다운받거나 복제하는데 홈페이지 운영업체가 관여한 정황이 있다면, 홈페이지 운영업체는 그 관여 정도에 따라 저작권법 위반의 공범이 되거나 도급인[2]으로서 책임[3]을 질 수도 있다.[4]

---

2) 여기서는 홈페이지 제작을 외주 준 사람으로서의 도급인을 의미한다.
3) 민법 제757조
4) 서울중앙지방방법원 2017. 12. 15. 선고 2017나29582 판결

## 폰트 저작권 침해 사실이 공소시효와 소멸시효에 미치는 영향

남의 저작권을 침해하면 형사처벌을 받고, 이와 별개로 손해배상도 해 줘야 한다. 폰트 저작권을 침해한 경우도 마찬가지다. 그런데 폰트 저작권을 침해했다는 것은 폰트 프로그램을 무단으로 다운받거나 복제하는 등의 행위를 한 경우를 말하는 것이기 때문에 폰트 프로그램을 무단으로 다운받거나 복제하는 등의 행위를 한 그 시점이 바로 폰트 저작권을 침해하는 시점이 된다.

그렇다면 그 이후에 폰트 프로그램을 이용해서 만든 문서 등을 홈페이지 등에 게재하는 것 그리고 그 문서 등을 홈페이지에 계속해서 게재해 두는 것은 과연 폰트 저작권과 어떤 관계가 있을까? 결론적으로는 아무 관계가 없다. 왜냐하면 이러한 행위들은 폰트 프로그램 자체를 다운받거나 복제 등을 하는 행위가 아니라 단지 폰트 프로그램을 이용한 결과물인 문서 등을 복제(문서 등을 홈페이지에 업로드 하는 행위)하고, 전송(문서 등을 온라인상에 있는 홈페이지에 게재해 두는 행위)하는 행위에 불과하기 때문이다. 그렇기 때문에 폰트 저작권 침해 여부를 판단할 때 이러한 행위들은 고려 대상이 아니다.

甲회사의 직원 A는 12년 전에 乙회사가 저작권을 가지고 있는 폰트 프로그램을 무단으로 다운받아, 이를 이용한 글을 홈페이지에 올렸고, 그 글은 현재까지도 계속 甲회사의 홈페이지에 게재되어 있다. 이 경우 甲회사의 직원 A는 乙회사의 폰트 저작권 침해에 따른 책임을 져야 할까?

A는 무단으로 乙회사의 폰트 프로그램을 다운받았기 때문에 분명히 乙회사의 폰트 저작권을 침해했다. 그러나 A가 乙회사의 폰트 저작권을 침해한 시점은 지금으로부터 12년 전, 폰트 프로그램을 무단으로 다운받았을 당시이다. 그리고 그 이후에 乙회사의 폰트 프로그램을 이용해서 작성한 글을 甲회사의 홈페이지에 올린 행위와 그것을 현재까지 게재해 두고 있는 행위는 폰트 저작권 침해와는 아무 관계가 없다.

그렇다면 A가 乙회사의 폰트 저작권을 침해한 때로부터 12년이 지난 현재, 12년이라는 긴 세월이 흘렀으니 A는 저작권 침해에 대한 책임을 지지 않아도 되지 않을까? 이때 생각해야 하는 것이 바로 '시효'다. 시효에는 형사사건과 관련된 '공소시효'와 민사사건과 관련된 '소멸시효' 두 가지가 있다. '공소시효'는 어떤 범죄에 대해 일정한 기간이 경과하면 더 이상 공소를 제기할 수 없는 기간을 의미하고, '소멸시효'는 권리가 소멸돼서 더 이상 권리를 행사할 수 없는 기간을 의미한다.

저작권법에서는 저작권 침해에 대해 '5년 이하의 징역 또는 5천만 원 이하의 벌금'에 처하도록 하고 있기 때문에, 형사소송법에 따라 그 공소시효는 7년[5]이 된다. 그리고 민법에서는 소멸시효를 불법행위를 한 날로부터 10년, 그 사실을 안 날로부터 3년으로 규정하고 있다.[6]

---

5) 형사소송법 제249조 제1항 제4호
6) 민법 제766조

그렇다면 저작권 침해에 대한 형사 공소시효는 7년이고 민사 소멸시효는 길게 잡아도 10년이다. 따라서 시효가 중단되는 등의 특별한 사유가 없는 한, A의 저작권 침해에 따른 공소시효와 소멸시효는 이미 지났다. 그러므로 현재 시점에서 A는 위 저작권 침해에 대한 책임을 지지 않아도 된다.

이와 같이 폰트 저작권을 침해한 이후 상당 기간이 경과한 경우라면 혹시 공소시효와 소멸시효가 지난 것은 아닌지 확인해 볼 필요가 있다. 그리고 이때 시효 계산을 위한 시작점은 폰트 프로그램을 무단으로 다운받거나 복제하는 등의 행위를 한 시점이라는 것을 기억해 둘 필요가 있다.

## ❸ 폰트 저작권 침해 여부를 판단하는 기준

이제 지금까지 살펴본 내용들을 바탕으로 폰트와 관련된 문제가 실제로 발생했을 때, 폰트 저작권 침해 여부를 판단하는 기준과 그 순서에 대해 알아보겠다. 일단 폰트 저작권을 침해하려면 폰트 프로그램을 다운받거나 복제 등을 한 사실이 있어야 하기 때문에 이러한 사실이 있는 경우와 없는 경우로 나누어서 살펴보고, 그런 사실이 있더라도 그 모두가 저작권 침해가 되는 것은 아니므로 정당한 권원에 의한 것인지, 폰트 프로그램을 다운받거나 복제 등을 할 당시에는 정당한 권원이 있었지만 그 이후 폰트 프로그램의 이용 범위를 초과해서 이용했는지 등을 살펴봐야 한다.

폰트 프로그램을 다운받거나 복제 등 한 사실이 없는 경우

이런 경우라면 폰트 저작권의 문제는 아예 발생하지 않는다. 설령 외주제작물에 폰트 문제가 있더라도 외주를 준 업체에게는 원칙적으로 아무 책임이 없다. 그건 전적으로 외주업체가 책임질 문제다. 왜냐하면 외주를 준 업체는 해당 폰트 프로그램을 다운받거나 복제 등을 한 사실이 없으니까.

물론 외주업체가 폰트 프로그램을 무단으로 다운받거나 복제 등을 한 것에 대해 외주를 준 업체도 공모를 했거나 중대한 과실이 있다면, 비록 직접 폰트 프로그램을 다운받거나 복제 등을 한 사실이 없더라도 외주업체와 함께 책임을 져야 한다.

폰트 프로그램을 다운받거나 복제 등을 한 사실이 있는 경우

폰트 프로그램을 다운받거나 복제 등을 한 사실이 있더라도 모두 저작권 침해가 되는 것은 아니다. 대가를 지급하는 등 정당하게 폰트 프로그램을 다운받거나 복제 등을 하는 경우도 있기 때문이다. 그러나 이런 경우라도 그 이후 폰트 프로그램을 이용하는 과정에서 문제가 발생할 수 있다. 이때 그것이 저작권 침해인지 아니면 계약위반에 불과한지가 문제될 수 있는데 이유는 계약위반의 경우와는 달리, 저작권 침해는 형사처벌까지 받을 수 있기 때문이다.

**(1) 폰트 프로그램을 무단으로 다운받거나 복제 등을 한 경우**

이 경우는 다툼의 여지없이 폰트 저작권 침해에 해당한다. 따라서 이에 대해서는 손해배상 책임은 물론 형사처벌까지 받게 된다. 그런데 간혹 폰트 프로그램을 무단으로 다운받거나 복제했는지 여부가 명확하지 않은 경우가 있다.

甲회사의 홈페이지에는 乙회사의 폰트 프로그램을 이용해서 만든 여러 문서들이 게재되어 있다. 그런데 그 문서들 중 일부는 다른 사이트 등에서 가져 온 것이다. 그렇다면 나머지 문서들에 대해서는 어떻게 판단해야 할까? 무단으로 다운받거나 복제한 폰트 프로그램을 이용해서 만든 문서라고 봐서 폰트 저작권을 침해한 것이라고 봐야 할까? 아니면 이에 대한 증거가 없기 때문에 폰트 저작권 침해가 아니라고 봐야 할까?

관련 사건에서 법원은 '문서들의 성격, 작성자, 작성 시기 등에 비추어 보면 문서들은 甲회사의 직원들에 의해 작성된 것으로 보이므로, 그 당시 甲회사의 컴퓨터에 乙회사의 폰트 프로그램이 무단으로 다운로드 되어 있었다고 보인다'라고 하여, 甲회사의 폰트 저작권 침해를 인정했다.[7]

통상 폰트 저작권자들은 자신들의 폰트 저작권을 침해한 것으로 보이는 업체 등의 컴퓨터에 해당 폰트 프로그램이 저장되어 있는지 여부를 확인할 방법이 없다. 그래서 현실적으로는 위와 같은 논리로 폰트 저작권 침해 여부를 판단할 수밖에 없다.

### (2) 폰트 프로그램을 정당하게 다운받거나 복제 등을 한 경우

폰트 프로그램을 정당하게 다운받거나 복제 등을 했다면 저작권 침해 문제가 발생할 리 없다. 문제는 그 이후에 폰트 프로그램을 그 이용 범위를 초과해서 이용한 경우이다. 그것은 저작권 침해일까? 아니면 계약위반에 불과할까? 실무에서도 이와 관련해서 혼선을 빚고 있다.

폰트 개발·판매 회사인 甲회사는 폰트를 오프라인 용과 온라인 용으로 나눠서 판매하고 있다. 乙회사는 甲회사의 폰트 프로그램을 오프라인 용으로 구입한 후 온라인 용으로도 사용했다. 이 경우 乙회사는 甲회사의 폰트 저작권을 침해한 것일까?

---

7) 서울서부지방법원 2018. 1. 9. 선고 2017나33081 판결

여기서 '오프라인 용'과 '온라인 용'이란 폰트 프로그램을 이용해서 만든 문서 등의 이용 행태를 말하는 것으로, '오프라인 용'은 문서 등을 오프라인 강의 등에 사용하는 것을 의미하고, '온라인 용'은 문서 등을 홈페이지 등에 게재하는 것을 의미한다. 따라서 이는 폰트 프로그램 자체를 오프라인 또는 온라인에서 복제·배포 등을 한다는 의미가 아니다. 그렇기 때문에 乙회사가 甲회사의 폰트 프로그램을 '온라인 용'으로 이용했다는 것도 乙회사가 甲회사의 폰트 프로그램을 이용해서 만든 결과물인 문서 등을 홈페이지 등에 게재했다는 것에 불과하다.

이와 같이 乙회사는 甲회사의 폰트 프로그램 자체를 온라인상에서 복제한 것이 아니라, 정당하게 甲회사의 폰트 프로그램을 설치한 후, 이를 이용하는 과정에서 그 이용 범위를 초과한 것에 불과한데, 과연 甲회사의 폰트 저작권을 침해했다고 할 수 있을까? 이를 판단할 수 있는 기준이 될 만한 대법원 판례가 최근에 나왔다. 일명 '오픈 캡처' 사건이다.

A회사는 오픈 캡처 6.7버전까지는 무료로 제공하다가 7.0버전부터는 상업용에 한해서 유료로 전환했다. 그런데 6.7버전을 사용해 오던 B회사는 자동업데이트로 7.0버전을 다운받게 되었고, 그 업데이트가 이루어진 다음에 '약관동의 및 비상업용·개인용으로만 사용하겠습니다'라는 라이선스 약관 창이 나타났다.

이 사건에서 대법원은 자동업데이트를 통해 B회사에 오픈캡처 7.0 버전이 다운로드 되었다는 것은 A회사가 7.0버전의 복제를 B회사에 허락한 것으로 봐야 하므로, 이렇게 된 이상 B회사는 프로그램 저작권을 침해한 것이 아니라, 단지 사용 방법 및 조건 위반 즉, 계약을 위반한 것에 불과하다고 판단했다.[8]

이러한 대법원 판례의 취지에 따라 앞서 든 예를 다시 살펴보자. 乙회사가 甲회사의 폰트 프로그램을 구입해서 이를 乙회사의 컴퓨터에 다운받거나 복제한 것은 甲회사가 허락해 준 것이므로 저작권 침해 문제는 발생하지 않는다. 그러나 그 이후 乙회사는 이용 방법이나 조건을 위반해서 '온라인 용'으로 사용했으므로 결국 乙회사는 계약을 위반한 것이 된다.

## 마무리 정리

폰트 저작권 침해 문제를 얘기하려면 일단 폰트 프로그램 자체를 다운받거나 복제하는 등의 행위가 전제되어야 한다. 그 다음에 그 복제 행위 등이 정당한지 여부를 살펴, 만일 정당하지 않으면 저작권 침해가 되는 것이고, 그렇지 않고 정당하다면 저작권 침해 문제는 발생하지 않게 된다. 한편, 폰트 프로그램을 정당하게 복제한 이상, 그 이후 이용 방법이나 조건을 위반해서 이용하더라도 이는 계약위반에 불과할 뿐 저작권 침해는 아니게 된다.

---

8) 대법원 2017. 11. 23. 선고 2015다1017 판결

# 03

알아두면 쓸데 많은
부정경쟁방지법

## 저작권은 만병통치약?

누가 우리 회사의 베스트 아이템을 비슷하게 만들어서 팔거나 서
비스를 제공하고 있다면 어떻게 해야 할까? 상표나 특허 등을 등
록해 두었다면 아무 걱정 없겠지만 그렇지 못한 경우가 많다는 것
이 문제다. 이런 경우에 대안으로 가장 먼저 떠올릴 수 있는 것이
바로 '저작권'이다.

그런데 평소 우리는 저작권에 대해 제법 많이 알고 있다고 생각하
지만 사실 제대로 알고 있는 사람은 별로 없다. 워낙 입에 많이 오
르내리다보니 잘 알고 있는 것처럼 느껴지는 것일 뿐이고 대개는
피상적으로만 알고 있는 것이어서 저작권 침해가 인정될 가능성이
없는 경우에도 저작권 침해라고 우기는 경우가 종종 있다.

## 저작권 침해가 되려면?

저작권은 구체적인 표현을 베낀 경우만 그 침해가 인정된다. 그래서 가령 플로우(flow, 전체적인 흐름이나 규칙 등)만 베낀 것은 저작권 침해가 아니다. 플로우는 구체적인 표현이 아니라 아이디어에 불과하기 때문이다. 만약 아이디어를 저작권으로 보호해 주면 어떤 문제가 발생할까? 아이디어를 가지고 표현할 수 있는 무궁무진한 콘텐츠를 한 사람이 독점해 버리는 이상한 결과가 발생한다. 그래서 저작권법은 아이디어를 보호해 주지 않고, 그 아이디어를 통해 구체화된 개개의 표현물을 보호해 주고 있다.

그래서 플로우가 아니라 그 플로우 안에 들어있는 구체적인 내용을 베낀 경우에는 저작권 침해가 될 수 있는데, 그렇더라도 그 구체적인 내용에 창작성이 없는 경우에는 저작권 침해가 되지 않는다. 예를 들어 구체적인 표현이라 해도 그것이 누구나 만들 수 있는 것이거나 제목처럼 짧고 단순한 글귀라 그 사람만의 창작성이 들어 있다고 보기 어려운 것에는 저작권을 줄 수 없기 때문이다.

예를 들어 보자. 슈팅게임(shooting game)에서 '상대방을 죽여서 점수를 획득하고 최종적으로는 고지를 점령한다'는 내용은 게임의 플로우 즉, 게임 규칙에 해당한다. 이러한 게임 규칙은 아이디어에 해당하기 때문에 그 자체는 저작권으로 보호받지 못한다. 슈팅게임은 보통 위와 같은 플로우로 이루어지는데, 게임 규칙에 해당하는 플로우에 저작권을 주게 되면 어떤 일이 벌어질까?

결과적으로 맨 처음 슈팅게임을 만든 사람이 슈팅게임이라는 게임 장르 자체를 독점하게 되어 그 이후에는 누구도 슈팅게임을 개발할 수 없게 되는 말도 안 되는 상황이 벌어진다. 그런 불합리한 상황을 막기 위해서라도 게임 규칙과 같은 아이디어는 모든 사람이 공유할 수 있는 공공의 재산으로 남겨 둘 필요가 있고, 그래서 이는 저작권 침해의 대상이 되지 않는다.

그러나 게임 규칙을 통해 표현되는 개개의 게임장면들 즉, 디자인 등은 구체적인 표현에 해당하기 때문에 그 장면들을 베낀 경우에는 당연히 저작권 침해가 될 수 있다. 다만 그런 경우에도 슈팅게임에서 일반적으로 등장하는 장면이거나 누구나 예상 가능한 디자인 등은 그것이 아무리 비슷해도 저작권 침해로 보기 어렵다. 왜냐하면 창작성이 없기 때문이다.

같은 이유로 게임 중간에 등장하는 안내 문구도 짧고 간단해서 창작물로 보기 어렵기 때문에 기존의 안내 문구와 비슷하게 만들어도 저작권 침해가 되지 않는다.

## 저작권도 없고 산업재산권도 없을 때 활용할 수 있는 법률, 부정경쟁방지법

지식재산 관련 분쟁사건에서 저작권 침해가 인정되지 않더라도 산업재산권을 가지고 있으면 특별히 걱정할 게 없다. 가령 BM특허가 등록되어 있거나 상표권 또는 디자인권을 가지고 있다면, 그 권리 침해를 이유로 법적 조치를 취하면 되기 때문이다. 문제는 저작권도 없고, 산업재산권도 없고, 있다 하더라도 그것만으로는 보호받을 수 없는 경우다. 이 경우 활용할 수 있는 법률이 바로 '부정경쟁방지 및 영업비밀보호에 관한 법률'(이하 축약해서 '부정경쟁방지법'이라고 함)이다.

## 소송실무에서 아주 많이 활용되는 부정경쟁방지법

보통 부정경쟁방지법은 저작권으로는 보호받을 수 없는 제목이나 상표법상 등록되어 있지 않은 상표를 보호해 주는 경우가 많다. 그러다보니 이 법은 소송실무에서 아주 많이 활용된다. 최근 상담을 하다보면 부정경쟁방지법에 대해 언급하는 사람들이 점점 늘고 있다. 이처럼 부정경쟁방지법이 회사를 운영하는 사람들 사이에서 저작권법 못지않게 널리 알려져 있는 건 사실이지만, 제대로 알고 있는 사람은 별로 없다. 그래서 여기서는 부정경쟁방지법을 좀 더 정확히 알고, 실무에서 이를 활용할 수 있는 방법에 대해 간략히 살펴보도록 하겠다.

## ■1 일반 상거래에서 자주 문제되는 부정경쟁행위

이럴 땐 자동적으로 부정경쟁방지법을 떠올리자

상거래에서 가장 빈번하게 발생하는 부정경쟁행위는, 다른 사람의 상품명이나 서비스명을 도용해서 상품을 판매하거나 서비스를 제공함으로써 소비자들에게 혼동을 일으키는 행위다.[9] 만약 이 경우 상품명이나 서비스명이 상표로 등록되어 있다면 그냥 상표권 침해를 주장하면 된다.

그런데 앞서 언급했듯이 짧은 문구는 똑같이 또는 비슷하게 베끼더라도 저작권 침해에 해당하지 않고, 그리고 그것이 상표로 등록되어 있지 않다면 상표권 침해도 아니게 된다. 그래서 이런 경우는 부정경쟁방지법상 부정경쟁행위인지 여부를 자동적으로 떠올려야 한다.

---

9)  부정경쟁방지법 제2조 제1호, 제2호

## 2 일반 부정경쟁행위가 되기 위한 요건

일반적으로 자주 문제되는 부정경쟁행위가 되려면 다음 3가지 요건을 충족해야 한다.

① 상표명이나 서비스명이 국내에 널리 알려져 있어야 하고,

② 누군가 그것과 동일·유사하게 사용해야 하며,

③ 그로 인해 소비자가 오인·혼동해야 한다.

### (1) 일반 부정경쟁행위가 되기 위해 넘어야 하는 큰 산, 주지성

저작권이나 상표권은 각각의 법률에서 독립된 '권리'로 보호해 주고 있기 때문에 갖고만 있으면 분쟁이 발생했을 때 권리 침해 여부에만 집중하면 된다. 그러나 부정경쟁행위는 구체적인 권리 침해가 아니어서 저작권이나 상표권의 침해 여부보다는 좀 더 많은 것들을 고려해야 한다. 그 중 대표적인 것이 바로 '주지성'이다.

가령 A가 B의 상표명이나 서비스명과 동일·유사한 명칭을 사용하고 있다고 하자. 이 경우 무조건 부정경쟁행위가 될까? 그렇지 않다. 많은 사람들이 가장 많이 오해하는 부분이 바로 이것이다. A의 행위가 부정경쟁행위가 되려면, A가 무단으로 사용한 B의 상표명이나 서비스명이 국내에 널리 알려져 있어야 한다. 이를 '주지성'이라고 한다. 그런데 부정경쟁행위 사건에서 주지성이 있다고 본 사례는 흔치 않기 때문에 소송실무에서 부정경쟁행위로 인정받은 사건들도 그리 많지는 않다.

## (2) 일반 부정경쟁행위가 되기 위한 또 하나의 요건, 소비자의 오인·혼동

위 경우에서 B의 상표명이나 서비스명이 국내에 널리 알려져 있다 해도 A와 B가 판매 또는 서비스하고 있는 상품이나 서비스의 종류가 전혀 다르다면 이 경우도 부정경쟁행위가 될 가능성이 낮아진다. 왜냐하면 이로 인해 결과적으로 소비자들이 오인하거나 혼동하는 일이 발생하지 않기 때문이다.

이와 관련하여 걸그룹 2ne1의 〈내가 제일 잘나가〉 vs 삼양식품의 〈내가 제일 잘나가사끼 짬뽕〉 사건이 있다. 이 사건에서 법원은 〈내가 제일 잘 나가〉는 노래 제목으로 국내에 널리 알려져 있는 것은 맞지만, 이는 노래 제목인 반면, 삼양식품의 〈내가 제일 잘나가사끼 짬뽕〉은 라면 이름이기 때문에, 소비자들이 위 둘을 혼동할 염려는 없다고 보아, 삼양식품의 위와 같은 행위는 부정경쟁행위에 해당하지 않는다고 판단했다.[10]

---

10) 서울중앙지방법원 2012. 7. 23.자 2012카합996 결정

## 3 최후의 보루, 일반조항으로서의 부정경쟁행위

일반적으로 부정경쟁행위 요건을 모두 충족하는 경우는 그리 흔치 않다. 그래서 부정경쟁방지법에서는 위와 같은 까다로운 요건을 갖추지 않더라도 부정경쟁행위가 될 수 있는 일반조항으로서의 부정경쟁행위를 하나 더 추가했다.

일반조항으로서의 부정경쟁행위는 간단히 말해, 다른 사람이나 회사가 투자나 노력을 해서 만들어 놓은 성과물을 불공정한 방법으로 무단 이용하여 다른 사람이나 회사의 이익을 침해하는 경우를 말한다.[11] 이 부정경쟁행위는 '주지성'이나 '소비자 오인·혼동' 등과 같은 요건들을 필요로 하지 않기 때문에 다른 부정경쟁행위보다는 인정받기가 상대적으로 수월하다. 이런 이유에서 최근 지식재산 관련 분쟁사건에서는 위 부정경쟁행위를 주장하는 경우가 많다. 그러나 위 부정경쟁행위는 다소 모호한 면이 있어서 그 여부를 판단을 할 때 법원의 재량이 상당부분 개입될 수 있다.

일반조항으로서의 부정경쟁행위와 관련하여 한 가지 더 기억해 둘 것은, 다른 부정경쟁행위와는 달리 이 부정경쟁행위에 대해서는 부정경쟁방지법에 형사처벌 규정을 별도로 두고 있지 않다는 것이다. 따라서 이와 관련해서는 가처분 신청이나 손해배상소송 등 민사적으로만 다퉈야 한다.

---

11) 부정경쟁방지법 제2조 제1호 카목(2018. 7. 18. 시행되는 부정경쟁방지법에는 위 규정이 제2조 제1호 카목에 있음)

## 마무리 정리

지금까지 일반 상거래에서 자주 발생할 수 있는 부정경쟁행위에 대해 살펴보았다. 부정경쟁행위는 보통 저작권이나 상표권 침해를 주장하기 마땅치 않을 때 주장하는 것이긴 하지만, 꼭 그래야 하는 것은 아니고 저작권이나 상표권 침해주장과 '함께' 주장해도 무방하다. 왜냐하면 부정경쟁행위는 저작권이나 상표권 침해와는 전혀 별개로 취급되기 때문이다. 또한 부정경쟁행위를 주장할 때도 부정경쟁방지법상에 있는 부정경쟁행위들 중 관련된 모든 부정경쟁행위들을 전부 다 주장하는 것이 좋고, 특히 일반조항으로서의 부정경쟁행위에 대한 주장도 빠뜨리지 않도록 항상 기억해 둘 필요가 있다.

# 04

## 내가 먼저 상표를 사용했는데
## 상표권 침해라고?

내가 먼저 사용해 오고 있는 상표를 다른 사람이 한발 앞서
상표등록을 하여 상표권자가 되는 억울한 상황

상표를 내가 먼저 사용하고 있었는데, 누가 내 상표와 똑같은 상표
를 등록한 후, 자신이 상표권자라고 하면서 별안간 나에게 상표를
사용하지 말라고 하면 어떻게 해야 할까? 이렇게 세상 억울한 일이
또 있을까? 그런데 실무에서는 실제로 이런 일이 종종 발생한다.

상표는 먼저 등록한 사람이 임자다

상표를 내가 먼저 사용한 것이 확실하기만 하면 문제될 게 전혀 없
을 것 같은데 왜 이런 일이 발생할까? 그건 상표법이 가지는 고유
한 특성 때문이다. 상표법은 상표를 등록해야만 '상표권'을 부여하
고, 그렇게 해야만 상표권자가 될 수 있다. 이는 등록이 필요 없는
저작권과는 확연히 다른 점이다.[12]

---

12) 저작권은 저작자가 저작물을 창작한 순간 발생하는 것이지, 등록을 해야만 발
   생하는 것은 아니다.

그렇기 때문에 아무리 상표를 오랫동안 사용해 왔어도 상표를 특허청에 등록해 두지 않으면, 앞에서 살펴본 부정경쟁방지법에 의해 보호받을 수 있는 것은 별론으로 하더라도, 상표법적으로는 보호받지 못한다. 거꾸로 말하면 상표를 등록하기만 하면 상표권자는 그 상표가 어떤 것이든 특별한 사정이 없는 한 누구에게든 자신의 상표권을 주장할 수 있다.

## 상표등록을 하지 않았더라도 보호받을 길은 열려 있다

그렇다면 상표등록을 하지 않은 채 이미 오래 전부터 상표를 사용하고 있었던 사람은 상표법상 아무런 보호를 받지 못하는 것일까? 이런 억울한 사정을 고려해서 상표법에서는 일정한 경우 상표를 먼저 사용했던 사람이 계속 그 상표를 사용할 수 있도록 해 주고 있는데, 이를 '상표 선사용자의 사용권'이라 한다.

## 황당한 일을 겪지 않으려면 되도록 상표등록을 해 두자

이런 황당하고 억울한 일을 겪지 않으려면 자신의 상표를 미리 미리 특허청에 등록해 두는 것이 가장 좋다. 그러나 현실에서는 상표 등록을 하지 못하거나 또는 하지 않는 경우가 비일비재하다. 이하에서는 상표 선사용자가 어떻게 해야 계속해서 자신의 상표를 사용할 수 있는지에 대해 자세히 살펴보도록 하겠다.

나먼저는 의정부에서 어묵식당이라는 상호로 사업자등록을 한 후 어묵이 아닌 부대찌개 음식점을 개업했다. 어묵식당은 서울, 경기 일대에 맛집으로 입소문을 타기 시작했고, TV프로그램과 인기 웹툰에 맛집으로 소개될 정도로 유명해졌다.

그런데 김모방이라는 사람이 나먼저가 운영하는 어묵식당에서 불과 100m 정도 떨어진 곳에 '김모방의 원조 어묵식당'이라는 부대찌개 음식점을 차린 다음, 곧바로 상호를 특허청에 상표등록했다.

이후 김모방은 상표권 침해라고 하면서 나먼저에게 어묵식당 상표를 사용하지 말라고 요구했다.

이 경우 나먼저는 어떻게 해야 할까?

# ❶ 나먼저는 어묵식당이라는 상호를 계속 사용할 수 있을까?

## 도저히 이해할 수 없는 황당한 일

정말 어이없는 일이 벌어졌다. 누가 누구 것을 베꼈는지 뻔히 알 수 있는 상황인데도, 김모방은 자신이 먼저 상표등록을 했다는 이유만으로, 도리어 나먼저에게 어묵식당 상호를 사용하지 말라며 큰소리치고 있다. 나먼저는 김모방이 어떻게 상표권자가 됐는지도 이해가 되지 않지만, 자신이 먼저 사용한 어묵식당 간판까지 내리라고 하는 것은 도저히 납득할 수가 없다.

## 김모방의 상표를 무효로 만들기

나먼저는 이 억울한 상황을 어떻게 헤쳐나가야 할까? 몇 가지 방법이 있다. 먼저 생각할 수 있는 것은 김모방의 상표권을 무효로 만드는 것이다. 김모방이 등록한 '김모방의 원조 어묵식당' 상표는 이미 유명세를 탄 나먼저의 어묵식당을 베낀 것이기 때문에 김모방의 상표등록에 대해 무효심판을 청구할 수 있다.[13] 그 결과 만일 김모방의 상표가 무효가 되면, 김모방은 더 이상 상표권자가 아니게 되므로, 나먼저에게 간판을 내리라 마라 하지 못하지 않겠는가?

하지만 이미 특허청 심사를 통해 등록이 된 상표를 무효로 만드는 일은 생각만큼 쉽지 않다. 게다가 특허심판을 거쳐 특허법원 그리고 대법원까지 간다면 시간이 너무 오래 걸린다. 그런데 김모방은

---

13) 상표법 제125조

지금 당장 나먼저의 간판을 내리라고 하고 있는 터라, 나먼저에게
는 김모방의 상표를 무효로 만드는 것보다 자신의 간판을 계속 사
용할 수 있는 방법을 찾는 것이 훨씬 더 급하다. 그래서 김모방의
상표를 무효로 만드는 것은 나중에 하거나 또는 지금 하더라도 그
것은 그것대로 진행하고, 지금은 나먼저가 간판을 계속 사용할 수
있는 방법을 찾아야 한다.

**어묵식당이라는 상호를 음식점 이름(상표)으로 사용한 것에 불**
**과하다고 주장하기**

그렇다면 김모방의 상표가 살아 있는 상황에서 지금 당장 나먼저
가 취할 수 있는 방법은 무엇일까? 나먼저의 음식점 이름(상표)인 어
묵식당은 그의 사업자등록증상의 상호를 그대로 사용한 것이기 때
문에 이런 경우에는 상표권 침해가 아니라고 주장할 수 있다. 상표
법에서도 자신의 상호를 상표로 사용하는 경우에는 상표권 침해가
안 된다고 규정하고 있다.[14] 그렇더라도 3가지 요건은 갖추고 있어
야 한다. 즉, 1) 자기 상호를 2) 부정경쟁목적 없이 3) 상거래 관행
에 따라 상표로 사용해야 한다.

나먼저는 어묵식당이라는 자기 상호를 김모방보다 먼저 상표로 사
용해 왔고, 김모방의 음식점보다 나먼저의 음식점이 훨씬 유명하기
때문에, 나먼저가 어묵식당을 상표로 사용한다고 해서 김모방의 음
식점과 헷갈릴 이유가 전혀 없다. 따라서 나먼저는 자기 상호인 어

---

14) 상표법 제90조 제1항 제1호

묵식당을 부정경쟁목적 없이 상표로 사용하고 있다고 할 수 있고, 어묵식당이라는 음식점 이름(상표)을 사업자등록증상의 상호와 똑같이 사용하고 있을 뿐 수정하거나 변경하지 않았으므로 상거래 관행에 따라 자기 상호를 상표로 사용하고 있다고 볼 수 있다. 그렇다면 나먼저는 위 3가지 요건을 모두 갖추었으므로 어묵식당이라는 상표를 계속 사용할 수 있다고 주장할 수 있다.

이에 대해 김모방도 할 말은 있다. 나먼저의 주장이 타당하려면 상호를 순수하게 상호로서 사용하는 경우여야 하는데, 나먼저가 그의 상호인 어묵식당을 순수한 상호로서만 사용하는 것이 아니라, 상표(서비스표)로도 사용하고 있기 때문에, 나먼저의 위와 같은 주장은 받아들일 수 없다고 반박할 수 있다.

그러나 위에서 '상호로 사용했다'라는 의미에는 상호를 순수하게 상호로서 사용하는 경우뿐만 아니라, 상호를 상표(서비스표)적으로 사용하는 경우도 포함된다.[15] 실무적으로 볼 때, 거의 대부분의 개인 서비스업은 상호가 상표(서비스표)로서의 역할을 하고 있는데, 만일 상호를 순수하게 사용하는 경우만 상호 사용을 주장할 수 있다면, 서비스업의 경우는 아예 처음부터 위와 같은 주장을 할 여지가 없게 되는 불합리한 결과가 초래될 수도 있기 때문이다.

---

15) 대법원 1995. 5. 12. 선고 94후1930 판결, 대법원 1990. 3. 13. 선고 89후1264 판결 등

## 어묵식당이라는 상표를 내가 먼저 사용해 왔다고 주장하기

앞에서 상호를 음식점 이름(상표)으로 사용한 것에 불과하다고 주장(이하 '상호사용 주장방법'이라 함)하는 것만으로도 나먼저는 어묵식당 간판을 내릴 필요 없이 계속 사용할 여지가 있다. 하지만 나먼저의 입장에서는 영 찜찜하다. 분명히 자신이 어묵식당이라는 상표를 먼저 사용했고, 오히려 김모방이 자신의 것을 보고 베낀 것을 따져야 할 판인데, 겨우 상호사용 주장방법으로 상표를 계속 사용한다는 것은 왠지 모르게 자존심이 상하기 때문이다.

그렇다면 상호사용 주장방법 말고 나먼저가 특별한 권리를 갖고서 당당히 김모방에게 상표권 침해가 아니라고 주장할 수 있는 방법은 없을까? 즉, 상호사용 주장방법과 같은 소극적인 방어방법 말고, 보다 적극적인 방어방법 같은 것 말이다. 이럴 때 나먼저가 주장할 수 있는 것이 바로 '상표 선사용자의 사용권'이다.

상표를 먼저 사용했다고 해서 무조건 사용권이 주어지는 것은 아니다. 이 경우도 몇 가지 요건을 갖추고 있어야 한다. 그런데 그 요건들은 앞서 본 상호사용 주장방법의 요건들과 그다지 다르지 않다. 상표를 먼저 사용한 사람에게 사용권을 인정하려면, 1) 자기의 상호를 2) 부정경쟁목적 없이 3) 상거래 관행에 따라 4) 다른 사람이 상표등록을 출원하기 전부터 국내에서 계속 상표로 사용하고 있어야 한다.

위 네 가지 요건 중 3가지는 '상호사용 주장방법' 요건과 동일하다. 따라서 여기서는 '4) 다른 사람이 상표등록을 출원하기 전부터 국내에서 계속 사용하고 있을 것'에 대해서만 알아보도록 한다.

'국내'에서 '계속' 사용하고 있어야 하기 때문에 해외에서만 사용하거나 국내에서 사용하더라도 계속해서 사용한 것이 아니라 중간에 사용하지 않은 적이 있다면 위 요건을 충족시키지 못한다. 그리고 상표를 먼저 사용했다고 하려면 최소한 다른 사람의 상표등록출원 전부터는 사용하고 있어야 한다.

A가 상표를 먼저 사용했고, B는 그 이후에 A의 상표와 같거나 비슷한 상표를 사용하던 중, A가 상표등록을 출원했다. B는 상표 선사용자에 해당할 수 있을까?

핵심은 B가 사용권을 가지려면 A보다 무조건 먼저 그 상표를 사용해야 하는지, A보다 늦게 사용했더라도 A의 상표등록출원 전부터 사용하기만 하면 되는 것인지에 있다. '상표 선사용자'라는 말만 보면, 상표를 상표권자보다는 먼저 사용해야 할 것 같지만, 상표법에서는 상표등록출원 전부터 사용할 것만을 요건으로 하고 있다.

따라서 이런 경우에는 누가 먼저 사용했는지보다는 '부정경쟁목적 없이 상거래 관행에 따라 사용했는지' 여부를 좀 더 엄격하게 따질 가능성이 있다.

나먼저는 김모방보다 먼저 어묵식당이라는 상표를 음식점 명칭(상표)으로 사용했고, 그 이후 김모방이 '김모방의 원조 어묵식당'이라는 명칭으로 상표등록출원을 했다. 또한 나먼저는 의정부에서 어묵식당을 음식점 명칭(상표)으로 사용한 이래 계속해서 이를 사용해 오고 있다. 따라서 나먼저는 어묵식당을 김모방이 상표등록을 출원하기 전부터 국내에서 계속 사용한 것이라고 할 수 있다.

그렇다면 나먼저는 ① 자기의 상호인 어묵식당을 ② 부정경쟁목적 없이 ③ 상거래 관행에 따라 사용했고 ④ 김모방이 상표등록을 출원하기 전부터 국내에서 계속 사용하고 있었기 때문에 어묵식당에 대해 상표 선사용자로서의 사용권을 가진다고 할 수 있다. 따라서 나먼저는 김모방의 상표 사용 중지 요구에 응할 필요 없이 어묵식당이라는 이름을 계속 사용할 수 있다.

## 마무리 정리

지금까지 '내가 먼저 사용해 온 상표를 다른 사람이 상표등록을 한 후, 나에게 상표권 침해라고 하면서 더 이상 상표를 사용하지 말라고 했을 때, 내가 취할 수 있는 방어방법'에 대해 살펴보았다.

① 사례에서 나먼저가 구제받을 수 있는 가장 확실한 방법은 김모방이 등록한 상표를 무효로 만드는 것이다. 하지만 상표무효는 그 요건이 까다로운데다가 시간도 오래 걸린다.

② 나먼저가 사용하고 있는 어묵식당은 자신의 상호를 사용한 것에 불과하다고 주장(상호사용 주장방법)할 수 있는데 이를 위해서는 3가지 요건을 갖추어야 한다.

③ 나먼저가 김모방보다 먼저 어묵식당을 음식점 명칭(상표)으로 사용해 왔다고 주장(선사용자 주장방법)할 수 있는데 이를 위해서는 4가지 요건을 갖추어야 한다.

위 3가지 외에 방법이 하나 더 있다. 바로 '권리남용' 주장방법이다. 사례에서 김모방은 맛집으로 유명한 나먼저의 어묵식당이 상표로 등록되어 있지 않은 틈을 타서, 자신이 먼저 상표등록을 한 후 오히려 나먼저에게 어묵식당을 사용하지 말라고 하고 있는데, 이는 상표제도를 이용해서 공정한 경쟁질서와 상거래 질서를 어지럽히고 소비자들 사이에 혼동을 초래하는 등 비난받아 마땅한 행위라고 할 수 있다. 따라서 이런 경우에는 권리남용에 해당되어 김모방은 나먼저에게 상표권 침해를 주장할 수 없다고 봐야 한다.

## ② 상표를 사용하거나 등록할 때 특허청 사이트를 활용하자

등록상표인지 몰랐다고 해도 소용없다

상표권을 침해한 사람들 중에는 "그 상표가 등록되어 있었는지 몰랐어요"라고 말하는 사람들이 아주 많다. 그런데 실무에서는 정말 몰랐다고 해도 봐주는 법이 없다. 왜냐하면 어떤 상표가 상표권으로 등록되어 있는지 여부는 공시된 상표공보 등을 통해 일반인들도 조금만 주의를 기울이면 알 수 있는데, 하물며 상표를 이용해서 사업을 하는 사람들이라면 마땅히 더욱 주의를 기울일 필요가 있다고 보기 때문이다.

따라서 법원에서는 상표권을 침해한 사람이 해당 상표가 등록된 상표인지 정말 몰랐다고 해도 최소한 과실은 있다고 보고 있다.[16]

게다가 상표권자가 상품 등에 자신의 상표를 등록상표라고 표시해 둔 경우에 상표법에서는 그 상표권을 침해한 사람이 실제 그 상표가 등록된 상표인지를 알았는지 여부와 상관없이 그 상표가 등록된 사실을 알고 있었던 것으로 추정해 버린다.[17]

---

16) 대법원 2013. 7. 25. 선고 2013다21666 판결
17) 상표법 제112조

내가 사용할 상표가 등록된 상표와 같거나 비슷한지
키프리스를 통해 먼저 확인해 보자

등록상표를 무단으로 사용한 경우라면 특별한 사정이 없는 한 상
표권 침해에 해당한다. 그렇기 때문에 회사 대표는 상표를 사업에
사용하기 전에 그 상표와 동일하거나 유사한 상표가 등록되어 있
는지 여부를 확인해야 한다.

인터넷으로 등록상표를 확인할 수 있는 아주 간단한 방법이 있다.
특허청에서 운영하는 '키프리스'라는 사이트(http://www.kipris.or.kr)
를 이용하면 된다. 키프리스에서는 상표는 물론, 특허, 디자인 등의
출원 및 등록 여부 등을 확인할 수 있는 검색서비스를 제공하고
있다.

회사 대표는 상표를 사업에 사용하기 전에 위 사이트에서 그 상표
와 동일하거나 유사한 것이 있는지 여부를 먼저 확인하여, 최소한
몰라서 남의 상표권을 침해하는 일은 없도록 해야 한다.

# 직원관리가
# 그만큼 중요하다

# 01

## 직원과 체결한 경업금지약정,
## 유효할까?

**퇴사한 직원이 경쟁회사에 들어가거나**
**경쟁회사를 차리는 것만큼 욱하는 일도 없다**

회사와 관련된 자문을 하다보면 정말 다양한 사건들을 경험하게
된다. 일반적으로는 돈 문제나 계약 관계에서 발생하는 문제들이
대부분이지만 직원들이 문제를 일으키는 경우도 간혹 있다. 가장
대표적인 것은 업무상 횡령이나 배임이다.

그런데 여기서 더 나아가 직원이 퇴사할 때 회사의 정보 등을 들고
나가서 경쟁회사에 들어가거나 경쟁회사를 차린 후 이를 이용하는
경우가 있다. 이런 일은 법적인 문제를 떠나서, 회사 대표들이 가
장 감정적으로 그리고 또 적극적으로 대응하는 사건들 중 하나다.
믿었던 직원이라면 더욱 그럴 것이다.

## 회사의 중요 자산은 평소에 미리미리 잘 관리해 두자

이런 일을 강 건너 불이라고 생각하면 안 된다. 사업을 하는 사람에게는 언제든 일어날 수 있는 일이라고 생각해야 한다. 그래야 평소에 준비를 철저하게 해 둘 수 있다. 좋은 게 좋은 거라고 대충 넘어가지 말고 회사의 중요자산은 대표가 직접 챙기는 습관을 들이는 것이 좋다. 나중에 불미스러운 일이 발생하지 않도록 미연에 방지하는 것이 무엇보다 중요하니까.

## 퇴사한 직원이 경쟁회사에 들어가든 경쟁회사를 차리든 문제될 것은 없다

직원이 퇴사한 뒤에 경쟁회사에 들어가거나 경쟁회사를 차렸다고 해도 그 자체가 문제될 것은 없다. 그 과정에서 회사의 구체적인 이익이나 권리가 침해되거나 형사적으로 죄가 되는 경우에 한해서만 문제될 뿐이다. 퇴사 직원에게도 헌법상 직업선택의 자유가 있기 때문에 어떤 직업을 택하든 원칙적으로는 그 직원의 자유다. 따라서 직원이 퇴사 후에 어디로 가든, 무슨 일을 하든 아무 상관 없지만, 그 일을 하면서 우리 회사의 이익이나 권리를 침해하는 경우, 또는 범법행위를 하는 경우에 큰 문제가 된다.

# ☑ 경업금지약정은 유효할까?

## 경업금지를 둘러싼 회사와 직원 사이의 이해 충돌

회사는 직원에게서 퇴사 후에 경쟁회사에서 들어가거나 경쟁회사를 차리지 않겠다는 등의 약속(이하 '경업금지약정'이라고 함)을 받아두는 경우가 있다. 퇴사한 직원이 재직 중에 익힌 영업비밀이나 노하우, 고객 관계 등을 이용해서 경업을 하게 되면 회사로서는 아무래도 이익 감소를 비롯한 여러 가지 불이익이 걱정될 수 있기 때문이다. 회사 입장을 이해 못할 바는 아니지만 경업금지약정으로 인해 그동안 일하면서 배운 것들을 다른 회사나 자신이 만든 회사에서 이용할 수 없다는 것은 직원 입장에서는 너무 가혹한 일이 아닐까? 그동안 직장에서 갈고 닦은 실력이 무용지물이 되면 생계를 위협받는 처지에 몰릴 수도 있다.

## 일반적으로 약정이 무효가 되는 경우

무슨 약정이든 약속을 했으면 지켜야 하는 것이 원칙이다. 하지만 약정이 무효가 된다면 지키지 않아도 된다. 그렇다면 어떤 경우에 약정이 무효가 될까? 약정이 강행법규나 선량한 풍속, 기타 사회질서에 위반되는 경우다.[1] 가령 성매매를 하기로 약속하는 경우 등과 같이 그 약정이 현행 법률에 정면으로 반하는 경우는 물론이고, 약정이 헌법에 위반되는 경우 등도 무효가 될 수 있다.

---

1) 민법 제103조

## 경업금지약정도 무효가 될 수 있을까?

경업금지약정에 대해서는 된다, 안 된다, 딱 잘라 말할 수 없다. 왜 냐하면 경업금지약정을 직접적으로 금지하고 있는 법률은 없기 때 문이다. 그렇다면 경업금지약정이 선량한 풍속 기타 사회질서에 위 반되는지 여부에 따라 판단하는 수밖에 없다.

이와 관련하여 법원은 경업금지약정이 직원의 직업선택의 자유 등 을 과도하게 제한하거나 자유로운 경쟁을 지나치게 제한하는 경우 에는 무효라고 보고 있다. 뒤집어서 말하면, 경업금지약정이 직원 의 직업선택의 자유 등을 과도하게 제한하지 않고, 자유로운 경쟁 을 지나치게 제한하지만 않는다면 유효하다는 말이 된다. 즉, 경업 금지약정이 직원의 직업선택의 자유를 합리적으로 제한하는 정도 라면 유효가 될 수도 있다.[2]

---

2) 대법원 2016. 10. 27. 선고 2015다221903(본소), 2015다221910(반소) 판결

## ② 경업금지약정을 판단하는 구체적인 기준

경업금지약정의 유효 여부를 판단하는 구체적인 기준은 무엇일까? 이에 대해 법원은 ① 경업금지약정을 함으로써 보호할 가치가 있는 회사의 이익이 있는지, ② 직원의 퇴직 전 지위가 어땠는지, ③ 경업을 제한하는 기간·지역·대상 직종이 어떤지, ④ 경업금지와 관련해서 직원에게 대가를 준 것이 있는지, ⑤ 직원이 퇴직을 하게 된 경위는 어떤지, ⑥ 경업금지로 인한 공공의 이익이 있는지 등을 종합적으로 고려해야 한다고 하고 있다.[3]

이들 중 특히 눈여겨봐야 할 것은 ① 경업금지약정을 함으로써 보호할 가치가 있는 회사의 이익이 있는지와 ④ 경업금지와 관련해서 직원에게 대가를 준 것이 있는지 그리고 ⑥ 경업금지로 인한 공공의 이익이 있는지 여부다.

### (1) 보호할 가치가 있는 회사의 이익이란?

경업금지약정을 통해 보호할 가치가 있는 회사의 이익이 있는지 여부는 경업금지약정의 유·무효를 결정짓는 가장 중요한 기준이 된다. 그래서 이러한 보호가치가 있는 회사의 이익이 있다면 그 약정은 유효할 수 있다. 여기서 말하는 '보호할 가치가 있는 회사의 이익'에는 부정경쟁방지법상의 '영업비밀'은 물론이고, 그 정도까지는 아니더라도 그 회사만이 가지고 있는 지식이나 정보로서 직원이 이

---

3) 대법원 2010. 3. 11. 선고 2009다82244 판결

를 누설하지 않기로 약정한 것 또는 고객 관계나 영업상의 신용을 유지하기로 한 것도 포함된다.[4]

그러나 회사 정보 중에서 퇴직한 직원이 재직 중에 익힌 기술상·경영상의 정보가 동종업계 전반에 어느 정도 알려져 있고, 그러한 정보를 입수하는데 그다지 많은 비용과 노력을 필요로 하지 않으며, 업무를 하는 과정에서 자연스럽게 습득할 수 있는 정도의 정보인 경우에는 경업금지약정에 의해 보호할 가치가 있다고 보기 어렵거나 상대적으로 보호할 가치가 적은 경우에 해당한다.[5]

이처럼 직원이 재직 중에 습득해서 퇴사 후 이용하고 있거나 이용하려는 회사의 정보가 보호할만한 가치가 없다면, 직원은 그러한 정보를 이용해서 경업을 하더라도 문제될 게 없다. 그렇기 때문에 회사와 직원 사이에 체결된 경업금지약정이 이런 보호 가치 없는 정보까지도 이용 못하게 하는 내용이라면 무효가 될 가능성이 상당히 높아진다.

### (2) 경업금지와 관련해서 직원에게 대가를 줬다고 하려면?

경업금지와 관련해서 회사가 직원에게 대가를 준 것이 있다면 경업금지약정은 유효가 될 수 있다. 하지만 이에 해당하려면 회사가 직원에게 준 임금이 통상적인 임금 조건보다 상당히 유리해서 그 임금에 경업금지약정에 대한 특별한 대가가 포함되어 있다고 볼 수

---

4) 대법원 2010. 3. 11. 선고 2009다82244 판결
5) 대법원 2010. 3. 11. 선고 2009다82244 판결

있어야 한다.[6] 따라서 회사가 직원에게 준 임금이 통상적인 임금 수준에 그치거나 통상적인 임금 수준보다 조금 높은 정도만으로는 그 임금에 경업금지약정에 대한 특별한 대가가 포함되어 있다고 보기 어렵다.

그렇지만 회사가 경업금지와 관련된 대가를 직원에게 준 것이 별로 없는 경우라도 경업금지약정을 통해 보호하고자 하는 회사의 보호 가치 있는 이익이 현저하게 큰 경우에는, 대가가 부족하다는 것만으로 그 약정이 무조건 무효가 되는 것은 아니다.[7]

### (3) 경업금지로 인한 공공의 이익이 있다고 하려면?

경업금지를 통해 공공의 이익을 달성할 수 있다면 경업금지약정이 유효가 될 가능성이 상당히 높아진다. 여기서 '경업금지로 인한 공공의 이익'이란 경업금지를 통해 달성할 수 있는 관련 업계의 영업질서 또는 국익 등과 관련된 공공의 이익을 말한다.[8]

이와 관련해서는 판단 기준이 좀 모호한 면이 있지만, 어떤 경우든 공공의 이익이 있다고 하기 위해서는, 그러한 이익이 경업금지로 인해 헌법상 보장받는 직원의 직업선택의 자유를 훨씬 상회하는 공공성이 있어야 할 것으로 생각된다.

---

6) 대법원 2016. 10. 27. 선고 2015다221903(본소), 2015다221910(반소) 판결
7) 서울중앙지방법원 2008. 3. 19. 자 2007카합3903 결정
8) 대법원 2016. 10. 27. 선고 2015다221903(본소), 2015다221910(반소) 판결, 서울중앙지방법원 2008. 3. 19. 자 2007카합3903 결정

경업금지약정이 과도해서 무효로 판단될 경우, 약정 내용을 축소하여 유효로 만들 수 있을까?

경업금지약정이 직원의 직업선택의 자유 등을 과도하게 제한하거나 자유로운 경쟁을 지나치게 제한하는 것으로 판단되는 경우에, 경업금지약정의 내용 중 일부를 임의로 단축하거나 축소하여 그 범위 내에서 경업금지약정을 유효로 만들 수 있을까?

경업금지약정 전체는 아니더라도 그 일부만으로 유효가 될 수 있을까? 가령 3년으로 되어 있는 경업금지기간이 너무 과도하다면 경업금지기간을 그 일부에 해당하는 1년 또는 2년 등으로 단축하면 유효가 될까?

이에 대해 우리 법원은, 보호할 가치 있는 회사의 이익, 직원의 퇴직 전 지위, 퇴직 경위, 직원에 대한 보상 제공 여부 등 제반 사정을 고려하여 약정한 경업금지기간이 과도하게 장기라고 인정될 때에는 적당한 범위로 경업금지기간을 제한할 수 있다고 보고 있다.[9]

따라서 회사 입장에서는 경업금지약정을 체결할 때 그 약정 전체가 유효가 될 수 있도록 약정 내용을 신중하게 정해야 되겠지만, 그렇게 하지 못한 경우라도 관련소송이 제기되었을 때 경업금지기간 등을 일정한 범위 내로 제한하면 경업금지약정이 유효가 될 수 있음을 주장할 필요가 있다.

9) 대법원 2007. 3. 29 자 2006마1303 결정

## 경업금지약정이 유효하다는 입증 책임은 회사에 있다

경업금지약정은 직원이 가지는 헌법상 직업선택의 자유를 침해할 소지를 늘 안고 있기 때문에 그 유효성을 인정할 때는 아주 제한적이고 엄격하게 해석해야 한다. 그러다보니 일반적으로는 경업금지약정을 통해 얻을 수 있는 회사의 이익이 직원의 직업선택의 자유를 제한할 필요성보다도 월등히 크지 않은 한 그 약정이 유효가 될 가능성은 그리 크지 않다.

그리고 경업금지약정이 유효하다는 제반사정에 대한 입증 책임은 회사에 있기 때문에 관련소송이 제기되었을 때 회사는 경업금지약정이 유효한지 아닌지를 판단하는 구체적인 기준이 되는 요건 즉, 회사의 보호 가치가 있는 이익을 위해 경업금지약정을 체결했다는 점, 경업금지약정과 관련해서 직원에게 특별한 대가를 지급했다는 점, 경업금지약정을 통해 공공의 이익이 실현된다는 점 등을 입증해야 한다.[10] 만약 회사가 이러한 점을 입증하지 못하면 경업금지약정은 무효가 된다.

그러므로 경업금지약정을 체결할 때 객관적으로 받아들일 수 있는 합리적인 내용을 구체적으로 담는 것이 중요하다. 즉, 경업금지업종은 동종업종으로 한정하고, 이용 금지 정보도 회사 이익과 직결된 정보 등으로만 제한하며, 경업금지기간도 최대한 짧게 정하고, 지역 또한 필요한 범위 내로 국한시키는 것이 좋다.

---

10) 대법원 2016. 10. 27. 선고 2015다221903(본소), 2015다221910(반소) 판결

# 퇴사한 직원이 저지르는 불법행위 어떤 것들일까?

퇴사한 직원의 불법행위에 대해 어떻게 대처해야 할까?

경업금지약정처럼 퇴사 후 직원의 행위를 제한하는 약정을 해 두는 것은 사실 그리 흔하지 않은 일이다. 이런 약정이 없더라도 퇴사한 직원의 행위가 회사의 권리나 이익을 침해하거나 법을 위반하면 회사는 얼마든지 그에 상응하는 법적 조치를 취할 수 있다.

퇴사한 직원이 자주 저지르는 불법행위는 대개 회사의 업무상저작물을 무단으로 이용하거나 회사의 영업비밀 또는 회사의 영업상 주요 자산 등을 무단으로 가져가서 이용하는 경우 등이다. 이런 경우 대개는 여러 가지 결과들이 한꺼번에 발생하기 때문에 회사는 저작권 침해나 부정경쟁방지법상 영업비밀침해 등에 따른 책임은 물론, 업무상 배임죄까지도 물을 수 있다. 이하에서는 이러한 직원의 불법적인 행위들에 대해 하나하나 구체적으로 살펴보겠다.

## **1** 퇴사한 직원이 회사의 업무상저작물을 무단으로 이용하는 경우

### 업무상저작물의 저작권은 회사가 갖는다

퇴사한 직원이 가장 빈번하게 저지르는 불법행위는 전(前) 직장의 업무상저작물을 무단으로 이용하는 경우다. 퇴사한 직원이 재직 중에 그 업무상저작물을 자신이 직접 만든 경우에는 그런 일이 더 많이 발생한다. 앞에서도 살펴보았듯이 저작권은 그 저작물을 만든 사람이 저작권을 갖는 것이 원칙이지만 업무상저작물의 경우는 다르다. 직원이 업무상저작물을 자신이 직접 만들었다고 해도 그 저작권은 회사가 갖는다.

### 업무상저작물을 무단으로 이용하면 저작권 침해에 해당한다

퇴사한 직원의 입장에서는 자신이 직접 만든 저작물이니까 자신에게도 저작권까지는 몰라도 적어도 사용할 권리 정도는 있을 거라고 착각하기 쉽다. 그래서 전(前) 직장의 업무상저작물을 마음대로 사용하는 경우도 있고, 그러면 안 되는 줄 잘 알면서도 성급한 마음에 다분히 의도적으로 사용하는 경우도 많다.

이러한 행위는 저작권법 위반으로 형사처벌까지 받는다. 퇴사한 직원이 '저작권에 대해 잘 몰라서 실수로 그랬다'라고 해도 소용없다. 왜냐하면 법의 무지는 용서받지 못하기 때문이다. 즉, 업무상저작물의 저작권은 회사에게 있다는 것을 퇴사한 직원은 당연히 알고 있어야 한다는 것이다.

## 컴퓨터프로그램 저작권 침해사건은 대부분 업무상저작물을 무단 사용하는 경우다

퇴사한 직원이 상대적으로 중요성이 덜한 사진이나 이미지 몇 컷 정도를 사용한 것을 가지고 저작권 침해 운운하는 회사는 거의 없다. 그 정도는 그러려니 넘어갈 수도 있다. 하지만 회사가 만든 컴퓨터프로그램을 무단으로 사용한 경우라면 얘기가 달라진다. 컴퓨터프로그램 저작권 침해사건을 자세히 들여다보면 문제를 일으키는 사람은 대부분 퇴사한 직원이다. 왜냐하면 컴퓨터프로그램 저작권 침해는 기본적으로는 소스코드를 그대로 또는 유사하게 베낀 경우에 발생하는데, 이러한 소스코드에 대해서는 보통 전직 직원이 가장 잘 알고 있기 때문이다. 따라서 컴퓨터프로그램 개발회사는 소스코드 관리에 좀 더 신경을 쓸 필요가 있다.

## 나중에 법적 조치를 취하기보다는 미리 예방하자

퇴사한 직원이 업무상저작물을 무단으로 이용해서 저작권을 침해하면, 회사는 이에 대해 형사고소는 물론이고 가처분 신청과 손해배상청구 등 민사소송을 제기할 수 있다. 그러나 번거롭기 짝이 없다. 그렇기 때문에 소 잃고 외양간 고치기보다는 평소에 직원교육을 철저히 해서 이런 일이 발생하지 않도록 예방하는 것이 더 중요하다.

## 2 퇴사한 직원이 회사의 영업비밀을 무단으로 이용하는 경우

### 영업비밀은 법적 용어다

보통 일반인들은 회사 정보와 관련해서 비밀로 지키고 싶은 것이 있으면 그것이 뭐든 간에 '영업비밀'이라고 말한다. 그렇다면 영업비밀이라는 말은 단지 영업상 비밀스러운 정보를 지칭할 때 사용되는 일반적인 용어에 불과할까? 그렇지 않다. 영업비밀은 법률에서 별도로 규정하고 있는 법적 용어다.

### 영업비밀은 부정경쟁방지법에 의해 보호된다

영업비밀에 관해 정의해 놓고 있는 법률은 앞서 본 부정경쟁방지법이다. 이미 언급한 바와 같이 부정경쟁방지법의 원래 명칭은 '부정경쟁방지 및 영업비밀 보호에 관한 법률'이다.

부정경쟁방지법에서는 '영업비밀'을 '(1) 공공연히 알려져 있지 않고, (2) 독립된 경제적 가치를 가지는 것으로서, (3) 합리적인 노력에 의해 비밀로 유지된, 생산방법·판매방법·그 밖에 영업활동에 유용한 기술상 또는 경영상의 정보' 라고 정의하고 있다.[11]

따라서 법적으로는 위와 같은 요건들을 모두 갖추고 있어야만 영업비밀로 보호받을 수 있다. 여기서 '보호받을 수 있다'는 의미는 부정경쟁방지법에 의한 보호를 말한다.

---

11) 부정경쟁방지법 제2조 제2호

부정경쟁방지법에서는 회사의 영업비밀을 침해하는 행위에 대해 유형별로 정리해 놓고 있는데 크게 3가지로 나뉜다.[12]

① 취득행위[13]

② 사용행위[14]

③ 누설행위

영업비밀 침해행위를 한 사람은 손해배상책임을 져야하는 것은[15] 물론, 형사처벌[16]까지 받게 된다. 그렇지만 침해를 한 사람에게 이러한 제재를 가하기 위해서는 그가 침해한 영업비밀이 부정경쟁방지법에서 정의하고 있는 바로 그 '영업비밀'이어야 한다. 그렇기 때문에 단순한 일상적인 용어로서의 영업비밀이 아니라, 법적인 의미로서의 영업비밀이 뭔지 정확히 알고 있어야 한다.

---

12) 부정경쟁방지법 제2조 제3호

13) 도면, 사진, 녹음테이프, 필름, 전산정보처리조직에 의하여 처리할 수 있는 형태로 작성된 파일 등 유체물의 점유를 취득하는 형태는 물론이고, 그 외에 유체물의 점유를 취득함이 없이 영업비밀 자체를 직접 인식하고 기억하는 형태 또는 영업비밀을 알고 있는 사람을 고용하는 형태로도 이루어질 수 있으나, 어느 경우에나 사회통념상 영업비밀을 자신의 것으로 만들어 이를 사용할 수 있는 상태에 이른 경우를 말한다. 기업의 직원으로서 영업비밀을 인지하여 이를 사용할 수 있는 사람은 이미 당해 영업비밀을 취득하였다고 보아야 하므로 그러한 사람이 당해 영업비밀을 단순히 기업의 외부로 무단 반출한 행위는, 업무상배임죄에 해당할 수 있음은 별론으로 하고, 위 조항 소정의 '영업비밀의 취득'에는 해당하지 않는다(대법원 2008. 12. 24 선고 2008도9169 판결).

14) 영업비밀 본래의 사용 목적에 따라 이를 상품의 생산·판매 등의 영업활동에 이용하거나 연구·개발사업 등에 활용하는 등으로 기업활동에 직접 또는 간접적으로 사용하는 행위로서 구체적으로 특정이 가능한 행위를 가리킨다(대법원 2009. 10. 15 선고 2008도9433 판결).

15) 부정경쟁방지법 제10조~제13조

16) 부정경쟁방지법 제18조 제1항, 제2항

## 영업비밀이 되기 위한 3가지 요건

영업비밀이 되기 위해서는 부정경쟁방지법에서 정의하고 있는 3가지 요건, ① 공연히 알려져 있지 않을 것(비공지성), ② 독립된 경제적 가치를 가지고 있을 것(경제적 유용성), ③ 합리적인 노력에 의해 비밀로 유지될 것(비밀관리성)을 갖추고 있는 정보로서, 영업활동에 유용한 기술상 또는 경영상의 정보여야 한다.

① '공연히 알려져 있지 않을 것(비공지성)'은 정보가 불특정 다수인에게는 알려져 있지 않아서, 정보를 가지고 있는 사람을 통하지 않고서는 통상 그러한 정보를 입수할 수 없는 것을 말한다.

② '독립된 경제적 가치를 가지고 있을 것(경제적 유용성)'은 정보를 가지고 있는 사람이 그 정보를 이용해서 경쟁관계에 있는 업체보다 더 많은 경제적 이익을 얻을 수 있거나 그 정보를 얻거나 개발하기 위해 상당한 비용이나 노력이 필요한 것을 말한다.

③ '합리적인 노력에 의해 비밀로 유지될 것(비밀관리성)'은 정보에 대한 접근을 제한하는 등의 조치를 취함으로써, 객관적으로 볼 때 그 정보가 비밀로 유지·관리되고 있다는 사실을 누구나 알 수 있는 상태에 있어야 한다는 것을 의미한다. 바로 이러한 '비밀관리성' 유무에 따라 영업비밀 여부가 판가름나는 경우가 대부분이다.

## '비밀관리성'에 관한 요건이 완화됐다

과거 부정경쟁방지법에서는 '비밀관리성'과 관련해서, 정보가 '상당한 노력'에 의해 비밀로 유지되어야 한다고 규정하고 있었다. 그런 탓에 '상당한 노력'이라는 요건을 충족시키지 못하는 경우가 많았고, 그러다보니 법원이 회사 정보를 영업비밀로 인정하는 경우가 별로 없었다. 왜냐하면 일반적으로 중소기업들은 모든 관심이 기술개발에만 집중되어 있어서, 영업비밀을 보호하기 위한 충분한 시스템까지 갖춘 경우가 별로 없기 때문이다. 이런 이유로 그 후 개정된 부정경쟁방지법에서는 '상당한 노력'을 '합리적인 노력'으로 완화했다. 그래서 현재는 과거보다는 회사 정보가 영업비밀로 인정될 가능성이 한층 높아진 상태다.[17]

예를 들어 보자. 고객정보를 공개하는 것은 그 자체가 개인정보보호법 등을 위반하는 것이기 때문에 회사에서는 고객정보를 내부 직원들만 볼 수 있도록 하고 있다. 그래서 통상 고객정보는 비공지성이 인정될 가능성이 높다. 그리고 영업활동의 대상이 되는 고객들의 정보가 회사의 주요한 자산이 되는 여행사 등의 경우에는 고객정보 자체가 독립된 경제적 가치를 가진다고 할 수 있다.

---

17) 회사 정보가 '비밀관리성'을 갖추고 있는지는 그 정보에 대한 ① 물리적, 기술적 관리, ② 인적, 법적 관리, ③ 조직적 관리가 이루어졌는지 여부에 따라 판단하고, 각 조치가 '합리적' 이었는지 여부는 영업비밀 보유 기업의 규모, 해당 정보의 성질과 가치, 해당 정보에 일상적인 접근을 허용하여야 할 영업상의 필요성이 존재하는지 여부, 영업비밀 보유자와 침해자 사이의 신뢰 관계의 정도, 과거에 영업비밀을 침해당한 전력이 있는지 여부 등을 종합적으로 고려해 판단한다.(의정부지방법원 2016. 9. 27. 선고 2016노1670 판결)

이와 같이 회사에서 중요하게 취급되는 고객정보가 '비공지성'과 '독립된 경제적 가치'를 갖추고 있는 경우를 찾기는 그리 어렵지 않다. 문제는 그러한 고객정보가 영업비밀이 되기 위한 마지막 관문인 '비밀관리성'을 갖추고 있느냐에 있다.

과거 부정경쟁방지법 하에서 '비밀관리성'이 있으려면 회사가 '상당한 노력'에 의해 회사 정보를 비밀로 유지해야 했다. 그래서 회사는 직원들에게 정보접근권한을 부여하거나 비밀준수의무를 부과해야 했고, 정보에 비밀임을 표시하거나 직원들에게 정보가 비밀이라는 점을 알려야 하는 등 엄격한 관리 하에서 회사 정보를 비밀로 유지해야 했다. 그러나 그 후 개정된 부정경쟁방지법에서는 '상당한 노력'이 '합리적인 노력'으로 바뀌면서 비밀관리성 인정 요건이 완화됐다.

그래서 이제는 회사가 고객정보를 비밀관리성 있는 영업비밀로 인정받으려면, 고객정보가 다른 정보와 분리되어 별도 관리되면서 외부에는 공개되지 않고 내부 직원들만 볼 수 있도록 할 것(합리적 구분), 직원들이 이러한 고객정보를 보려면 별도의 기술적 조치를 취할 것(기술적 관리), 이러한 기술적 조치가 회사 대표 등 관리자급에 의해 관리되도록 할 것(조직적 관리), 직원들이 이와 같이 관리되고 있는 고객정보가 회사의 영업상 주요한 자산이라는 점을 객관적으로 인식할 수 있도록 할 것(객관적 인식 가능성)이라는 조치만 취하면 된다.

회사가 중요하게 취급하는 정보라도 3가지 요건을 모두 갖추지 못하면 영업비밀이 될 수 없다.

회사에서 중요하게 취급하고 있는 정보로서 퇴사한 직원이 회사에서 근무하지 않았더라면 알지 못했을 정보라고 해도, 그 정보가 위 3가지 요건 중 어느 하나라도 갖추지 못하면, 그 정보는 부정경쟁방지법에 의해 보호받는 영업비밀이 될 수 없다.[18]

특히 비밀관리성이 문제인데, 번거롭더라도 회사의 주요 정보를 영업비밀로 보호받기 위해서는 평소에 회사의 영업비밀을 다른 정보들과 구분해서 이를 기술적·조직적으로 관리할 필요가 있다. 그리고 무엇보다도 회사가 그와 같이 관리하고 있는 정보가 회사에 얼마나 중요한 자산인지 직원들이 인식할 수 있도록 해야 한다.

영업비밀에 못 미치는 회사의 영업상 주요 자산은 어떻게 보호받을 수 있을까?

경업금지약정을 통해 보호받을 수 있는 회사의 이익에는 영업비밀은 물론이고, 이에 못 미치는 회사의 영업상 주요 자산도 포함된다. 그러나 이러한 경업금지약정이 없는 경우에는 어떻게 해야 할까? 영업비밀은 어쨌든 부정경쟁방지법률에 의해 보호받을 수 있다지만, 법률에 특별한 보호규정을 두고 있지 않은 회사의 영업상 주요 자산은 어떻게 보호받을 수 있을까? 지금부터는 이에 대해 살펴보겠다.

---

18) 춘천지방법원 2016. 2. 3. 선고 2014가단34228 판결

## 3 퇴사한 직원이 영업상 주요자산을 무단으로 이용하는 경우

### 회사 정보가 영업비밀에 해당하지 않는다면?

영업비밀은 비공지성, 경제적 유용성, 비밀관리성이라는 엄격한 요건을 갖추고 있어야만 부정경쟁방지법에 의해 보호받을 수 있기 때문에 회사 정보가 영업비밀로 인정받는 경우는 그리 많지 않다. 그렇다면 이런 경우 영업비밀에 못 미치는 회사 정보는 어떻게 보호받을 수 있을까? 이와 관련해서 딱 들어맞는 법 규정은 없다.

### 일반조항으로서의 부정경쟁행위를 활용하자

다소 포괄적이지만 적용 가능한 법 규정이 하나 있다. 바로 부정경쟁방지법에 있는 일반조항으로서의 부정경쟁행위에 관한 규정이다.[19] 앞에서도 한 번 살펴본 적이 있는데, 부정경쟁방지법에서는 다른 사람이나 회사가 투자나 노력을 해서 만들어 놓은 성과물을 불공정한 방법으로 무단 이용하여 다른 사람이나 회사의 이익을 침해하는 경우를 부정경쟁행위의 한 유형으로 인정하고 있다.

따라서 영업비밀에는 못 미치더라도 회사 정보가 위에서 말하는 성과물에 해당하고, 그 성과물을 퇴사한 직원이나 경쟁업체가 불공정한 방법으로 무단 이용하여 회사의 이익을 침해한다면 부정경쟁방지법상 부정경쟁행위가 되어 법적제재를 가할 수 있다.

---

19) 부정경쟁방지법 제2조 제1호 카목

정보의 도용이 일반조항으로서의 부정경쟁행위에 해당하려면 최소한 그 정보가 비공지성과 경제적 유용성을 갖춘 정보여야 한다 그런데 여기서의 핵심은 보호받고자 하는 회사 정보가 위에서 말하는 성과물에 해당하느냐에 있다. 이에 해당하기 위해서는 최소한 영업비밀에서 살펴본 3가지 요건 중 '비공지성'과 '경제적 유용성'은 갖추고 있어야 한다. 즉, 회사 정보가 회사의 영업상 주요 자산이라고 인정할 수 있을 정도는 돼야 성과물이 될 수 있다.

따라서 영업비밀에 못 미치더라도 법적으로 보호받을 수 있는 회사 정보란, 영업비밀이 되기 위한 3가지 요건 중 비밀관리성을 충족하지 못해서 영업비밀이 되지 못한 것일 뿐, 나머지 요건들은 모두 충족하고 있는 회사의 영업상 주요 자산을 의미한다.

그렇기 때문에 퇴사한 직원이 회사의 고객정보 또는 거래처정보 등을 빼돌려서 경쟁업체에 들어가거나 그가 직접 경쟁회사를 차려서 그 정보를 이용한다면 회사는 이에 대해 먼저 부정경쟁방지법상 영업비밀침해라고 주장하는 것이 좋다. 그러다가 그것이 여의치 않을 것 같으면 부정경쟁방지법상 일반조항으로서의 부정경쟁행위[20]에 해당한다고 주장해 볼 수도 있다.

---

20) 부정경쟁방지법 제2조 제1호 카목

## ◢ 퇴사한 직원이 회사 정보를 빼돌리면 업무상 배임죄가 된다

### 업무상 횡령 또는 배임

횡령이나 배임은 우리가 살아가면서 가장 흔하게 듣게 되는 범죄들이다. 둘 다 남의 재산을 빼돌리는 등의 방법으로 피해를 주는 재산 관련 범죄인데, 그렇다면 이 둘의 차이는 뭘까? 간단히 말해, 범죄를 저지른 사람이 재물을 취했다면 횡령이 되고, 재산상 이익을 취했다면 배임이 된다. 특히 회사 직원 등과 같이 남의 업무를 처리하는 사람이 횡령이나 배임을 저지르면 이를 업무상 횡령 또는 배임이라 한다. 가령 회사 직원이 재물에 해당하는 회사 돈을 몰래 가져가면 업무상 횡령이 되고, 회사의 영업비밀 등과 같이 재산상 이익을 빼돌리는 경우는 업무상 배임이 된다. 여기서는 퇴사한 직원이 회사 정보를 빼돌리는 업무상 배임에 대해서만 살펴보기로 한다.

### 회사의 영업비밀 또는 영업상 주요 자산을 빼돌리는 것은 업무상 배임죄에 해당한다

퇴사한 직원이 회사 정보를 가져가거나 유출했다고 해서 무조건 업무상 배임죄가 되는 것은 아니고, 그 정보가 재산적 가치가 있는 회사 정보인 경우에만 업무상 배임죄가 성립한다. 예를 들어, 단순한 견적서나 PPT 자료, 이미 공개된 자료, 일반적으로 사용되는 자료 등으로는 업무상 배임죄가 되지 않는다.[21]

---

21) 울산지방법원 2013. 2. 22. 선고 2012고단358 판결

그렇다면 여기서 '재산적 가치가 있는 회사 정보'란 무엇일까? 회사의 영업비밀이 이에 해당한다는 데에는 이견이 없다. 그럼 영업비밀이 아닌 경우는 어떨까? 회사 정보가 영업비밀은 아니라도 앞서 본 '성과물' 즉, 영업상 주요자산에 해당한다면, 이 또한 재산적 가치 있는 회사 정보에 해당한다. 결국 퇴사한 직원이 회사 정보를 빼돌린 것이 업무상 배임죄에 해당하려면, 그 회사 정보가 회사의 영업비밀이나 영업상 주요 자산은 돼야 한다.[22]

**업무상 배임죄는 재산범죄니까 회사의 손해가 구체적으로 특정되어야만 성립하는 게 아닐까?**

업무상 배임죄에서 회사에 손해를 끼친다는 의미는 총체적으로 회사의 재산 상태에 손해를 가한 경우를 말하는데, 여기에는 현실적으로 손해를 끼친 경우뿐만 아니라 손해 발생의 위험을 초래한 경우도 포함된다. 따라서 손해액이 구체적으로 산정되지 않더라도 업무상 배임죄의 성립에는 아무런 영향이 없다.[23]

영업비밀 등의 유출로 인해 경쟁회사가 재빠르게 경쟁력을 갖추게 되어, 이에 따른 수주 경쟁의 심화로 회사에 영업이익의 감소라는 손해가 발생할 위험성이 있다면, 그것만으로도 업무상 배임죄는 성립할 수 있다.[24]

---

22) 대법원 2011. 6. 30. 선고 2009도3915 판결, 대법원 2012. 6. 28 선고 2011도3657 판결
23) 대법원 2001. 1. 19. 선고 2000도2914 판결, 대법원 2006. 10. 27. 선고 2004도6876 판결 등
24) 대법원 2006. 10. 27 선고 2004도6876 판결

PART 05 직원관리가 그만큼 중요하다 • 295

직원이 퇴사할 때 영업비밀 등을 폐기하거나 반환하지 않고 무단으로 가져가면, 그 순간 업무상 배임죄가 성립한다

직원은 퇴사할 때, 자신이 보관하고 있던 회사의 영업비밀이나 영업상 주요 자산(이하 '영업비밀 등' 이라 함)을 폐기하거나 회사에 반환할 의무가 있다. 따라서 업무상 배임죄는 퇴사 직원이 그러한 영업비밀 등을 무단으로 가져가는 순간 바로 성립하는 것이지, 그 이후에 경쟁업체에 실제로 유출하거나 자신이 실제로 사용해야만 하는 것은 아니다.[25]

퇴사 직원이 영업비밀을 부정하게 취득·경쟁업체에 유출·스스로 사용하면 부정경쟁방지법상 영업비밀부정사용죄에 해당한다

업무상 배임행위는 영업비밀침해행위와는 구별되는 별개의 행위다. 만일 퇴사 직원이 영업비밀을 부정하게 취득하거나[26] 영업비밀을 경쟁업체에 유출 또는 스스로 사용하면, 업무상 배임죄와는 별개로 부정경쟁방지법상 영업비밀부정사용죄 등에 해당한다.[27] 예를 들어, 직원이 퇴사할 때 폐기하거나 반환할 의무가 있는 영업비밀 등을 무단으로 가져가는 과정에서 영업비밀을 부정취득했다면, 그 순간 업무상 배임죄와 영업비밀부정취득죄가 동시에 성립하게 된다.

---

25) 대법원 2016. 6. 23. 선고 2014도11876 판결
26) 직원이 다른 직원의 아이디와 비밀번호로 회사 전산망에 접속하여 영업비밀을 자신의 컴퓨터에 전송받으면, 직원은 영업비밀을 자신의 지배영역으로 옮겨와 자신의 것으로 사용할 수 있게 되므로, 그 순간 영업비밀취득죄가 성립하게 된다(대법원 2008. 12. 24 선고 2008도9169 판결).
27) 대법원 2017. 6. 29. 선고 2017도3808 판결

영업비밀 등이 경쟁업체에 유출된 경우, 회사는 어떤 형사조치를 어떻게 취해야 할까?

### (1) 퇴사 직원과 경쟁업체가 공모한 경우

퇴사 직원과 경쟁업체 모두 업무상 배임죄(영업비밀을 부정취득했다면, 영업비밀부정취득죄에도 해당)의 공범으로 형사고소할 수 있다. 그리고 그 이후에 회사의 영업비밀 등을 경쟁업체에 실제로 유출한 것과 관련해서는, 경쟁업체에 유출된 것이 회사의 영업비밀에 해당하면, 퇴사 직원과 경쟁업체 모두 부정경쟁방지법상 영업비밀부정사용죄 등의 공범으로 형사고소할 수 있다.

### (2) 퇴사 직원이 혼자 빼돌려서 경쟁업체에 유출한 경우

먼저 회사의 영업비밀 등을 무단으로 가져간 것과 관련해서는, 퇴사 직원과 경쟁업체가 사전에 공모한 것이 아니므로 퇴사 직원에 대해서만 업무상 배임죄(영업비밀을 부정취득했다면, 영업비밀부정취득죄에도 해당)로 형사고소할 수 있다. 그리고 그 이후에 회사의 영업비밀을 경쟁업체에 유출한 것과 관련해서는, 경쟁업체에 유출된 것이 영업비밀에 해당하면 회사는 퇴사 직원을 부정경쟁방지법상 영업비밀부정사용죄 등으로 형사고소할 수는 있지만, 경쟁업체에 대해서는 그 업체가 퇴사 직원에게서 영업비밀을 건네받아서 이를 이용할 때 그것이 퇴사 직원이 재직했던 회사의 영업비밀이라는 것을 미필적으로나마 알았던 경우에 한해서만 부정경쟁방지법상 영업비밀부정사용죄 등으로 형사고소할 수 있다.

## **5** 마무리 정리

지금까지 설명한 퇴사 직원의 불법행위에 대해 다시 한 번 전체적으로 정리해보자. 보통 직원이 퇴사하면서 저지를 수 있는 불법행위에는 저작권 침해, 부정경쟁방지법상 영업비밀침해 또는 부정경쟁행위, 업무상 배임죄 등이 있다. 퇴사한 직원이 회사의 업무상저작물을 무단으로 이용한 경우에 그 업무상저작물이 저작권법상 저작물에 해당한다면 그것은 원칙적으로 저작권 침해에 해당하는 것이 명백하기 때문에 이에 대해서는 특별히 다룰만한 이슈가 없다. 그러니 여기서는 업무상 배임죄와 부정경쟁방지법상 영업비밀침해 또는 부정경쟁행위와 관련해서만 몇 가지 살펴보자.

**퇴사 직원이 유출한 회사 정보 중에서 법적 조치를 취할 수 있는 것은 영업비밀이나 영업상 주요 자산에 해당하는 것뿐이다**

직원이 퇴사하면서 영업비밀 또는 회사의 영업상 주요 자산에 해당하는 중요한 회사 정보를 무단으로 가져가면, 그 순간 바로 업무상 배임죄(영업비밀을 부정취득했다면 영업비밀부정취득죄에도 해당)가 성립한다. 그 후에 퇴사한 직원이 빼돌린 회사 정보를 경쟁업체에 유출하거나 스스로 이용한 경우, 그 정보가 영업비밀이면 부정경쟁방지법상 영업비밀침해에 해당하고, 회사의 영업상 주요 자산이면 부정경쟁방지법상 일반조항으로서의 부정경쟁행위를 의심해 볼 수 있다.

## 영업비밀과 영업상 주요 자산은 어떻게 구별할까?

회사 정보가 영업비밀이 되기 위해서는 비공지성, 경제적 유용성, 비밀관리성이 있어야 하고, 영업상 주요 자산이 되기 위해서는 최소한 비공지성과 경제적 유용성이 있어야 한다. 쉽게 말하면 회사 입장에서는 매우 중요한 정보지만, 비밀관리성을 제대로 갖추지 못해서 영업비밀이 되지 못한 정보가 바로 '영업상 주요 자산'이다.

회사가 경업금지약정을 통해 보호하고자 하는 회사의 이익도 영업비밀 또는 영업상 주요 자산 정도는 돼야 한다.

퇴사한 직원이 회사 정보를 몰래 가지고 나가서 경쟁업체에 유출하거나 스스로 사용한 경우에 관한 법적 이슈 정리

|  | 영업비밀 | 영업상 주요 자산 |
|---|---|---|
| 요건 | 비공지성<br>경제적 유용성<br>비밀관리성 | 비공지성<br>경제적 유용성 |
| 저작물인 경우 | 저작권 침해 | 저작권 침해 |
| 부정경쟁방지법 관련 | 영업비밀침해 | 부정경쟁행위 가능<br>(법 제2조 제1호 카목) |
| 업무상 배임죄 해당 여부 | 성립 | 성립 |
| 경업금지약정 유효 요건인<br>보호 가치 있는<br>회사 이익 해당 여부 | 해당 | 해당 |

# 03

·

# 집단 퇴사
# 뭐가 문제일까?

## 집단 퇴사의 유형

어느 날 회사에 출근했는데 직원들이 아무도 없다면 기분이 어떨까? 회사 대표에게 이보다 더 당혹스러운 일은 없을 것이다. 설마 그런 일이 진짜로 일어나겠냐고? 믿기 어렵겠지만 주변에서 직원들이 집단으로 퇴사하는 경우가 심심찮게 일어난다.

집단 퇴사가 이루어지는 형태는, 여러 직원들이 한꺼번에 또는 단시일 내에 순차적으로 퇴사하는 경우도 있고, 때로는 한 명 또는 몇몇의 직원들이 주도하여 모든 직원들이 한꺼번에 또는 단시일 내에 퇴사한 후 다른 회사로 가는 경우도 있다. 어느 경우나 충격을 받는 건 마찬가지겠지만, 회사 입장에서는 후자의 경우가 훨씬 더 충격적이다.

## 집단 퇴사를 하면서 회사 정보를 무단 유출하는 경우

집단 퇴사를 하는 과정에서 직원들이 회사 자료를 무단으로 가져가서 경쟁업체에 유출하거나 스스로 이용한다면, 이에 대해서는 앞서 본 퇴사 직원의 경우와 같이 저작권 침해, 업무상 배임죄 그리고 부정경쟁방지법상의 영업비밀침해 또는 부정경쟁행위에 해당하는지 여부를 판단해 보면 된다. 따라서 여기서는 이에 대한 설명은 생략하고, 집단 퇴사와 관련하여 발생할 수 있는 고유한 법률문제에 대해서만 살펴보겠다.

## 집단 퇴사와 관련된 고유한 법률문제, '업무방해'

보통 집단 퇴사가 발생했을 때 가장 먼저 떠오르는 생각은 회사 업무가 마비된다는 것이다. 그리고 이는 자연스럽게 집단 퇴사가 형법상 업무방해죄에 해당하는 게 아닌가 하는 생각으로 옮아간다. 과연 집단 퇴사는 형사처벌을 받게 되는 업무방해죄에 해당할까? 먼저 업무방해죄에 대해 간략히 살펴보자.

## 업무방해죄란?

업무방해죄는 다음 3가지 방법 중 어느 하나를 통해 다른 사람의 업무를 방해하는 경우에만 성립하는 죄다.

① 허위사실 퍼뜨리기
② 속이는 등 부정한 수단 사용하기
③ 위력[28]

---

28) 형법 제314조 제1항

사람들은 툭하면 업무방해죄로 고소한다고 펄펄 뛴다. 하지만 위 3가지 방법 중 어느 하나에 해당하지 않는 업무방해는 형법상 업무방해죄로 인정받지 못한다. 그러니 누가 업무를 방해하고 있다고 생각될 때 가장 먼저 해야 할 일은, 그 사람이 위 3가지 방법 중 어떤 방법으로 업무를 방해하고 있는지 확인하는 일이다.

위 3가지 방법 중 특히 주의 깊게 살펴봐야 할 것은 '위력'이다. '위력'은 단순히 물리적인 힘 즉, 폭행만 말하는 것이 아니다. 여기서 말하는 '위력'에는 폭행은 물론이고 협박, 사회적·경제적·정치적 지위를 이용해서 압박 등을 하는 경우도 포함된다. 따라서 '위력'을 한 마디로 정의하면, '사람의 자유로운 의사를 제압할 만한 일체의 힘'이라고 할 수 있다.

### 집단 퇴사가 업무방해죄가 되려면?

집단 퇴사 역시 형법상 업무방해죄가 되려면 직원들이 위 3가지 방법 중 어느 하나 이상의 방법을 사용해야 한다. 집단 퇴사를 하는 것이 허위사실을 퍼뜨리는 것은 아니고, 회사 대표를 속이는 등 부정한 수단을 사용한 것도 아니니, 남는 건 '위력'밖에 없다.

그렇다면 어떤 경우에 집단 퇴사가 위력을 행사한 것으로 볼 수 있을까? 회사 대표는 회사를 계속 운영하고 싶은데 집단 퇴사로 인해 회사 운영을 접을 수밖에 없을 정도로 회사 운영에 대한 대표의 의사가 제압되었다고 평가되는 경우를 말한다.

그러나 집단 퇴사가 있었다고 해서 항상 회사 대표의 자유의사가 제압되는 것은 아니다. 집단 퇴사를 사전에 충분히 예측해서 대체 인력을 확보하는 등 회사를 계속 운영하는데 별 문제가 없다면 실제로 집단 퇴사가 있더라도 업무방해죄는 성립하지 않는다. 왜냐하면 이런 경우는 집단 퇴사로 인해 회사 대표의 회사 운영에 관한 자유의사가 제압되었다고 볼 수 없기 때문이다.

결국 집단 퇴사가 형법상 업무방해죄가 되려면, 집단 퇴사가 예측할 수 없는 시기에 전격적으로 이루어져서, 회사 운영에 심대한 혼란을 야기하거나 막대한 손해를 초래해서, 회사 대표가 자신의 의사와는 무관하게 회사 운영을 그만둬야 할 정도는 돼야 한다.[29]

### 집단 퇴사를 쉽사리 업무방해죄로 처벌할 수 없는 이유

집단 퇴사가 곧바로 업무방해죄가 되는 것은 아니다. 누구나 헌법상 직업선택의 자유를 가지고 있고, 이러한 직업선택의 자유에는 직업이탈의 자유도 포함되기 때문이다.

집단 퇴사를 함으로써 그 회사의 정상적인 사업 운영을 저해하고, 회사에 손해를 끼쳤다 해도 그런 이유만으로 집단 퇴사를 형법상 업무방해죄로 처벌할 수는 없다. 왜냐하면 그럴 경우 형사처벌의 범위가 지나치게 확대돼서, 직원들의 헌법상 직업선택의 자유를 침해할 수도 있기 때문이다.

---

29) 서울고등법원 2011. 10. 7. 선고 2011노233 판결

집단 퇴사가 업무방해죄가 되려면 사전에 공모해야 한다

보통은 직원 몇몇이 회사를 그만둔다고 해서 곧바로 회사 업무가 마비되지는 않는다. 그런데 집단 퇴사라면 얘기가 달라진다. 집단 퇴사가 회사 업무를 방해할 여지가 있다고 보는 이유는, 그것이 회사의 지속 가능성 자체를 위협할 수 있기 때문이다.

집단 퇴사를 한 직원들에게 업무방해죄의 책임을 물으려면 단순히 직원들이 비슷한 시기에 퇴사한 것으로는 부족하고, 그 직원들이 집단 퇴사와 관련하여 사전에 공모를 해서, 그 결과 집단 퇴사가 이루어져 한다. 다만, 이러한 공모는 반드시 한 번에, 명시적으로 이루어질 필요는 없고 순차적, 묵시적으로 이루어져도 무방하다.

그렇지만 집단 퇴사의 형태 중 한 명 또는 몇몇의 직원들이 주도하여 다른 직원들과 함께 한꺼번에 또는 단기간 내에 퇴사한 후 다른 회사로 가는 경우라면, 그 모든 직원들이 집단 퇴사에 관해 사전 공모를 했다고 볼 가능성이 상대적으로 높다고 볼 수 있다.

마무리 정리 ─────────────────────────

집단 퇴사가 업무방해죄가 되려면, 퇴사한 직원들이 최소한 순차적·묵시적으로 집단 퇴사에 대해 사전에 공모해야 하고, 예측할 수 없는 시기에 전격적으로 집단 퇴사가 이루어짐으로써 회사 운영에 심대한 혼란 내지 막대한 손해를 초래해서, 회사 대표의 의사와는 무관하게 회사 운영을 그만둬야 할 정도는 돼야 한다.

# 04

## 직원을 일정기간 의무적으로
## 일하도록 하는 것이 가능할까?

직원이 일정기간 의무적으로 근무하기로 하고,

위반하면 회사에 위약금 등을 주기로 하는 약정은 유효할까?

일부 회사에서는 거액의 돈을 주고 유능한 직원을 스카우트하기도 하고, 직원들의 능력 향상을 위한 교육비를 지원하기도 한다. 그런데 회사가 이런 비용을 지출한 뒤에 직원들이 금방 회사를 그만둬버리면 회사로서는 손해를 입을 수밖에 없다. 그래서 이런 것을 막기 위해 회사는 직원들과 특별한 약정을 하기도 한다.

여기서 '특별한 약정'이란, 회사가 직원을 위해 비용을 지출했을 때, 직원이 일정기간 퇴사하지 않고 계속 근무하되, 이를 어기면 회사가 지출한 비용을 도로 돌려주는 약정(이하 '의무근로약정'이라고 함)을 말한다. 그렇다면 직원이 회사와 약정한 근무기간을 채우지 않고 퇴사했을 때, 정말 약정한 대로 회사에 비용을 반환해야 할까? 아니면 이런 약정은 근로를 강제하는 것이어서 무효가 될까?

## 의무근로약정은 원칙적으로 근로기준법 위반이다

근로기준법에서는 직원이 근로 관련 약정을 위반하더라도 회사는 위약금 약정을 해서는 안 되고, 만일 이러한 약정을 하면 형사처벌을 하도록 규정하고 있다.[30] 직원이 의무근로약정을 위반해서 퇴직한 경우에 회사에 손해가 얼마나 발생하는지 상관없이 무조건 일정한 금액을 배상하도록 하는 것은 강제근로에 해당한다고 보기 때문이다.[31] 따라서 의무근로약정은 근로기준법을 위반한 것으로써 무효가 되고,[32] 직원은 의무근로약정에 따른 위약금 등을 회사에 지급하지 않아도 된다.

## 의무근로약정이 유효가 되는 경우도 있다

회사는 직원의 교육훈련 또는 연수를 위한 비용을 먼저 지출하고, 직원은 회사가 지출한 비용의 전부 또는 일부를 회사에 상환하기로 하되, 향후 일정기간 근무를 하면 상환하지 않아도 된다는 취지의 약정을 하는 경우에는 그 필요성이 인정되기 때문에,[33] 일정한 경우에는 그 효력이 인정된다.

여기서 말하는 '일정한 경우'란 직원이 그의 의사에 반해 근로를 계속 제공하는 것이 부당한 강제근로로 평가되지 않는 경우를 말한다. 그렇다면 '부당한 강제근로로 평가되지 않는 경우'란 어떤 경우일까?

---

30) 근로기준법 제20조, 제114조 제1호
31) 대법원 2008.10.23., 선고 2006다37274 판결
32) 대법원 2008.10.23., 선고 2006다37274 판결
33) 대법원 2008.10.23., 선고 2006다37274 판결

① 회사가 지출한 비용이 회사의 업무상 필요와 이익을 위해 원래 회사가 부담해야 하는 성질의 비용을 회사가 지출한 것에 불과한 정도가 아니라, 직원의 자발적인 희망과 이익까지 고려해서 직원이 전적으로 또는 회사와 공동으로 부담해야 할 비용을 회사가 대신 지출한 것이어야 하고, 또한 ② 약정한 근무기간과 직원이 회사에 상환하기로 한 금액이 합리적이고 타당한 범위 내에서 정해져 있는 등의 경우를 말한다.[34]

스카우트 비용을 지출한 후 의무근로약정을 맺은 경우는?

회사가 직원에게 거액의 스카우트 비용을 주고 일정기간 근무하지 않으면 그 스카우트 비용을 반환하기로 하는 약정은 어떨까? 스카우트 비용은 직원의 자발적 희망과 이익까지 고려하더라도, 직원이 전적으로 또는 공동으로 부담해야 하는 비용을 회사가 대신 지출한 것은 아니기 때문에 무효가 될 가능성이 높다. 따라서 직원은 회사에 스카우트 비용을 반환할 필요가 없다.

그러나 스카우트를 하기 위해서는, 보통 그 직원이 기존에 다른 회사와 체결한 계약 등을 정리해야 하는 경우가 많은데, 이 경우 기존 회사에 계약관계 정리를 위해 일정한 대가를 지급해야 하는 경우가 종종 있다. 이때 회사가 그 돈을 대신 지급해 주고, 이를 이유로 일정기간 의무적으로 근무하도록 하되, 이를 어기면 스카우트 비용을 반환하기로 하는 의무근로약정을 맺은 경우는 어떨까?

---

34) 대법원 2008.10.23., 선고 2006다37274 판결

이런 경우는 그 스카우트 비용이 회사 업무상 필요와 이익을 위해 원래 회사가 부담해야 하는 성질의 비용인지, 아니면 직원의 자발적 희망과 이익까지 고려해서 직원이 전적으로 또는 회사와 공동으로 부담해야 하는 비용인지에 따라 달라질 수 있다.

즉, 업계 관행상 위와 같은 스카우트 비용을 누가 부담하는지, 스카우트를 누가 제안했는지, 직원이 스카우트 되는 것을 얼마나 희망했고 그로 인해 직원이 얻는 이익은 무엇인지 등을 종합적으로 고려해서 그 유효성 여부를 판단한다. 그러므로 약정한 근로기간과 상환해야 하는 비용이 합리적이고 타당하다면 이러한 의무근로약정은 유효가 될 수도 있다.

### 의무근로약정이 근로기준법 위반이라고 판단되면 형사처벌을 받을 수도 있다

의무근로약정이 유효인지 무효인지는 법적판단을 거친 후에야 알 수 있다. 그런데 의무근로약정이 근로기준법 위반으로 판단되어 무효가 되면 회사는 단순히 그 약정에 따라 직원에게서 상환받기로 한 돈을 못 받는데 그치는 것이 아니라, 근로기준법 위반으로 형사처벌을 받을 수도 있다.[35] 그러므로 회사 대표는 직원과 의무근로약정을 체결할 필요가 있을 경우에는 이런 점을 잘 생각해서 그 체결 여부 및 약정 내용 등을 결정해야 한다.

---

35) 근로기준법 제20조, 제114조 제1호

# 05

재직 중 직원의 불법행위,
그 유형과 회사의 민·형사상 책임

## 직원의 불법행위 유형과 대처 방안

### (1) 업무상 횡령이나 배임이 발생하면 철저한 회계감사가 필요하다

직원이 사고를 칠 때가 종종 있다. 보통은 업무상 횡령이나 배임(이
하 간단하게 '횡령'이라고 함)과 같은 회사 내부적인 사고가 대부분이다.
이럴 때 회사는 어떻게 해야 할까? 가장 먼저 할 일은 사건의 실
체를 명확하게 밝히는 일이다. 이를 위해서는 내부적인 회계감사가
필수적이다. 여기서 말하는 '회계감사'는 순전히 횡령금액을 찾기
위한 내부 회계자료 검토로서의 회계감사를 의미한다. 회사에 회
계감사를 할 만한 직원이 없으면, 회계사 등 외부 전문가의 도움을
받아야 한다. 왜냐하면 필자들의 경험상, 횡령은 생각지도 못한 희
한한 방식으로 이루어지기도 하고, 또 보통 수년에 걸쳐 치밀하게
이루어지다보니 회계 지식이 부족한 일반인들로서는 이러한 횡령금
액을 찾아내기가 정말 어렵기 때문이다.

## (2) 횡령금액을 회수하기 위한 방안 중 하나, 퇴직금 상계 계약

회계감사를 통해 횡령금액이 특정되면 회사는 사태를 어떻게 수습할지 결정해야 한다. 만약 횡령금액을 회수하는 것이 가장 시급한 일이라고 판단되면, 회사는 직원과의 면담 등을 통해 회수 가능성 여부를 파악하는 등 횡령금액 회수를 위한 최선의 노력을 기울여야 한다. 이때 회사는 횡령금액을 회수하기 위한 방법으로 직원의 퇴직금 채권과 횡령으로 인해 회사가 직원에게 가지게 된 손해배상 채권을 상계하는 방안을 고려해 볼 수 있다.

그런데 임금은 그 전액을 지급해야 하고,[36] 퇴직금도 임금의 성격을 갖고 있기 때문에 그 전액을 지급해야 한다. 그렇게 하지 않으면 형사처벌을 받을 수도 있기 때문에[37] 회사가 직원에 대해 갖고 있는 채권으로 퇴직금 채권을 일방적으로 상계하는 것은 원칙적으로는 허용되지 않는다. 그러나 일정한 경우에는 예외적으로 일방적 상계가 가능한데, 그렇더라도 퇴직금 채권의 1/2를 초과하는 금액에 대해서는 상계할 수 없다.[38]

그러나 회사가 직원에 대해 갖고 있는 채권과 직원의 퇴직금 채권을 서로 상계하기로 하는 상계합의는 가능하다.[39] 따라서 일방적 상계보다는 직원의 동의하에 직원과 상계계약을 체결하는 것이 훨씬 효과적이다. 다만, 이 경우 한 가지 유의할 점이 있다. 위에서

---

36) 근로기준법 제43조 제1항 본문
37) 근로기준법 제109조 제1항
38) 대법원 2010. 5. 20 선고 2007다90760 전원합의체 판결
39) 대법원 2001. 10. 23 선고 2001다25184 판결

말하는 '직원의 동의'는 직원의 자유로운 의사에 의한 동의를 의미하고, 이에 대해서 매우 엄격하게 본다는 점이다.[40) 따라서 상계계약을 할 때는 반드시 서면으로 해야 하고, 혹시 모를 경우를 대비해서 상계계약 당시 상황을 녹취해 두는 것도 좋은 방법이다.

### (3) 퇴직금 지급 연장 동의를 받아 둘 필요가 있다

횡령사건이 발생하면 통상 해당 직원은 곧바로 퇴사처리 된다. 그러다보니 상계계약을 하기도 전에 법적으로 퇴직금 지급기한이 지날 수도 있다. 법정 퇴직금 지급기한은 퇴직일로부터 14일이고[41) 이를 위반하면 형사처벌을 받는다.[42) 그러나 특별한 사정이 있을 때에는 회사와 직원 간의 합의에 따라 퇴직금 지급기일을 연장할 수 있다.[43) 그러므로 회사는 미리 '퇴직금 지연 동의서'를 받아 둘 필요가 있다. 여기서 한 가지 알아둬야 할 점은, '퇴직금 지연 동의서'를 받아뒀다 해도 퇴직금 지급이 지연된 것은 변하지 않는 사실이기 때문에 지연이자(연 20%) 책임을 져야 한다는 점이다.[44)

### (4) 형사고소 여부는 횡령금액 회수 문제와 연계하는 것이 좋다

횡령금액을 회수하는 것도 중요하지만 회사 내부 기강을 바로 세우는 것 또한 의미 있는 일이라고 판단되면, 회사는 형사고소와 횡령금액 회수절차를 동시에 진행할 수도 있다.

---

40) 대법원 2001. 10. 23 선고 2001다25184 판결
41) 근로기준법 제34조, 근로자퇴직급여 보장법 제9조 본문
42) 근로자퇴직급여 보장법 제44조
43) 근로자퇴직급여 보장법 제9조 단서
44) 근로기준법 제37조 제1항, 동법 시행령 제17조

이 경우 해당 직원은 형사 사건에서 정상 참작을 받기 위해 회사의 횡령금액 회수 절차에 적극 협조할 수도 있지만, "어차피 형사고소가 된 마당에 형량을 조금 줄인다고 해서 뭐가 그리 크게 달라지겠느냐?"는 식으로 회사의 횡령금액 회수 절차에 전혀 협조하지 않을 수도 있다. 따라서 회사는 이런 돌발 상황들을 충분히 고려해서 형사고소 여부를 결정하는 것이 바람직하다. 자칫하면 횡령금액을 전혀 회수하지 못하는 상황이 발생할 수도 있기 때문이다.

## 회사 업무와 관련된 직원의 불법행위에 대해, 회사는 사용자로서 책임을 져야 한다

이제 직원의 외부적인 불법행위 또는 실정법 위반에 대한 회사의 책임과 그 대처방안 등에 대해 구체적으로 살펴보자. 직원들은 앞서 본 내부적인 불법행위 말고도, 가끔 외부인들에게 피해를 주거나 실정법을 위반하기도 한다. 물론 사고 내용이 회사 업무와 아무 관련이 없으면 회사가 이에 대해 책임질 이유는 전혀 없다.

가령 甲회사에 다니는 유부남 A와 직장동료 B가 부정행위를 했다는 이유로 A의 배우자가 甲회사를 상대로 사용자 책임을 물었다고 해 보자. 이 경우 A와 B의 부정행위는 甲회사의 업무와는 아무런 관련이 없기 때문에, 甲회사는 이에 대해 사용자 책임을 질 이유가 없다. 실제 사건에서도 동일한 결론이 났다.[45]

---

45) 서울가정법원 2015. 6. 17 선고 2014드합309189 판결

문제는 회사 업무와 관련된 경우다. 회사는 직원의 사용자이기 때문에 직원이 회사 업무와 관련해서 저지른 불법행위에 대해서는 회사도 책임을 져야 한다. 그렇다고 해서 회사가 항상 책임을 지는 것은 아니고, 평소 직원의 해당 업무에 관해 상당한 주의와 감독을 다 했다면 책임지지 않을 수도 있다. 그런데 이에 대해서는 회사가 입증을 해야 하는데 실무적으로는 그러기가 쉽지 않다.

## 직원의 불법행위에 대해 회사가 책임을 져야 할 때, 개인회사인지 주식회사인지에 따라 책임주체가 달라진다

회사가 책임을 져야 하는 경우, 그 책임주체는 회사가 개인회사인지 주식회사인지에 따라 달라진다. 개인회사의 경우는 대표 개인이 책임을 져야 하는 반면, 주식회사는 주식회사 자체가 책임주체가 된다. 주식회사 대표이사는 임원에 불과할 뿐 사용자는 아니기 때문에 직원의 불법행위에 대해 자신이 책임질 이유는 없다. 그리고 이는 1인 회사의 대표이사라도 마찬가지다. 법적으로 볼 때, 주식회사 자체와 대표이사는 명백히 구분되기 때문이다.

## 회사의 책임 범위, 민사적 책임과 형사적 책임

직원이 저지른 불법행위가 단순히 민사적으로만 문제가 되는 경우도 있지만, 민사·형사 모두 문제되기도 한다. 그런데 이러한 민사적 책임과 형사적 책임은 그 성립에 있어서 다소 차이가 있기 때문에 이하에서는 이것들에 대해 각각 살펴보기로 한다.

# ① 사용자 책임(민사적 책임)

**직원에 대한 구상권은 제한되거나 배제될 수 있다**

직원이 회사 업무와 관련해서 제3자에게 손해를 끼친 경우에는, 직원은 물론이고 사용자인 회사도 제3자에게 손해를 배상할 책임을 진다.[46] 이 경우 회사가 지는 책임을 '사용자 책임'이라고 한다. 사용자 책임은 직원의 불법행위에 대해 회사가 대신 책임을 지는 것이기 때문에 회사가 제3자에게 손해배상을 해줬다면 원칙적으로 회사는 그 배상금 전액을 직원에게 구상할 수 있어야 한다. 그런데 우리 법원은 신의칙에 근거해서 회사가 직원에 대해 행사하는 구상권을 제한하거나 배제하고 있다.[47]

**피해자에게 악의 또는 중과실이 있는 경우에는 책임지지 않는다**

그렇다고 직원의 모든 불법행위에 대해 회사가 사용자 책임을 지는 것은 아니고, 회사 업무와 관련된 불법행위에 대해서만 책임을 진다. 그렇다면 회사 업무와 관련되었는지 여부는 어떻게 판단할까? 직원의 불법행위가 외형상 객관적으로 회사의 사업활동과 관련된 것으로 보이는지 여부에 따라 판단한다. 즉, 직원의 불법행위가 실제 회사의 사업활동에 해당하든 말든, 겉으로 볼 때 회사의 사업활동과 관련된 것으로 보이기만 하면 회사는 사용자 책임을 져야 하는 것이다.

---

46) 민법 제756조 제1항 전단
47) 대법원 1994. 12. 13. 선고 94다17246 판결

물론 이런 경우에도 예외는 있다. 직원의 불법행위가 실제로는 회사의 업무와 관련이 없다는 것을 피해자가 알고 있었거나 중대한 과실로 알지 못한 경우에는 회사는 사용자 책임을 지지 않아도 된다.[48]

여기서 말하는 '중대한 과실'이란 피해자가 조금만 주의를 기울였더라면 직원의 행위가 그의 권한 내에서 이루어진 것이 아니라는 것을 알 수 있었을 정도, 즉 거의 고의에 가까울 정도로 주위를 하지 않은 경우로써, 구태여 피해자를 보호할 필요가 없다고 인정되는 경우라고 보면 된다.[49]

**회사가 직원의 업무감독에 대한 상당한 주의를 했다면 사용자 책임을 면할 수 있다**

회사가 평소에 직원의 업무감독, 교육 등, 직원 관리에 대한 상당한 주의를 했는데도 직원이 불법행위를 했거나, 업무와 관련해서 제3자에게 손해를 끼친 경우에는 사용자 책임을 지지 않는다.[50] 그러나 문제는 이러한 사정을 회사가 주장·입증해야 한다는 것이다. 그래서 실무에서는 이런 이유로 회사가 책임을 면하는 경우를 거의 찾아보기 어렵다.

---

48) 대법원 2010. 12. 9 선고 2009다101824 판결
49) 대법원 2005. 2. 25. 선고 2003다36133 판결
50) 민법 제756조 제1항 후단

사용자 책임을 지는 일이 일어나지 않도록 하려면 회사는 평소에 직원 관리에 만전을 기해서 직원이 불법행위를 저지르는 일이 없도록 예방해야 한다. 그러나 아무리 관리감독을 잘 해도 사건사고는 일어날 수 있다.

이럴 때 회사가 평소 직원을 상당한 주의로 관리감독해 왔다는 면책 주장을 하는 것은 별로 효율적이지 못하다. 왜냐하면 실무적으로 거의 인정받지 못하기 때문이다.

그보다는 ① 직원의 불법행위가 겉으로 봐도 회사의 사업활동과는 무관하다고 주장하거나 ② 피해자는 직원의 행위가 회사의 사업활동에 속하지 않는다는 것을 알고 있었거나 중대한 과실로 알지 못했다는 점에 대해 주장·입증하는 것이 훨씬 효과적이다.

## 2 양벌규정(형사적 책임)

양벌규정이란?

일반적으로 양벌규정은 회사 직원 등이 업무와 관련해서 범죄를 저질렀을 때, 그 회사에 대해서도 형사처벌을 가하는 규정을 말한다.[51] 이러한 양벌규정은 보통 개별 법률의 '벌칙' 부분에 규정되어 있다.

양벌규정은 회사 직원 등의 범죄가 회사 업무와 관련된 경우에 한해서 적용되는 것이기 때문에, 직원 등이 업무와 무관하게 저지른 범죄에 대해서는 양벌규정이 적용되지 않는다.

양벌규정에 따라 형사처벌을 받는 '회사'란 그것이 개인회사인 경우는 대표자 개인이 되고, 주식회사인 경우는 주식회사 자체가 된다. 이러한 양벌규정은 직원 등의 범죄에 대해 그 직원 등을 처벌하는 것에 더하여 회사에 대해서도 형사처벌을 함으로써, 회사 업무와 관련해서 계속·반복적으로 이루어질 가능성이 높은 범죄행위를 미연에 방지하고자 하는데 그 입법취지가 있다.

---

51) 간혹 청탁금지법에서와 같이, 양벌규정에 따라 회사가 과태료를 부과받는 경우도 있다.

## 사용자 책임과 양벌규정의 차이

양벌규정과 사용자 책임은 회사 직원 등의 불법행위에 대해 회사도 책임을 진다는 점에서는 같지만 크게 다른 점이 3가지 있다.

① 양벌규정은 회사 직원 등의 범죄에 대해 회사도 형사적인 책임을 지도록 하는 것이기 때문에, 회사 직원의 행위는 단순한 불법행위를 넘은 범죄행위에 해당해야 한다.

② 양벌규정은 형사처벌에 관한 규정이기 때문에, 죄형법정주의[52)]에 따라 해당법률에 '양벌규정'이 명시적으로 규정되어 있어야만 한다.

③ 민사적으로는 '직원'의 불법행위인지 주식회사 '대표이사'의 불법행위인지에 따라 회사가 책임을 지는 형태가 달라지지만,[53)] 양벌규정은 '직원'의 범죄인지 주식회사 '대표이사'의 범죄인지를 구분하지 않고 둘 다에 대해 회사가 형사처벌을 받도록 하고 있다.

## 양벌규정에 따라 회사가 받는 형사처벌은 벌금형이다

원래는 범죄를 저지른 사람이 처벌을 받는 것이 원칙이고 주식회사와 같은 법인에게는 징역형을 가할 수도 없기 때문에, 양벌규정에 따라 회사가 받게 되는 형사처벌의 종류는 벌금형이다. 그리고 벌금형의 형량은 회사의 직원 등이 저지른 범죄에 대해 해당 법률에서 규정하고 있는 벌금형의 형량과 동일하다.

---

52) 범죄와 형벌은 법률로써 미리 규정되어 있어야 한다는 원칙
53) 회사는 직원의 불법행위에 대해서는 '사용자 책임'(민법 제756조)을 지고, 법인 대표이사의 불법행위에 대해서는 '법인의 불법행위 책임'(민법 제35조)을 진다.

예를 들어, 회사 직원이 업무를 하는 과정에서 다른 사람의 저작권을 침해한 경우, 그 직원은 저작권법 제136조 제1항에 따라 5년 이하의 징역 또는 5천만 원 이하의 벌금에 처하게 되고, 회사는 양벌규정(저작권법 제141조)에 따라 위 벌금형과 동일하게 5천만 원 이하의 벌금형에 처하게 된다.

## 양벌규정이 적용되지 않는 경우

회사 직원 등이 업무와 관련된 범죄를 저질렀다고 해도 회사가 그러한 범죄행위를 방지하기 위해 상당한 주의와 감독을 했다면 양벌규정이 적용되지 않는다. 앞에서 사용자 책임의 경우에는 회사가 이런 주장을 하더라도 실무적으로는 잘 받아들여지지 않는다고 했는데, 이에 비해 양벌규정은 단순한 민사적인 책임을 묻는 것이 아니라 형사처벌을 하는 것이고, 형사처벌은 엄격하게 판단해야 하기 때문에 사용자 책임보다는 회사가 면책될 여지가 좀 더 높다고 할 수 있다.

따라서 회사가 양벌규정에 따른 벌금형을 받지 않으려면 업무 매뉴얼을 만들어서 이를 직원 등에게 정기적으로 교육시킬 필요가 있고, 평소에 직원교육 등과 관련된 증거들을 남겨두는 것도 잊지 말아야 한다.